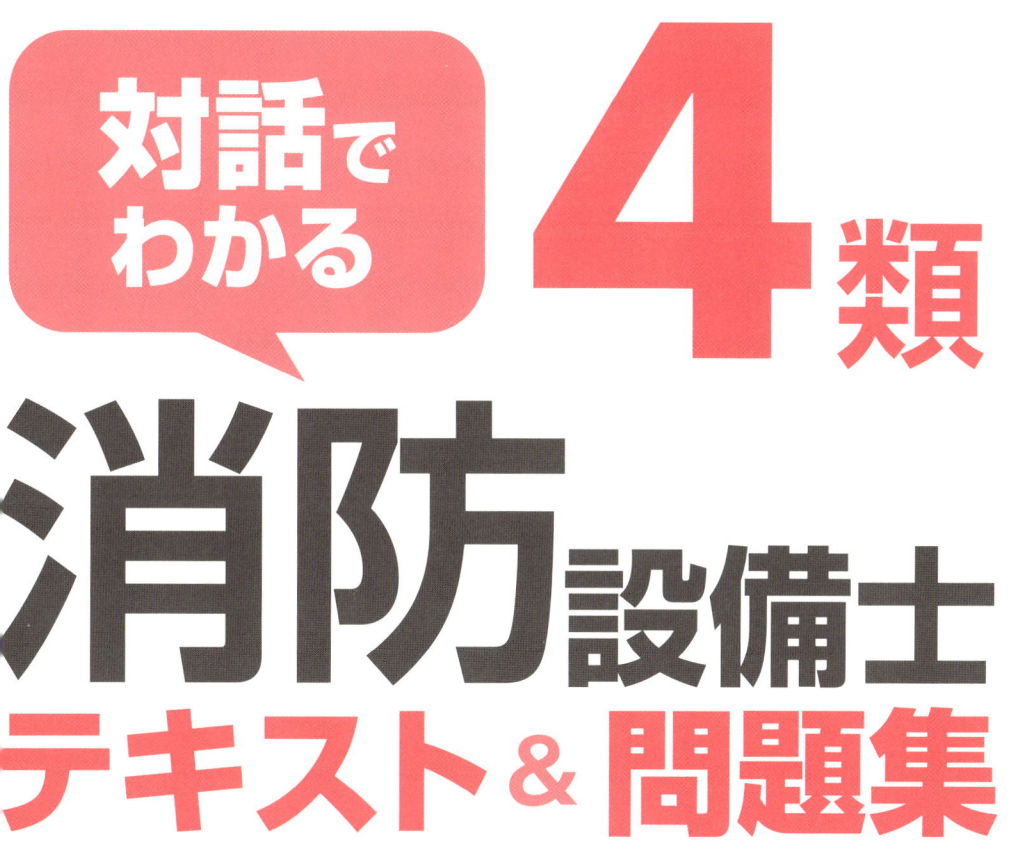

対話でわかる 4類 消防設備士 テキスト&問題集

リニカ研究所 著

弘文社

はじめに

　公共施設やオフィスビル，商業施設などに設置されている消防設備は，私たちを火災から守ってくれています。その消防設備の設置工事や整備をするのが，消防設備士です。

　近年の安全・安心に対する意識の高まりや消防法の規制強化などにより，消防設備士のニーズはますます高まっています。

　本書は，第4類消防設備士試験に合格するためのテキスト＆問題集です。

　初めての人でも理解しやすいように対話形式を用い，必要に応じて図や表を用いながら，試験合格に必要な内容をわかりやすく解説し，また実戦的な問題を豊富に収録しています。そのため，学習のスタートから試験直前の最終チェックまで，幅広く活用できる1冊となっています。

　皆様が本書で学習され，合格の栄冠を勝ち取られることを祈ってやみません。

著者

目 次

消防設備士試験 受験ガイド　　6
本書の特徴と使い方　　8

第1章　電気に関する基礎的知識
1　電気の基礎 …………………………………………………… 10
2　電気計測 ……………………………………………………… 35
3　電気機器・電気材料 ………………………………………… 44

第2章　消防関係法令（共通部分）
1　法令の基礎と防火対象物など ……………………………… 52
2　火災予防 ……………………………………………………… 58
3　消防同意と防火管理者 ……………………………………… 62
4　防炎規制と危険物規制 ……………………………………… 71
5　消防用設備等 ………………………………………………… 75
6　検定制度 ……………………………………………………… 88
7　消防設備士制度 ……………………………………………… 92

第3章　消防関係法令（類別部分）
1　自動火災報知設備の設置 …………………………………… 100
2　ガス漏れ火災警報設備などの設置 ………………………… 107

第4章　構造・機能等（規格に関する部分）
1　感知器 ………………………………………………………… 112
2　受信機 ………………………………………………………… 132
3　発信機 ………………………………………………………… 147
4　中継器 ………………………………………………………… 151
5　電源 …………………………………………………………… 155
6　ガス漏れ火災警報設備 ……………………………………… 158

第5章　構造・機能等（電気に関する部分）
1　警戒区域と感知区域 ………………………………………… 166
2　感知器共通の設置基準 ……………………………………… 173
3　各感知器の設置基準 ………………………………………… 180
4　受信機・発信機などの設置基準 …………………………… 192
5　電源・配線の設置基準 ……………………………………… 201

- **6** 回路抵抗と絶縁抵抗 …………………………………… 209
- **7** ガス漏れ火災警報設備など ……………………………… 214
- **8** 試験・点検 …………………………………………… 222

第6章 鑑別等
- **1** 感知器 ………………………………………………… 236
- **2** 受信機・発信機など …………………………………… 246
- **3** ガス漏れ火災警報設備など ……………………………… 252
- **4** 工具・部品 …………………………………………… 256
- **5** 試験器・測定器 ………………………………………… 264

第7章 製図
- **1** 製図の基礎 …………………………………………… 276
- **2** 平面図 ………………………………………………… 280
- **3** 系統図 ………………………………………………… 300

付録　自動火災報知設備の設置基準表　　309
索引　　310

消防設備士試験 受験ガイド

※本項記載の情報は変更される可能性もあります。詳しくは試験機関のウェブサイト等でご確認ください。

●消防設備士とは

消防設備士は，劇場，百貨店，ホテルなどの建物に設置する自動火災報知設備，屋内消火栓設備，スプリンクラー設備などの工事や整備などを行うことができる国家資格です。

消防設備士は大きく甲種と乙種に分けられ，甲種は消防用設備等または特殊消防用設備等の工事・整備・点検ができ，乙種は消防用設備等の整備・点検ができます。また，種類ごとに取り扱える設備等が限定されています。

種別	類別	取り扱える設備等
甲種	特類	特殊消防用設備等
甲種・乙種	第1類	屋内消火栓設備，屋外消火栓設備，スプリンクラー設備，水噴霧消火設備
	第2類	泡消火設備
	第3類	不活性ガス消火設備，ハロゲン化物消火設備，粉末消火設備
	第4類	自動火災報知設備，ガス漏れ火災警報設備，消防機関へ通報する火災報知設備
	第5類	金属製避難はしご，救助袋，緩降機
乙種	第6類	消火器
	第7類	漏電火災警報器

●受験資格

甲種は一定の資格や経歴が必要です。詳しくは試験機関のウェブサイトなどでご確認ください。

乙種は年齢・学歴などを問わず，誰でも受験できます。

●試験科目・問題数（第4類）

試験科目			問題数 甲種	問題数 乙種
筆記試験	基礎的知識	電気に関する部分	10	5
	消防関係法令	共通部分	8	6
		類別部分	7	4
	構造・機能および工事・整備の方法*	電気に関する部分	12	9
		規格に関する部分	8	6
実技試験	鑑別等		5	5
	製図		2	－

＊乙種の場合は，構造・機能および整備の方法

消防設備士試験 受験ガイド

●試験時間（第4類）
甲種　3時間15分
乙種　1時間45分

●出題形式
　出題形式は次のようになります。乙種は製図試験がありません。

筆記試験		4肢択一のマークシート式
実技試験	鑑別等	写真・イラスト・図などを見て設問に答える記述式
	製図	図面に感知器や配線を書き込んだりする記述式

●科目免除
　消防設備士，電気工事士，電気主任技術者，技術士などの資格をもっている場合，申請により試験科目の一部が免除になります。詳しくは受験案内等をご確認ください。

●合格基準（第4類）
　筆記試験で科目ごと（「基礎的知識」「消防関係法令」「構造・機能等」）に40％以上で全体の出題数の60％以上，かつ実技試験で60％以上の正答率で合格となります。

●受験地
　試験は各都道府県で実施されており，希望の都道府県で受験することができます。

●お問い合わせ先
一般財団法人 消防試験研究センター　本部
〒100-0013
東京都千代田区霞が関1-4-2 大同生命霞が関ビル19階
TEL　03-3597-0220
ホームページ　https://www.shoubo-shiken.or.jp/

本書の特徴と使い方

学習のポイント	どのようなことを学習するのかをつかむことで，学習の効率化がはかれます。
重要度	各項目について，重要度の順にA・B・Cのランクを表示しているため，学習の目安として活用することができます。
本文	対話形式と豊富な図表で，やさしくしっかり学習できます。試験問題を解くための知識をしっかり習得しましょう。
実戦問題	腕だめしとして実戦問題に挑戦しましょう。わからなかった部分は本文に戻って復習しましょう。解答解説は問題の後のページに掲載しています。
索引	わからない用語を調べるときのために，索引も充実させています。

ABCビル管理会社の若手社員。第4類消防設備士の資格取得を会社から勧められ，試験勉強に励んでいる。

同じ会社に勤めるベテラン社員。社内では若手社員の育成にも携わっている。

第 **1** 章

電気に関する基礎的知識

消防設備士は電気を用いた設備を扱うことが多いため，電気に関して基礎的な知識が必要になります。

1 電気の基礎
2 電気計測
3 電気機器・電気材料

1 電気の基礎

重要度 A

学習のポイント
電気に関して基礎的な項目についてみていきます。

電流，電圧とオームの法則

電気の流れを電流，電気を流そうとする力を電圧といいます。電流を流したり電圧を加えるもとを電源といい，発電機や電池などがあります。電気伝導体（導体）を環状にした電流の通路を電気回路といいます。

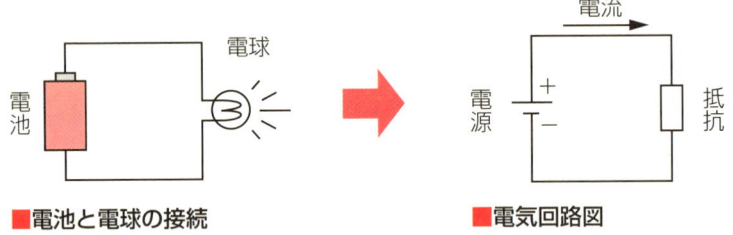

■電池と電球の接続　　　　　　　■電気回路図

一定の導体に流れる電流 I は電圧 V に比例し，抵抗 R に反比例します。これは，電気に関する重要な法則の１つで，オームの法則といいます。

電圧 V [V（ボルト）] ＝ 抵抗 R [Ω（オーム）] × 電流 I [A（アンペア）]

抵抗というのは……？

抵抗とは，電流の流れにくさを表す量のことで，電気抵抗とも呼んでいます。なお，抵抗は図１のように表すこともあります。
それでは，電池に抵抗が 5 [Ω] の電球をつないで，0.5 [A] の電流が流れたとき，電池の電圧は何 V でしょうか。

■図１

オームの法則を使って，5 [Ω] × 0.5 [A] ＝ 2.5 [V] ですね。

そのとおり。

抵抗の合成

 2つ以上の抵抗を合わせて1つの抵抗に置き換えることを**抵抗の合成**といい，こうして求めた抵抗を**合成抵抗**といいます。

抵抗をまっすぐ1列に接続することを**直列接続**といい，この場合の合成抵抗 R_0 は，次のようになります。

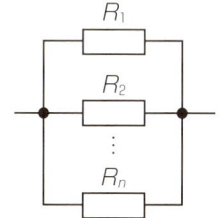

$R_0 = R_1 + R_2 + \cdots + R_n \ [\Omega]$

抵抗を複数列に接続することを**並列接続**といい，この場合の合成抵抗 R_0 は，次のようになります。

$R_0 = \dfrac{1}{\dfrac{1}{R_1} + \dfrac{1}{R_2} + \cdots + \dfrac{1}{R_n}} \ [\Omega]$

それでは，2 [Ω] の抵抗と3 [Ω] の抵抗を並列接続したときの合成抵抗は？

 えーと，

$$\dfrac{1}{\dfrac{1}{2} + \dfrac{1}{3}} = \dfrac{1}{\dfrac{3+2}{2\times 3}} = \dfrac{6}{5}$$

だから，1.2 [Ω] ですね。

 そのとおり。2つの抵抗を並列接続したときの合成抵抗は，**和分の積**と憶えておけば簡単に求まりますよ。
では，右図のような接続の合成抵抗は，どうすれば求まるでしょうか。

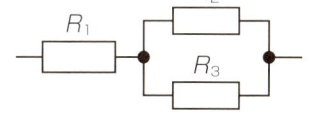

 まず，並列接続部分の R_2 と R_3 の合成抵抗を求めてから，それに直列接続の抵抗 R_1 の値を足すとよいと思います。

 そのとおり。

キルヒホッフの法則

 オームの法則と並んで電気に関する重要な法則に，キルヒホッフの法則があります。この法則には次の2種類があります。

キルヒホッフの第1法則	キルヒホッフの第2法則
電気回路の接続点に流入する電流の和と，流出する電流の和は等しい。電流則ともいう	閉じた回路では，電源の電圧（起電力）の和と，負荷（抵抗など）で消費される電圧は等しい。電圧則ともいう
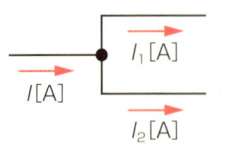	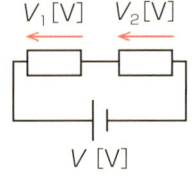
$I = I_1 + I_2$ [A]	$V = V_1 + V_2$ [V]

 電圧則は，供給される電圧の和と消費される電圧の和が等しい，ということですね。

ブリッジ回路

 図2の回路は，検流計Ⓖが橋渡しになっています。このように，橋渡しのある回路をブリッジ回路といいます。ブリッジ回路では，たすき掛けの抵抗の積が等しいとき，橋の部分に電流が流れなくなります。

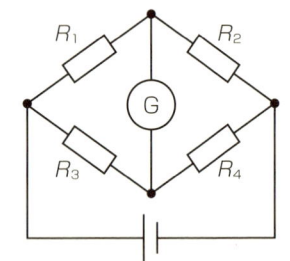

■図2　ホイートストンブリッジ

 図2では，$R_1 \times R_4 = R_2 \times R_3$ のときに橋の部分の電流がゼロ，ということですね。

 そのとおり。ブリッジ回路のうち，電気抵抗の測定に用いられる回路をホイートストンブリッジといいます。

コンデンサと静電容量

 コンデンサとは，電気を蓄えたり放出したりする電子部品で，図のような記号で表されます。コンデンサが蓄えることのできる電気の量を静電容量（電気容量，キャパシタンス）といい，単位はF（ファラド）です。

■コンデンサの図記号

1 電気の基礎

電気回路に2つ以上のコンデンサを接続した場合の全体の静電容量を，合成静電容量といいます。

静電容量の合計のことですね。

そうですね。直列接続のときの合成静電容量 C_0 は，次のようになります。

$$C_0 = \frac{1}{\frac{1}{C_1} + \frac{1}{C_2} + \cdots + \frac{1}{C_n}} \ [F]$$

並列接続のときの合成静電容量 C_0 は，次のようになります。

$$C_0 = C_1 + C_2 + \cdots + C_n \ [F]$$

どこかで見たような式ですね。

そうです。直列接続のときの合成静電容量は，並列接続のときの合成抵抗の求め方と同じで，並列接続のときの合成静電容量は，直列接続のときの合成抵抗の求め方と同じです。

直列接続の合成静電容量 … 並列接続の合成抵抗の求め方と同じ
並列接続の合成静電容量 … 直列接続の合成抵抗の求め方と同じ

それでは，2 [μF]，3 [μF] の2つのコンデンサを直列接続したときの合成静電容量は？

そうか，求め方は2つの抵抗を並列接続したときの合成抵抗の場合と同じだから，和分の積を使って，

$$\frac{2 \times 3}{2+3} = \frac{6}{5}$$

だから，1.2 [μF] ですね。

そのとおり。なお，1 [μF] は $1/10^6$ [F] です。

導線の抵抗と抵抗率

銅やアルミニウムなど，電気を通しやすい物質を導体（電気伝導体）といい，一般に電気抵抗は小さいです。一方，ガラスや磁器など，電気を通しにくい物質を不導体（絶縁体）といい，一般に電気抵抗は大きいです。

導線（導体でできた線）の長さを L [m]，断面積を S [mm^2] とすると，その導線の電気抵抗 R は次のようになります。

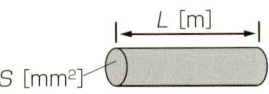

$$R = \rho \frac{L}{S} \quad (\rho \text{ は定数})$$

ここで，ρ は**抵抗率**というもので，導線の材質によって異なります。導線の電気抵抗は，**長さ**に比例し，**断面積**に反比例するのですね。

 そうですね。導線の直径を D [mm] とすると，断面積は $\pi D^2 / 4$ で表されるので，電気抵抗 R は次のようになります。

$$R = \rho \frac{4L}{\pi D^2} \quad (\rho \text{ は定数})$$

導線の電気抵抗は**直径**の2乗に反比例するのですね。

 そのとおり。抵抗率（電気抵抗率）は，電気の通しにくさを表しますが，逆に電気の通しやすさを表すものに，**導電率**（電気伝導率）があります。導電率は抵抗率の逆数で表され，単位は S /m です。

電力と熱量

 電流が単位時間にする仕事を消費電力（**電力**）といい，単位は W です。直流の場合，電力 P [W] は電圧 V [V] と電流 I [A] の積で表されます。

電力 P = 電圧 V × 電流 I

また，電流がする仕事の量を**電力量**といい，単位は W・s（= J）などです。電力量 W [W・s] は電力 P [W] と時間 t [s] の積で表されます。

電力量 W = 電力 P × 時間 t (= $I^2 Rt$)

 電力と電力量は，別のものなのですね。

 そうですね。導体に電流を流したときに，導体の抵抗のために発生する熱を**ジュール熱**といい，単位は J です。抵抗 R [Ω] の導線に電圧 V [V] を加え，電流 I [A] を t 秒間流したとき，発生する熱量 H [J] は，次のようになります。

1 電気の基礎

$H = VIt\ (= I^2Rt)$

 電力量もジュール熱も同じ I^2Rt となっていますね。

 そうです。電気エネルギーが熱エネルギーに変換されているのです。

クーロンの法則

 物体が帯びている電気の量を電荷（電気量）といい，単位は C です。2つの電荷間に働く力（クーロン力）は，両方のもつ電気量の積に比例し，電荷間の距離の2乗に反比例するという法則を，クーロンの法則といいます。

 距離の2乗に反比例……？

 式で表してみましょう。2つの電荷をそれぞれ Q_1 [C]，Q_2 [C]，電荷間の距離を r [m]，比例定数を k とすると，クーロン力 F [N] は次のようになります。

$$F = k\frac{Q_1 \times Q_2}{r^2}$$

クーロン力は静電力ともいいます。クーロン力は次の図のように，同種の電荷間では反発力（斥力），異種の電荷間では吸引力（引力）となります。

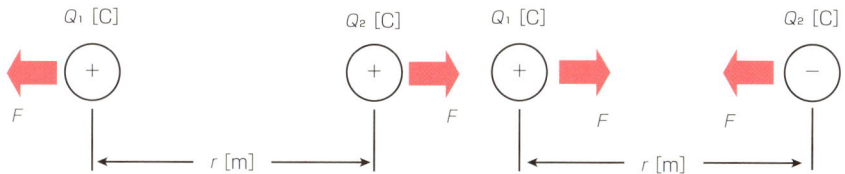

■同種の電荷間に働く力　　■異種の電荷間に働く力

磁気

 電気が流れると，そのまわりには磁気ができます。このように，電気と磁気は切り離せない関係にあります。磁気とは，鉄粉を引きつけたりする磁石に特有な物理的性質をいいます。磁石とは，鉄粉を引きつける程度に磁気を帯びた物質をいいます。ちなみに，物質が磁気を帯びることを磁化といいます。

磁石にはN極とS極がありますね。

　そうですね。N極やS極を磁極といい，これは磁石で最も磁気が強い部分をいいます。同種の磁極の間には反発力が働き，異種の磁極の間には吸引力が働きます。これらの力を磁力といいます。

　磁気の力が，磁力ですね。

　そうですね。そして，磁力が働く空間を磁界といいます。磁界が働く様子を示す線を磁力線といいます（図3）。

　磁界の様子がよくわかりますね。

　磁界の中のある垂直断面を通る磁力線の量を磁束といいます。簡単にいえば，磁力線の束のことですね。磁束の単位はWbです。また，単位面積あたりの磁束を磁束密度といい，単位はTやWb/m^{2}です。

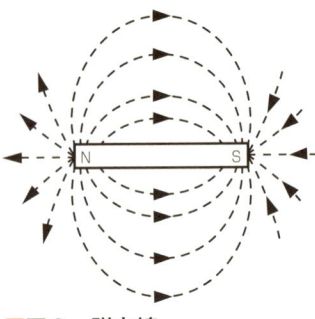

■図3　磁力線

　磁束が大きいほど強い磁石であるということですか？

　そうですね。

アンペールの右ねじの法則

　導線に電流を流したとき，そのまわりに導線を中心とする同心円状の磁界ができます。電流の向きと右ねじが進む向きを一致させるとき，右ねじが回る向きと磁界の向きが一致するという法則を，アンペールの右ねじの法則といいます。

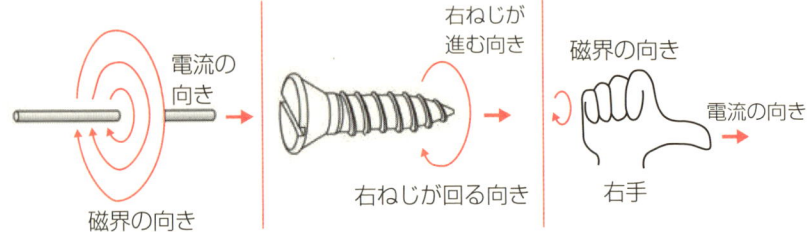

■磁界の向きと電流の向き

1 電気の基礎

右手を図のような形にして，親指の方向が電流の向き，他の4本の方向が磁界の向きと覚えてもいいですね。

そうですね。磁界の大きさ H は，電流を I，導線からの距離を r とすると，次のようになります。

$$H = \frac{I}{2\pi r}$$

磁界の大きさは電流に比例し，導線からの距離に反比例するのですね。

そのとおり。

電磁誘導

導線をらせん状に巻いたものをコイル（巻き線）といい，コイルに電流を流すと，コイル内に磁束が発生します（図4）。

この場合は，右手の親指の方向が磁束の向き，他の4本の方向が電流の向きになっていますね。

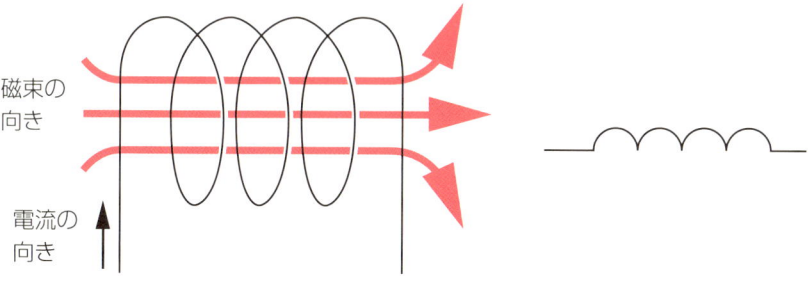

■図4　　　　　　　　　　　　　　　■コイルの図記号

そうですね。逆に，磁石をコイルに近づけたり遠ざけたりすると，コイルに起電力が生じて電流が流れます。このような現象を電磁誘導といい，電磁誘導で生まれた電流を誘導電流といいます。

■**磁石をコイルに近づけたり遠ざけたりしたときの現象**

- 磁石をコイルの中に入れたり出したりすると，検流計の針は振れる
- 磁石を静止させると，検流計の針は振れなくなる
- 磁石をコイルの中に入れたときと出したときとでは，検流計の針の振れは逆になる

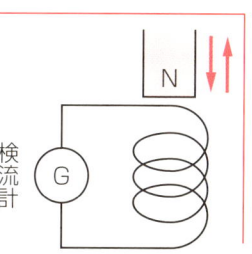

●磁石を動かす速度を変えると，検流計の針の振れの**大きさが変わる**

電気が磁気によって誘導されるのが，電磁誘導なのですね。

そうですね。電磁誘導による起電力（**誘導起電力**）の大きさは，磁束の単位時間あたりの変化量に比例します。これを**ファラデーの電磁誘導の法則**といいます。

磁石を速く動かすほど，誘導起電力は大きくなるのですね。

そのとおり。

起電力の向きに，何かルールはありますか？

電磁誘導によってコイルに生じる誘導起電力は，電磁誘導により生じる誘導電流の作る磁束が，コイルを貫く磁束の変化を**妨げる**ような向きに生じ，これを**レンツの法則**（反作用の法則）といいます。

フレミングの法則

磁界の中に置いた導体に電流を流すと，その導体を動かそうとする力（**電磁力**）が働きます。このとき電流・磁界・電磁力の向きは図5のようになります。これを**フレミングの左手の法則**といいます。

電流のデン，磁界のジ，電磁力のリョクから「デン・ジ・リョク（電磁力）」と覚えられますね。

磁界の中を導体が運動すると，その導体には**起電力**（電流を流す力）が発生します。このとき運動・磁界・起電力の向きは図6のようになります。これを**フレミングの右手の法則**といいます。

運動のウ，磁界のジ，起電力のデンから「ウ・ジ・デン（宇治電）」と覚えられますね。

宇治川電気という電力会社がかつて存在していましたね。

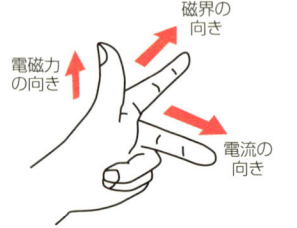
■図5　フレミングの左手の法則

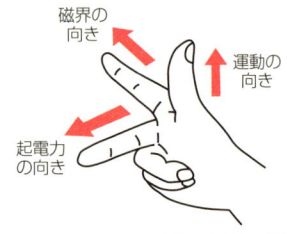
■図6　フレミングの右手の法則

1 電気の基礎

直流と交流

電流には直流と交流があります。直流は電流の向きや大きさ（電圧）が一定な電流です（図7）。交流は時間とともに電流の向きや大きさが周期的に変化する電流です（図8）。

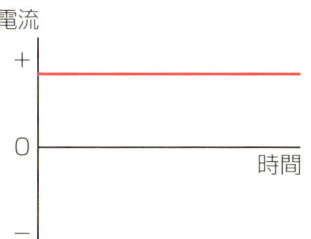
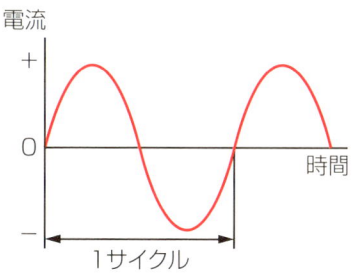

■図7 直流　　　　　　■図8 交流

交流は通常，正弦波曲線を描くので正弦波交流ともいいます。1サイクルに要する時間を周期といい，単位は秒（s）です。1秒間のサイクル数を周波数といい，単位は Hz（= s⁻¹）です。

周波数は周期の逆数なのですね。

そうですね。

実効値と平均値，単相交流と三相交流

交流は電流や電圧が周期的に変化しているため，同じ仕事をする直流に換算した場合の値を実効値といいます。正弦波交流の場合，次のようになります。

$$実効値 = \frac{最大値}{\sqrt{2}} \fallingdotseq 最大値 \times 0.707$$

実際に効果のある値が，実効値ですね。

そうですね。任意の時刻における値を瞬時値といいます。交流の瞬時値の和を1/2周期の間で時間に対して平均した値を平均値といい，次のように表されます。

$$平均値 = 最大値 \times \frac{2}{\pi} \fallingdotseq 最大値 \times 0.637$$

19

1種類の電気を2本の電線で送る交流を単相交流，3種類の電気を周期をずらして3本の電線で送る交流を三相交流といいます。なお，三相交流電源で回転する電動機を，三相誘導電動機といいます。
　三相誘導電動機の回転方向を逆回転させるためには，三相誘導電動機に接続されている電源線（R，S，T）を図9のように接続します。

　3本の電源線のうち2本を入れ替えればよいのですね。

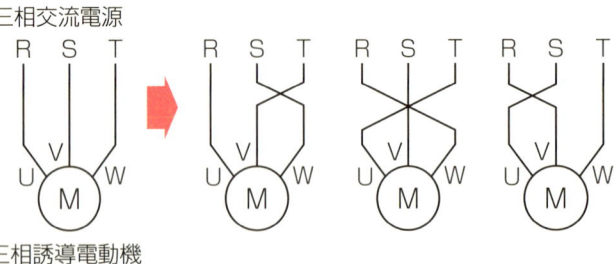

■正回転　　　　■図9　逆回転させる接続

リアクタンス

　リアクタンスとは，電流の通しにくさのことをいいます。リアクタンスには，誘導リアクタンスと容量リアクタンスがあります。

誘導リアクタンス	コイルがもつ交流電流の通しにくさ
容量リアクタンス	コンデンサがもつ交流電流の通しにくさ

　リアクト（react）には「反抗する」といった意味がありますよね。通しにくさということは，抵抗のようなものですか？

　そうですね。どちらも単位は抵抗と同じΩ（オーム）です。

　誘導リアクタンス X_L も容量リアクタンス X_C も，電圧 V [V] を電流 I [A] で割った値なので，次のようになります。

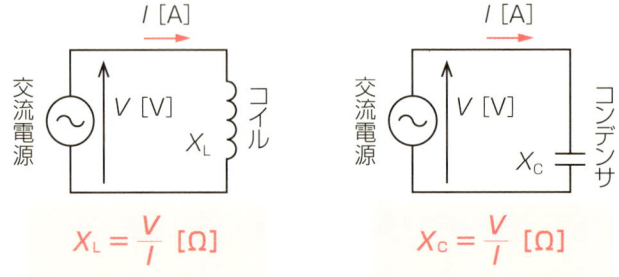

1 電気の基礎

 オームの法則 $R = \dfrac{V}{I}$ [Ω] と同じように考えられるのですね。

 誘導リアクタンスと容量リアクタンスは，それぞれ次のようにも表されます。

誘導リアクタンス $X_L = 2\pi fL$ [Ω]

f：交流の周波数［Hz］　L：コイルのインダクタンス［H］

容量リアクタンス $X_C = \dfrac{1}{2\pi fC}$ [Ω]

f：交流の周波数［Hz］　C：コンデンサの静電容量［F］

 インダクタンスというのは，何ですか？

 インダクタンスはコイル固有の定数で，単位は <ruby>H<rt>ヘンリー</rt></ruby> です。

 誘導リアクタンスは周波数に比例し，容量リアクタンスは周波数に反比例するのですね。

 そのとおり。

交流回路と位相

 コイルに交流電圧を加えると，電流が電圧より **1/4 周期**（90°）遅れます。**コンデンサ**に交流電圧を加えると，電流が電圧より **1/4 周期**（90°）進みます。

 90°というのは……？

 この 90°は**位相**（時間に対する波の位置）を表しています。1 周期が 360°なので，1/4 周期は 90°です。角度を表す方法には 180°，360°などと表す度数法の他に，π［rad］，2π［rad］などと表す<ruby>弧度法<rt>ラジアン</rt></ruby>があります。360°は弧度法では 2π で，その 1/4 の 90°は π/2 [rad] で表されます。

 90°は π/2 [rad] と覚えておけばよいですね。

 そうですね。電流が電圧より 90°遅れるとき，電流と電圧の位相差は π/2 [rad] といえます。

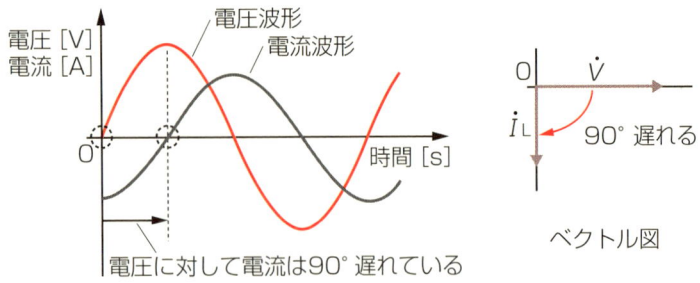

■負荷がコイルのみの交流回路における電圧と電流

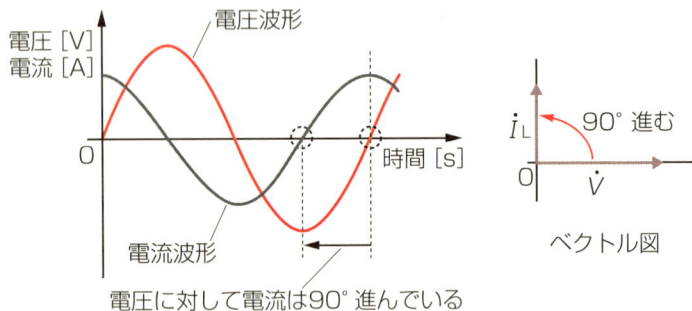

■負荷がコンデンサのみの交流回路における電圧と電流

コイルの電流　　… 電圧より 90°（$\pi/2$ [rad]）遅れる
コンデンサの電流 … 電圧より 90°（$\pi/2$ [rad]）進む

 ベクトル図はどのようなことを表しているのですか？

 あるベクトルが基準の軸に対して反時計回りの位置にあるとき、そのベクトルは「遅れている」といい、時計回りの位置にあるとき、そのベクトルは「進んでいる」といいます。

RLC 回路

 抵抗、コイル、コンデンサで構成される回路を *RLC 回路* といいます。*R* は何のことか、わかりますか？

 ……抵抗ですか？

1 電気の基礎

そのとおり。Rは抵抗，Lはコイルのインダクタンス，Cはコンデンサの静電容量を表します。コイルとコンデンサを，あわせてリアクタンスというので，RLC回路は，抵抗とリアクタンスで構成される回路ともいえます。

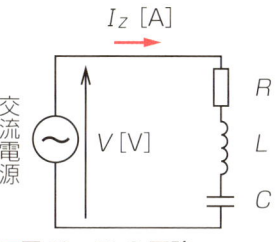
■図10　RLC回路

交流回路の抵抗，誘導リアクタンス，容量リアクタンスをあわせて**インピーダンス**といいます。つまり，インピーダンスとは交流回路における電流の流れにくさを表す量のことです。

ということは，インピーダンスの単位もΩですか？

そのとおり。図10のように，抵抗とリアクタンスが直列接続されたRLC回路の場合，回路全体のインピーダンスは，次式で求められます。

インピーダンス　$Z = \sqrt{R^2 + (X_L - X_C)^2}$ [Ω]　　　…①

R：抵抗　X_L：誘導リアクタンス　X_C：容量リアクタンス

RLC回路に流れる電流I_Zは，次式で求められます。

$$I_Z = \frac{V}{Z} \text{ [A]}$$

オームの法則と同様ですね。

そうですね。

*RL*回路，*RC*回路

抵抗とコイルで構成される回路を **RL回路**といい，抵抗とコンデンサで構成される回路を **RC回路**といいます。図11のように，抵抗とコイルが直列接続されたRL回路の場合，そのインピーダンスは，どのように求めるかわかりますか？

①式で$X_C = 0$として，$Z = \sqrt{R^2 + X_L^2}$ [Ω] ですか？

そのとおり。図12のように，抵抗とコンデンサが直列接続されたRC回路の場合，そのインピーダンスは，①式で$X_L = 0$として，$Z = \sqrt{R^2 + X_C^2}$ [Ω] となります。

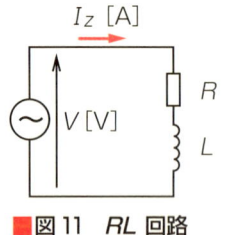
■図11 *RL* 回路

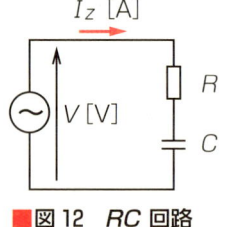
■図12 *RC* 回路

交流の電力と力率

時間に対する波の位置を位相といい,交流では電圧と電流の間に位相の差(**位相差**)ができます。

位相のずれのことですね。

はい。交流回路での電圧と電流の単純な積で表される電力を**皮相電力**といいます。皮相電力のうち,有効に働いて実際に消費される電力を**有効電力**(消費電力)といい,負荷と電源を往復するだけで消費されない電力を**無効電力**といいます。

交流の電力には皮相電力,有効電力,無効電力の3種類があるのですね。

はい。交流で単に電力といった場合は,一般に有効電力を指します。

交流回路での有効電力 *P* は,電圧を *V*,電流を *I* として次式で表されます。

$P = VI\cos\theta$ [W]

ここで,$\cos\theta$ は**力率**といい,有効電力と皮相電力の比を表します(θ は電流と電圧の位相差を表すもので,力率角という)。また,力率は抵抗とインピーダンスの比から求めることもできます。

$$力率 = \frac{有効電力}{皮相電力} = \frac{抵抗}{インピーダンス}$$

有効電力の場合,電圧と電流は同相(ずれがない)で,無効電力の場合,電圧と電流の間に90°($\pi/2$ [rad])の位相差があります。

1 電気の基礎

三相交流回路の電力

 図13, 14のように, 電源と負荷を結ぶ線の間の電圧を<u>線間電圧</u>, 各線に流れる電流を<u>線電流</u>といい, 1相の電圧を<u>相電圧</u>, 1相に流れる電流を<u>相電流</u>といいます。

三相交流における負荷の結線方法には, Y結線（スター結線）と Δ 結線（デルタ結線）がありますが, 線間電圧を V_L, 線電流を I_L, 負荷の力率を $\cos\theta$ とすると, 電力 P は結線方法に関係なく次式で表されます。

$P = \sqrt{3} \ V_L \cdot I_L \cos\theta$ [W]

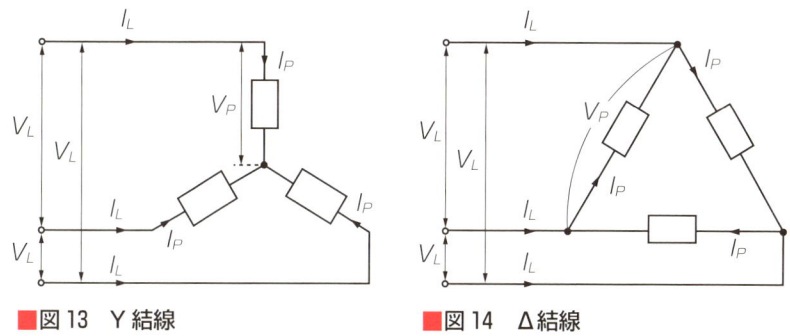

■図13　Y結線　　■図14　Δ結線

また相電圧を V_P, 相電流を I_P とすると, Y結線の場合に $V_L = \sqrt{3} V_P$, $I_L = I_P$ が, Δ結線の場合に $V_L = V_P$, $I_L = \sqrt{3} I_P$ が成り立ちます。

実戦問題

問題1 次図の回路で電流計が 10A を指示したとき，抵抗 r の値として正しいものは，次のうちどれか。

1　4 [Ω]
2　5 [Ω]
3　8 [Ω]
4　10 [Ω]

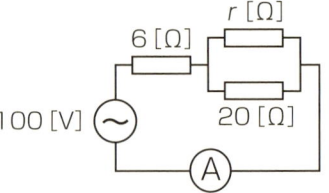

問題2 次図の回路に流れる電流 I の値として，正しいものは次のうちどれか。

1　0.5 [A]
2　1 [A]
3　2 [A]
4　8 [A]

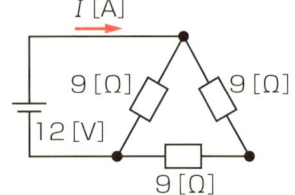

問題3 次図の回路に流れる電流 I の値として，正しいものは次のうちどれか。

1　20 [A]
2　25 [A]
3　30 [A]
4　45 [A]

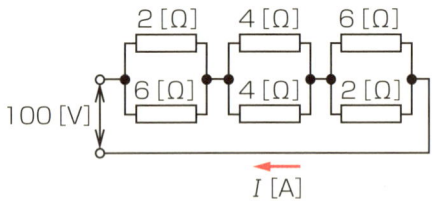

問題4 次図のホイートストンブリッジ回路で，検流計Ⓖの指示値が 0A であった。この場合の抵抗 R の値として，正しいものは次のうちどれか。

1　6 [Ω]
2　12 [Ω]
3　24 [Ω]
4　56 [Ω]

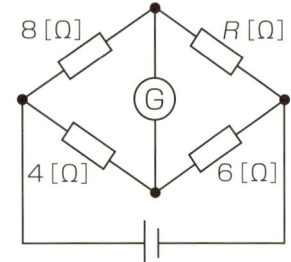

問題5 コンデンサを次図のように接続した場合の AB 間の合成静電容量として，正しいものは次のうちどれか。

1　0.5 [μF]
2　1.2 [μF]
3　2 [μF]
4　3 [μF]

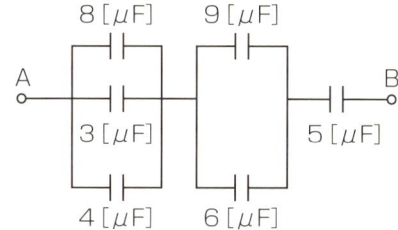

問題6 2本の同質の銅線 A，B があり，A の長さは B の長さの3倍，A の直径は B の直径の 1/2 倍であるという。B の抵抗が 10 [Ω] のとき，A の抵抗の値として正しいものは，次のうちどれか。

1　40 [Ω]
2　80 [Ω]
3　120 [Ω]
4　240 [Ω]

問題7 10 [Ω] の抵抗に 2 [A] の電流が 10 秒間流れたときの電力 [W] と発生するジュール熱 [J] の組合せとして，正しいものは次のうちどれか。

	電力	ジュール熱
1	40 [W]	400 [J]
2	50 [W]	400 [J]
3	60 [W]	600 [J]
4	80 [W]	600 [J]

問題8 クーロンの法則に関する記述として，正しいものは次のうちどれか。

1　2つの電荷間に働く力は，2つの電気量の和に比例する。
2　2つの電荷間に働く力は，2つの電気量の差に比例する。
3　2つの電荷間に働く力は，電荷間の距離に反比例する。
4　2つの電荷間に働く力は，電荷間の距離の2乗に反比例する。

問題9 電気や磁気に関する記述として，誤っているものは次のうちどれか。

1 コイル内を貫く磁束が変化することにより生じる誘導起電力の大きさは，磁束の変化の速さに比例する。
2 磁界の中にある導線に電流を流すと，導線には磁界と同じ方向に力が働く。このような力を電磁力という。
3 磁界の中にある導線を磁界と直角の方向に動かすと，導線にはフレミングの右手の法則に従う向きに起電力が生じる。
4 電磁誘導によってコイルに生じる誘導起電力は，電磁誘導により生じる誘導電流の作る磁束が，コイルを貫く磁束の変化を妨げるような向きに生じる。

問題10 フレミングの右手の法則に関する次の記述の□□□に当てはまる語句として，正しいものはどれか。

右手の親指・人差し指・中指を互いに直交する方向に伸ばし，磁界の向きに人差し指を，導体を流れる電流の向きに中指を向けると，親指は□□□の向きを示す。

1 電磁力
2 誘導起電力
3 導体の運動
4 導体にかかる力

問題11 正弦波交流回路において，電圧の最大値を E_m，実効値を E，平均値を E_0 とするとき，E，E_0 を表す式の組合せとして，正しいものは次のうちどれか。

$\quad\quad E \quad\quad\quad\quad E_0$

1 $E = \sqrt{2} E_m \quad E_0 = \dfrac{2E_m}{\pi}$

2 $E = \sqrt{2} E_m \quad E_0 = \dfrac{\pi E_m}{2}$

3 $E = \dfrac{E_m}{\sqrt{2}} \quad E_0 = \dfrac{2E_m}{\pi}$

4 $E = \dfrac{E_m}{\sqrt{2}} \quad E_0 = \dfrac{\pi E_m}{2}$

問題12 図のような三相交流電源のR，S，T相と三相誘導電動機のU，V，W端子について，左図のようにR相をU端子に，S相をV端子に，T相をW端子に接続すると正回転する三相誘導電動機を逆回転させるための接続方法として，誤っているものは1〜4のうちどれか。

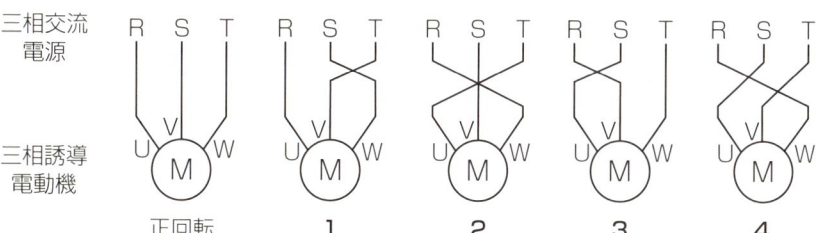

問題13 負荷が誘導リアクタンスのみの交流回路に，正弦波交流の電圧を加えたときの電圧と電流について，正しいものは次のうちどれか。
1 電流は，電圧と比べて位相が$\pi/2$ [rad] 進む。
2 電流は，電圧と比べて位相がπ [rad] 進む。
3 電流は，電圧と比べて位相が$\pi/2$ [rad] 遅れる。
4 電流は，電圧と比べて位相がπ [rad] 遅れる。

問題14 交流回路におけるインピーダンスに関する記述として，誤っているものは次のうちどれか。
1 インピーダンスは，交流の周波数に影響を受けない。
2 リアクタンスは，インピーダンスの一部である。
3 インピーダンスは，直流回路の抵抗に相当するものである。
4 インピーダンスの単位は，Ωである。

問題15 交流回路において，4Ωの抵抗と3Ωの誘導リアクタンスを直列に接続し，これに100Vの交流電圧を加えたとき，流れる電流の値として，正しいものは次のうちどれか。
1 10 [A]
2 20 [A]
3 30 [A]
4 40 [A]

29

問題16 単相交流 100 V の電源に消費電力 800 W の負荷を接続したところ，10 A の電流が流れた。この場合の負荷の力率の値として，正しいものは次のうちどれか。

1　60 [%]
2　70 [%]
3　75 [%]
4　80 [%]

問題17 次図のような交流回路における力率の値として，正しいものは次のうちどれか。

1　60 [%]
2　70 [%]
3　80 [%]
4　85 [%]

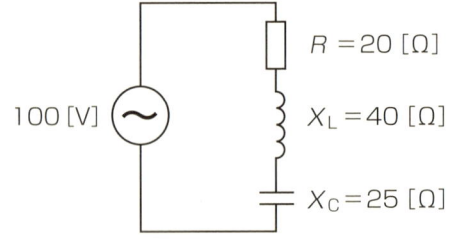

1 電気の基礎

実戦問題 解答解説

問題 1
▶解答 2

オームの法則 V [V] $= R$ [Ω] $\times I$ [A] より，図の回路全体の抵抗 R は，
100 [V] $= R$ [Ω] $\times$ 10 [A] ∴ $R = 10$ [Ω]
並列接続部分の合成抵抗に直列接続の抵抗を足すと回路全体の抵抗となるため，

$$\frac{20r}{20+r} + 6 = 10 \text{ [Ω]} \quad \therefore \quad r = 5 \text{ [Ω]}$$

問題 2
▶解答 3

問題の回路は右図のようにみることができるため，回路全体の抵抗は，

$$\frac{9 \times 18}{9 + 18} = 6 \text{ [Ω]}$$

よって，回路に流れる電流 I は，オームの法則より，

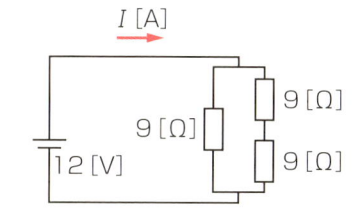

12 [V] $= 6$ [Ω] $\times I$ [A] ∴ $I = 2$ [A]

問題 3
▶解答 1

回路全体の抵抗は，

$$\frac{2 \times 6}{2 + 6} + \frac{4 \times 4}{4 + 4} + \frac{6 \times 2}{6 + 2} = 5 \text{ [Ω]}$$

よって，回路に流れる全電流 I は，オームの法則より，

100 [V] $= 5$ [Ω] $\times I$ [A] ∴ $I = 20$ [A]

問題 4
▶解答 2

検流計の指示値が 0A のため，次式が成り立ちます。
$8 \times 6 = 4 \times R$
よって，$R = 12$ [Ω]

問題 5
▶解答 4

並列接続部分の合成静電容量は，それぞれ，
$8 + 3 + 4 = 15$ [μF]， $9 + 6 = 15$ [μF]
15 [μF] と 15 [μF] と 5 [μF] のコンデンサの直列接続とみて，

31

$$\frac{1}{\frac{1}{15}+\frac{1}{15}+\frac{1}{5}} = 3 \ [\mu F]$$

問題 6
▶解答 3

銅線の長さを L [m], 直径を D [mm] とすると, 抵抗 R [Ω] は次のようになります。

$$R = \rho \frac{4L}{\pi D^2} \quad (\rho \text{ は定数})$$

A, B について, 長さをそれぞれ 3 [m], 1 [m], 直径をそれぞれ 1 [mm], 2 [mm] とすると, 抵抗はそれぞれ,

$$\rho \frac{12}{\pi}, \ \rho \frac{1}{\pi}$$

となり, A の抵抗は B の抵抗の 12 倍であることがわかります。
よって, A の抵抗は 10 × 12 = 120 [Ω]

問題 7
▶解答 1

オームの法則より,
$V = 10$ [Ω] × 2 [A] = 20 [V]
電力 P [W] = 電圧 [V] × 電流 [A] より,
$P = 20$ [V] × 2 [A] = 40 [W]
抵抗 R [Ω] に電流 I [A] を t 秒間流したとき, 発生するジュール熱 H [J] は, $H = I^2Rt$ で表されるため,
$H = 2^2 × 10 × 10 = 400$ [J]

問題 8
▶解答 4

クーロンの法則とは, 2 つの電荷間に働く力が, 両方のもつ電気量の積に比例し, 電荷間の距離の 2 乗に反比例するという法則をいいます。

問題 9
▶解答 2

磁界の中にある導線に電流を流した場合, フレミングの左手の法則に従う向きに導線を動かそうとする力が働きます。

問題 10
▶解答 3

フレミングの右手の法則 (18 ページ) を参照してください。

1 電気の基礎

問題 11　▶解答 3

正弦波交流の場合，電圧の実効値，平均値はそれぞれ次のようになります。

$$実効値 = \frac{最大値}{\sqrt{2}}, \quad 平均値 = 最大値 \times \frac{2}{\pi}$$

問題 12　▶解答 4

三相誘導電動機の回転方向を逆回転させるためには，3本の電源線のうち2本を入れ替えます。

問題 13　▶解答 3

負荷が誘導リアクタンスのみの交流回路とは，負荷がコイルのみの交流回路であり，この場合，電流は電圧と比べて位相が $\pi/2$ [rad] 遅れます。

問題 14　▶解答 1

誘導リアクタンス X_L は，次のように表されます。

$$X_L = 2\pi fL \ [\Omega]$$

　　　　　　　　　　f：交流の周波数　　L：コイルのインダクタンス

インピーダンスは，次のように表されます。

$$Z = \sqrt{R^2 + (X_L - X_C)^2} \ [\Omega]$$

　　　　　　　R：抵抗　　X_L：誘導リアクタンス　　X_C：容量リアクタンス

よって，インピーダンスはリアクタンスを含み，交流の周波数に影響を受けることがわかります。

問題 15　▶解答 2

抵抗を R，誘導リアクタンスを X_L とすると，回路全体のインピーダンス Z は，

$$Z = \sqrt{R^2 + X_L^2} = \sqrt{4^2 + 3^2} = 5 \ [\Omega]$$

よって，流れる電流 I_Z は，

$$I_Z = \frac{100}{5} = 20 \ [A]$$

問題 16　▶解答 4

電圧を V，電流を I とすると，有効電力（消費電力）P は，

$$P = VI\cos\theta$$

よって，
$$800 \text{ [W]} = 100 \text{ [V]} \times 10 \text{ [A]} \times \cos\theta \quad \therefore \quad \cos\theta = 0.8 = 80 \text{ [\%]}$$

問題 17 ▶解答 3

力率は，抵抗 R と回路全体のインピーダンス Z の比から求められるため，
$$Z = \sqrt{20^2 + (40-25)^2} = 25 \text{ [}\Omega\text{]}$$
よって，
$$力率 \cos\theta = \frac{R}{Z} = \frac{20}{25} = 0.8 = 80 \text{ [\%]}$$

2 電気計測

重要度 B

学習のポイント
電流や電圧などを測る方法，測定器などについてみていきます。

電流計と電圧計

電流の大きさを測定する計器を<u>電流計</u>といいます。電流計は抵抗などの負荷と直列に接続します（図1）。

電圧の大きさを測定する計器を<u>電圧計</u>といいます。電圧計は抵抗などの負荷と並列に接続します（図2）。

電流計は負荷と直列に，電圧計は負荷と並列につなぐのですね。

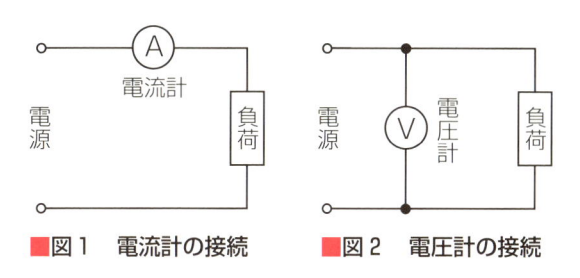

■図1　電流計の接続　　■図2　電圧計の接続

分流器

<u>分流器</u>とは，電流計の最大目盛りより大きな電流を測定するために，電流計と<u>並列</u>に接続する抵抗器（抵抗）をいいます。

電流を分けて流すことで測定可能な範囲を広げるわけですね。

そうですね。図3のように，測定電流を I，分流器に流れる電流

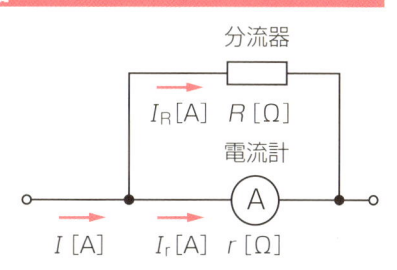

■図3　分流器と電流計

を I_R，電流計に流れる電流を I_r，分流器の抵抗を R，電流計の内部抵抗を r とすると，図より，

$$I = I_R + I_r \quad \cdots ①$$

また，並列抵抗にかかる電圧は一定であることから，

$$I_R \times R = I_r \times r \quad \cdots ②$$

35

- 分流器の倍率は，I/I_r で表されます。

- 電流計の最大目盛りの I/I_r 倍の電流が測定できるということですね。

- はい。①②式より，$\dfrac{I}{I_r} = \dfrac{r}{R} + 1$

  ここで，$\dfrac{I}{I_r} = m$ とすると，$m = \dfrac{r}{R} + 1$　∴　$R = \dfrac{r}{m-1}$　　…③

  よって，次のようになります。

分流器の倍率　$m = \dfrac{r}{R} + 1$

- ③式は何を表しているのでしょうか。

- つまり，電流計の最大目盛りの m 倍の電流を測定するときは，分流器の抵抗 R を電流計の内部抵抗 r の $\dfrac{1}{m-1}$ 倍にする必要があります。なお，電流計の内部抵抗は一般に小さく設計されています。

倍率器

- 倍率器とは，電圧計の最大目盛りより大きな電圧を測定するために，電圧計と直列に接続する抵抗器をいいます。

- 電圧を分けてかけることで測定可能な範囲を広げるわけですね。

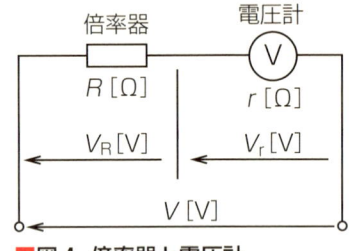

■図4　倍率器と電圧計

- そうですね。図4のように，測定電圧を V，倍率器にかかる電圧を V_R，電圧計にかかる電圧を V_r，倍率器の抵抗を R，電圧計の内部抵抗を r とすると，図より，

  $V = V_R + V_r$　　　　　　　　　　　　　　　…①

  また，オームの法則より，

  $\dfrac{V_R}{R} = \dfrac{V_r}{r}$　　　　　　　　　　　　　　　…②

- 倍率器の倍率は，V/V_r で表されます。

電圧計の最大目盛りの V/V_r 倍の電流が測定できるということですね。

はい。①②式より，$\dfrac{V}{V_r} = \dfrac{R}{r} + 1$

ここで，$\dfrac{V}{V_r} = m$ とすると，$m = \dfrac{R}{r} + 1$ ∴ $R = (m-1)r$ …③

よって，次のようになります。

倍率器の倍率 $m = \dfrac{R}{r} + 1$

③式は何を表しているのでしょうか。

つまり，電圧計の最大目盛りの m 倍の電圧を測定するときは，倍率器の抵抗 R を電圧計の内部抵抗 r の $(m-1)$ 倍にする必要があります。なお，電圧計の内部抵抗は一般に**大きく**設計されています。

指示電気計器

電気計器とは，電圧や電流などを測定する器具の総称です。そのうち，測定した量を指針などで指示するものを**指示電気計器**といい，次の3要素から構成されています。

■指示電気計器を構成する3つの要素

駆動装置	駆動トルク（動かそうとする力）を発生させ，指針などを動かす
制御装置	制御トルク（動きを止めようとする力）を発生させ，指針などの動きを制御する
制動装置	指針などに制動トルク（制動力）を与え，その動きを止める

制動とはブレーキのことですね。

そのとおり。指示電気計器は，動作原理によって次のように分類されます。

■指示電気計器の分類

使用回路	種類	記号	動作原理	用途
直流	可動コイル形		永久磁石による磁界と，その磁界中に置かれた可動コイルに流れる電流との間に生じる電磁力を利用するもの	電流計 電圧計
交流	可動鉄片形		固定コイルに流れる電流による磁界の中に置かれて磁化された固定鉄片と可動鉄片の間に生じる電磁力を利用するもの	電流計 電圧計
	振動片形		固定コイルに流れる交流電流の電磁力により生じる振動片の共振作用を利用するもの	周波数計
	誘導形		1つのコイルに流れる電流により生じるアルミ製回転円板上の渦電流（誘導電流）と，別のコイルにより生じた磁界との間に働く力を利用するもの	電流計 電圧計 電力計
	整流形		整流器で交流を直流に変換し，その電流や電圧を可動コイル形の原理で測定するもの	電流計 電圧計
直流 交流	電流力計形		固定コイルに流れる電流による磁界と，可動コイルに流れる電流による磁界との間に生じる力を利用したもの	電流計 電圧計 電力計
	静電形		電気を帯びた2つの金属板の間に働く静電力を利用したもの	電圧計
	熱電形		ヒータに流れる電流によって熱せられる熱電対*に生じる起電力を，可動コイル形の原理で測定するもの	電流計 電圧計 電力計

＊熱電対：異なる2種類の金属線を両端で接続して閉回路としたもの。接続部を異なる温度に保つと起電力が生じる

それぞれの種類がどの記号で表されるかをおさえておきましょう。また，それぞれの種類が直流用，交流用，交直両用のどれかも問われることがあります。

可動コイル形の記号の中に，U字型の磁石を模した図がありますね。

なお，可動コイル形では，指針の振れ角がコイルの巻き数に比例し，駆動トルクがコイルに流れる電流に比例し，可動鉄片形では，駆動トルクが測定電流の2乗に比例します。

また，指示電気計器には精度について階級があり，精度の高い順に0.2級，0.5級，1.0級，1.5級，2.5級などとなっています。

誤差と補正

計器で測定して得られる値（測定値）と，実際の値（真の値）との間には，一般に誤差があります。測定値を M，真の値を T とすると，誤差 ε は次式のようになります。

誤差 $\varepsilon = M - T$

また，真の値に対する誤差の割合を百分率で表したものを，百分率誤差といいます。百分率誤差 ε_0 は次式のようになります。

百分率誤差 $\varepsilon_0 = \dfrac{\varepsilon}{T} \times 100$ ［％］

百分率とは，パーセンテージのことですね。

はい。
誤差を真の値に正すことを補正といい，補正 α は次式のようになります。

補正 $\alpha = T - M$

誤差とは符号が逆になりますね。

そうですね。測定値に対する補正の割合を百分率で表したものを，百分率補正といいます。百分率補正 α_0 は次式のようになります。

百分率補正 $\alpha_0 = \dfrac{\alpha}{M} \times 100$ ［％］

抵抗の測定

抵抗を測定する方法や計器には、次のようなものがあります。

■抵抗を測定する方法・計器

抵抗の大きさ	測定方法・測定器
低抵抗 1Ω 以下	●ダブルブリッジ法 ●電位差計法
中抵抗 1Ω～1MΩ*	●テスタ（回路計）　　●抵抗法 ●ホイートストンブリッジ法
高抵抗 1MΩ 以上	●メガー（絶縁抵抗計） ●直偏法

* $1MΩ = 10^6 Ω$

絶縁体（不導体）がもつ抵抗を**絶縁抵抗**といい、これを測定するのが**絶縁抵抗計**です。

メガーともいうのですね？

はい。感電や漏電を防ぐために、電気機器と大地を電線でつなぐことを**接地**（アース）といい、大地に電気を逃がすための接地電極（大地に埋めた銅板）と大地の間の抵抗を**接地抵抗**といいます。これは**接地抵抗計**（**アーステスタ**）やコールラウシュブリッジ法で測定します。

実戦問題

問題1 負荷の電流・電圧を測定する結線図として，正しいものは次のうちどれか。ただし，Ⓐは電流計，Ⓥは電圧計を表すものとする。

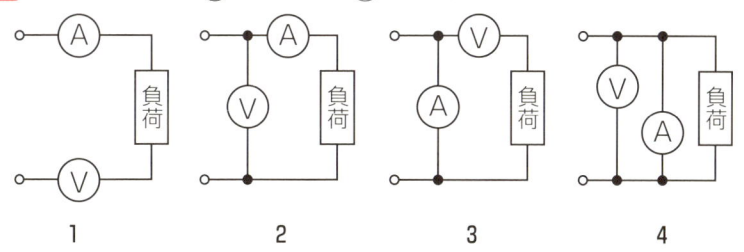

問題2 電流計・電圧計の測定範囲に関する次の記述の□□□に当てはまる語句の組合せとして，正しいものはどれか。

電流計の測定範囲を増すために，電流計と ┃ A ┃ に接続される抵抗器を ┃ B ┃ といい，電圧計の測定範囲を増すために，電圧計と ┃ C ┃ に接続される抵抗器を ┃ D ┃ という。

	A	B	C	D
1	直列	倍率器	並列	分流器
2	並列	倍率器	直列	分流器
3	直列	分流器	並列	倍率器
4	並列	分流器	直列	倍率器

問題3 最大目盛り 10 A，内部抵抗 0.5 Ω の電流計に分流器を接続して，最大 60 A まで測定できるようにするのに必要な分流器の抵抗値として，正しいものは次のうちどれか。

1　0.1 [Ω]
2　0.2 [Ω]
3　0.3 [Ω]
4　0.4 [Ω]

問題4 指示電気計器の目盛り板に表示されている記号のうち，可動コイル形計器を示すものとして，正しいものは次のうちどれか。

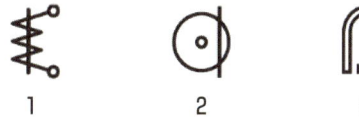

41

問題5 指示電気計器に関する記述として，誤っているものは次のうちどれか。

1 電流力計形計器は，電流相互間の電磁力を利用したもので，直流にも交流にも用いることができる。
2 可動鉄片形計器は，直流専用の計器であるため，感度のよいものを作ることができる。
3 可動コイル形計器では，駆動トルクはコイルに流れる電流に比例する。
4 熱電形計器は，電流による発熱を利用したもので，高周波用の測定に適している。

問題6 抵抗の測定に関する記述として，誤っているものは次のうちどれか。

1 ダブルブリッジ法は，1Ω程度以下の低抵抗の測定に適している。
2 ホイートストンブリッジ法は，1MΩ程度以上の高抵抗の測定に適している。
3 コールラウシュブリッジ法は，接地抵抗を測定するのに用いられる。
4 メガーは，絶縁抵抗を測定するのに用いられる。

2 電気計測

実戦問題 解答解説

問題 1 ▶解答 2

負荷の電流・電圧を測定するには，電流計は負荷と直列に，電圧計は負荷と並列に接続します。

問題 2 ▶解答 4

電流計の測定範囲を増すために，電流計と並列に接続される抵抗器を分流器といい，電圧計の測定範囲を増すために，電圧計と直列に接続される抵抗器を倍率器といいます。

問題 3 ▶解答 1

分流器の倍率は 60/10 = 6 [倍] であるから，分流器の倍率の公式（36ページ）

$$m = \frac{r}{R} + 1$$

m：分流器の倍率　r：電流計の内部抵抗　R：分流器の抵抗

より，

$$6 = \frac{0.5}{R} + 1 \quad \therefore \quad R = 0.1 \ [\Omega]$$

問題 4 ▶解答 3

指示電気計器の分類（38ページ）を参照してください。

問題 5 ▶解答 2

可動鉄片形計器は交流に用いられます。

問題 6 ▶解答 2

ホイートストンブリッジ法は，1 Ω～1 M Ω 程度の中抵抗の測定に適しています。

3 電気機器・電気材料

重要度 B

> **学習のポイント**
> 変圧器や蓄電池，電気材料についてみていきます。

変圧器

変圧器とは，簡単にいうと，電圧を高くしたり低くしたりする機器のことで，トランスともいいます。

電圧を変えるから，変圧器というのですね。

はい。基本的な構造は，鉄心に2つのコイルを巻いたもので，電源側（入力側）のコイルを**1次コイル**，負荷側（出力側）のコイルを**2次コイル**といいます（図1）。

けっこう単純な構造なのですね。

1次コイルに交流電圧（1次電圧）をかけると，磁束が生じて鉄心内を流れ，それが2次コイルを通過すると，巻き数に比例した電圧（2次電圧）が生じるというわけです。

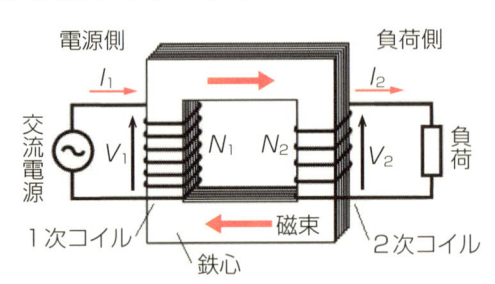

■図1　変圧器の構造

図1のように，電源側のコイルの巻き数を N_1，電圧を V_1，負荷側のコイルの巻き数を N_2，電圧を V_2 とすると，次式が成り立ちます。

$$\frac{N_1}{N_2} = \frac{V_1}{V_2}$$

電圧は巻き数に比例するのですね。

はい。

図1のように，電源側の電流を I_1，負荷側の電流を I_2 とすると，次式が

3 電気機器・電気材料

成り立ちます。

$$\frac{N_1}{N_2} = \frac{I_2}{I_1}$$

🧑 電流は巻き数に反比例するのですね。

👨 そのとおり。

変圧器の効率

👨 コイルの抵抗による電力損失などがないと仮定した変圧器を，理想変圧器といいます。しかし実際の変圧器には，鉄損や銅損，漂遊負荷損と呼ばれる損失があり，出力される電力は，入力される電力よりも小さくなります。

🧑 損失はそれぞれのようなものなのですか？

👨 鉄損は鉄心内で生じる電力損失で，銅損はコイルの抵抗による電力損失，漂遊負荷損とは漏れた磁束による損失のことです。

👨 変圧器の入力に対する出力の割合を変圧器の効率といい，次のように表されます。

$$効率 \quad \eta = \frac{出力}{入力} \times 100 = \frac{出力}{出力+損失} \times 100 \ [\%]$$

🧑 出力と損失を足したものが，入力になるわけですね。

👨 そのとおり。なお，入力される電力を単に入力，出力される電力を単に出力といいます。

蓄電池

👨 電池には，使い捨ての一次電池と，繰り返し使える二次電池があります。

🧑 乾電池は使い捨てなので，一次電池ですね？

👨 はい。一次電池は，使ってエネルギーがなくなってしまうと補給がききません。一方，二次電池は，エネルギーがなくなっても充電することで繰り返し使えます。

45

便利な電池ですね。

一次電池　放電のみが可能
二次電池　放電と充電が可能

二次電池は**蓄電池**、バッテリーとも呼ばれ、電気を貯めておき、貯めた電気を必要なときに使うことができます。蓄電池の容量は、電流と時間の積で表され、単位は **Ah**（アンペアアワー）です。なお、蓄電池は使用せず保存しておくだけでも残存容量が低下します。

鉛蓄電池

鉛蓄電池は蓄電池の一種で、自動車のバッテリーとして広く利用されています。鉛蓄電池では、正極に**二酸化鉛**、負極に**鉛**、電解液に**希硫酸**が用いられます。

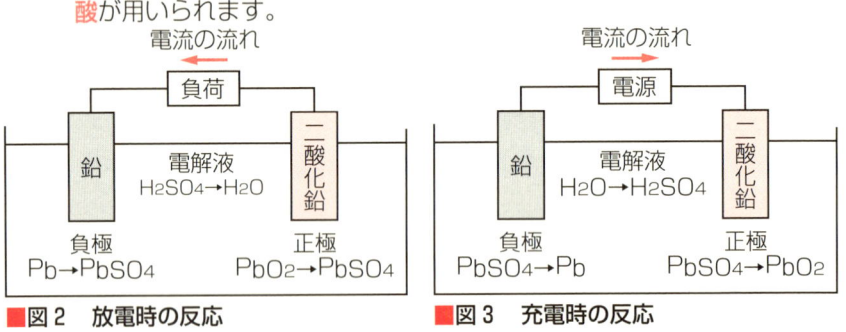

■図2　放電時の反応

■図3　充電時の反応

放電時には、正極で二酸化鉛が硫酸鉛になり、負極で鉛が硫酸鉛になります（図2）。充電時には、正極で硫酸鉛が二酸化鉛になり、負極で硫酸鉛が鉛になります（図3）。

充電時には、放電時とは逆の反応が起きていますね。

鉛蓄電池の充放電反応の全体をまとめた化学反応式は、次のとおりです。

$$PbO_2 + 2H_2SO_4 + Pb \underset{充電}{\overset{放電}{\rightleftarrows}} PbSO_4 + 2H_2O + PbSO_4$$

二酸化鉛　希硫酸　鉛　　　　　　硫酸鉛　　水　　硫酸鉛
正極　　　電解液　負極　　　　　正極　　　　　　負極

電気材料

導体（電気伝導体）とは電気を通しやすい物質，絶縁体（不導体）とは電気を通しにくい物質，半導体とは電気の通しやすさが導体と不導体の中間である物質のことをいいます。

電気の通しやすさによって区別されているのですね。

そうですね。電気を用いた設備を構成する材料を電気材料といい，電気材料には導電材料，絶縁材料，半導体材料があります。導電材料とは導体を用いた材料，絶縁材料とは絶縁体を用いた材料，半導体材料とは半導体を用いた材料をいいます。

導体の抵抗率は，常温で $10^{-6} \sim 10^{-8}$ [Ω・m] 程度で，絶縁体の抵抗率は，常温で $10^{10} \sim 10^{18}$ [Ω・m] 程度以上で，半導体は，その中間の性質を示します。

抵抗率が低い（導電率が高い）物質ほど，電気をよく通すのですね。

導体，絶縁体，半導体にはそれぞれ次表のようなものがあります。導体については，導電率の高さの順もおさえておきましょう（表1）。

銀は，銅や金よりも電気を通しやすいのですね。

一般に金属は，温度が上昇すると抵抗が大きくなります。一方，半導体は，温度が上昇すると抵抗が小さくなります。

■表1 主な導体

導電率
銀（高）
銅
金
アルミニウム
マグネシウム
タングステン
モリブデン
亜鉛
ニッケル
鉄
白金
すず
鉛
水銀（低）

■表2 主な絶縁体

- マイカ（雲母）
- ガラス
- クラフト紙
- アルミナ磁器
- ベークライト
- エボナイト
- 大理石
- 乾燥木材
- 空気

■表3 主な半導体

- シリコン（けい素）
- ゲルマニウム
- セレン
- 亜酸化銅
- 酸化チタン

実戦問題

問題 1 1次側のコイル巻き数 100 回,2次側のコイル巻き数 20 回の変圧器の2次側の端子に 100 V の電圧を取り出す場合,1次側の端子に加える電圧として,正しいものは次のうちどれか。ただし,変圧器は理想変圧器とする。

1. 400 [V]
2. 500 [V]
3. 600 [V]
4. 700 [V]

問題 2 1次巻き線と2次巻き線の巻き数比が 10:1 の変圧器について,正しいものは次のうちどれか。ただし,変圧器は理想変圧器とする。

1. 1次側の電圧は,2次側の電圧の 1/10 倍である。
2. 1次側の電流は,2次側の電流の 1/10 倍である。
3. 2次側から負荷に供給される電力は,1次側に供給される電力の 1/10 倍である。
4. 2次側から負荷に供給される電力は,1次側に供給される電力の 10 倍である。

問題 3 蓄電池について,誤っているものは次のうちどれか。

1. 蓄電池の容量は,Ah(アンペアアワー)という単位で表される。
2. 蓄電池は,使用せず保存しておくだけでも残存容量が低下する。
3. 蓄電池は二次電池とも呼ばれ,充電すれば繰り返し使うことができる。
4. 鉛蓄電池では,正極に鉛,負極に二酸化鉛,電解液として希硝酸が用いられる。

問題 4 導電率の高いものから順に並べられているものとして,正しいものは次のうちどれか。

1. 金,銀,銅,アルミニウム,白金,鉄,鉛
2. 金,銀,銅,アルミニウム,鉄,白金,鉛
3. 銀,銅,金,アルミニウム,鉄,白金,鉛
4. 銀,銅,金,白金,アルミニウム,鉄,鉛

3 電気機器・電気材料

問題 5 電気材料に関する記述として，誤っているものは次のうちどれか。

1 シリコンは，温度の上昇とともに電気抵抗が大きくなる。
2 酸化チタンは，半導体材料である。
3 ガラスや空気，アルミナ磁器は，絶縁材料である。
4 導体は，常温で 10^{-6}〜10^{-8}〔Ω・m〕程度の抵抗率をもつ。

実戦問題 解答解説

問題 1
▶解答 2

1次側のコイルの巻き数を N_1, 電圧を V_1, 2次側のコイルの巻き数を N_2, 電圧を V_2 とすると，次式が成り立ちます。

$$\frac{N_1}{N_2} = \frac{V_1}{V_2}$$

よって，

$$\frac{100}{20} = \frac{V_1}{100} \quad \therefore \quad V_1 = 500 \ [\mathrm{V}]$$

問題 2
▶解答 2

問題の変圧器の場合，1次側の電圧は，2次側の電圧の10倍です。また，理想変圧器では，1次側の電力と2次側の電力は等しくなります。

問題 3
▶解答 4

鉛蓄電池では，正極に二酸化鉛，負極に鉛，電解液として希硫酸が用いられます。

問題 4
▶解答 3

主な導体（47ページ）を参照してください。

問題 5
▶解答 1

シリコンなどの半導体は，温度の上昇とともに電気抵抗が小さくなります。

第2章

消防関係法令
（共通部分）

第2章では，消防関係法令のうち各類に共通する部分を扱います。

1 法令の基礎と防火対象物など
2 火災予防
3 消防同意と防火管理者
4 防炎規制と危険物規制
5 消防用設備等
6 検定制度
7 消防設備士制度

1 法令の基礎と防火対象物など 重要度 A

学習のポイント
消防関係法令の基礎や防火対象物などについてみていきます。

消防関係法令のしくみ

消防に関係する法令には，消防法，消防法施行令，消防法施行規則，危険物の規制に関する政令，危険物の規制に関する規則などがあります（図1）。

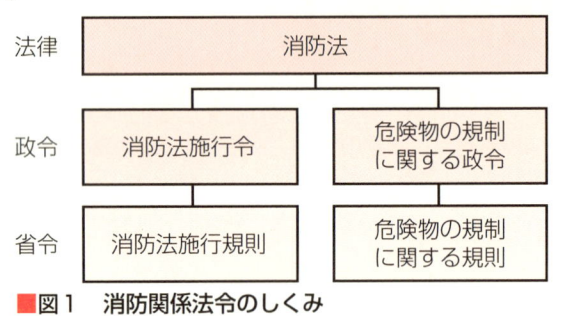

```
法律 ─── 消防法
         ├─ 消防法施行令      ─ 危険物の規制に関する政令
政令
         └─ 消防法施行規則    ─ 危険物の規制に関する規則
省令
```

■図1　消防関係法令のしくみ

消防法が基本になっているのですね。

はい。消防法は，火災から私たちの生命や財産を守るための法律です。政令は消防法のより具体的なルールを，省令は法律や政令のさらに具体的なルールを定めています。

※法令名を次のように略記することがある
　法：消防法　　　　　　危政令：危険物の規制に関する政令
　令：消防法施行令　　　危省令：危険物の規制に関する規則
　規則：消防法施行規則

防火対象物と消防対象物

防火対象物と消防対象物は，それぞれ次のように定義されています。

防火対象物とは，山林または舟車*1，船きょ*2もしくはふ頭に繋留された船舶，建築物その他の工作物もしくはこれらに属する物　をいう。

1 法令の基礎と防火対象物など

消防対象物とは，山林または舟車，船きょもしくはふ頭に繋留された船舶，建築物その他の工作物または物件をいう。

*1 舟車：船舶や車両など
*2 船きょ：船舶の荷役や建造などのために設けられた施設。ドック

　何だかよく似た用語ですね。

　「防火」と「消防」ではどちらが意味が広いですか？

　「消防」でしょうか。

　「属する物」というと限定的ですが，「または物件」では意味が広がっています。

　なるほど，消防対象物のほうが意味が広いと覚えておけばよいですね。

　そうですね。消防対象物には敷地内の立ち木なども含むとされます。

防火対象物の種類

　防火対象物にも，いくつか種類があります。

特定防火対象物	劇場，飲食店，百貨店，ホテル，病院など，不特定多数の人が出入りする用途（特定用途*1）の建物。火災発生時の安全かつ円滑な避難が困難で，人命への危険性が高い
非特定防火対象物	共同住宅，学校，工場，倉庫，事務所など，不特定多数の人が出入りしない用途（非特定用途）の建物。特定防火対象物以外の防火対象物
特定1階段等防火対象物	屋内に階段が1つしかなく，1階・2階以外の階に特定用途部分がある建物。なお，屋内に階段が2つあっても，避難上有効な開口部*2がない壁で区画されている場合も1つと見なされる
複合用途防火対象物	令別表第1の1項から15項までの用途のうち，2つ以上の異なる用途がある防火対象物。いわゆる雑居ビルや，店舗を併設する共同住宅など

*1 309ページの表のアミかけ部の用途
*2 ドア・窓・換気口など
※消防法施行令の別表第1では，防火対象物を用途ごとに区分している（309ページの表参照）。たとえば，令別表第1の5項イに掲げる防火対象物といえば，旅館やホテルなどを指す

第2章　消防関係法令（共通部分）

53

309ページの設置基準表は以降のページにも関係しますので，その都度確認しながらつかんでいきましょう。

その他の法令用語

他に消防関係法令で用いられる用語をみておきましょう。

関係者	防火対象物または消防対象物の所有者，管理者または占有者
関係のある場所	防火対象物または消防対象物のある場所
危険物	消防法別表第1に掲げる物品で，同表の性状をもつもの
消防隊	消防器具を装備した消防吏員もしくは消防団員の一隊または都道府県の航空消防隊
高層建築物	高さ31 mを超える建築物
無窓階	建築物の地上階のうち，避難上または消火活動上有効な開口部をもたない階

※無窓階以外の階を，普通階という

実戦問題

問題1 消防法令上の用語として，誤っているものは次のうちどれか。

1 複合用途防火対象物とは，政令で定める2以上の異なる用途が同じ防火対象物に存するものをいう。
2 関係者とは，防火対象物または消防対象物の所有者，管理者または占有者をいう。
3 関係のある場所とは，防火対象物または消防対象物のある場所をいう。
4 防火対象物とは，山林または舟車，船きょもしくはふ頭に繋留された船舶，建築物その他の工作物または物件をいう。

問題2 消防法令上の用語に関して，正しいものは次のうちどれか。

1 無窓階とは，廊下に面する部分に有効な開口部をもたない階をいう。
2 関係者とは，防火対象物に出入りする業者をいう。
3 高さ35 mの建築物は，高層建築物に含まれる。
4 危険物とは，消防法別表第1に掲げる物品で，同表に掲げる性状をもたないものをいう。

問題3 特定防火対象物に関する記述として，正しいものは次のうちどれか。

1 消防用設備等の設置が義務づけられたすべての防火対象物
2 消防法施行令で定められた不特定多数の者が出入りする防火対象物
3 同一敷地内にある2以上の建築物等の総称
4 特定された多数の者が出入りする防火対象物で，消防法で定められたもの

問題4 特定防火対象物に該当するものは，次のうちどれか。

1 倉庫を含む作業場
2 事務所と図書館からなる高層建築物
3 公衆浴場のうち，蒸気浴場・熱気浴場その他これらに類するもの
4 工場

問題 5 特定防火対象物に該当しないものの組合せは，次のうちどれか。

1 ホテル，宿泊所，熱気浴場
2 博物館，美術館，高等学校
3 劇場，映画館，集会場
4 ナイトクラブ，遊技場，キャバレー

1 法令の基礎と防火対象物など

―― **実戦問題 解答解説** ――

問題 1
▶解答 4

防火対象物とは，山林または舟車，船きょもしくはふ頭に繋留された船舶，建築物その他の工作物もしくはこれらに属する物をいいます。

問題 2
▶解答 3

1 無窓階とは，建築物の地上階のうち，避難上または消火活動上有効な開口部をもたない階をいいます。
2 防火対象物に出入りする業者は，消防法令上関係者とはいいません。
4 危険物とは，消防法別表第1に掲げる物品で，同表の性状をもつものをいいます。

問題 3
▶解答 2

特定防火対象物とは，劇場，飲食店，百貨店など，不特定多数の人が出入りする用途の防火対象物をいいます。

問題 4
▶解答 3

1 倉庫や作業場は，非特定防火対象物です。 ※309ページの表参照
2 事務所（15項）や図書館は非特定防火対象物で，これらを含む複合用途防火対象物も非特定防火対象物です。
3 蒸気浴場・熱気浴場などは，特定防火対象物です。
4 工場は，非特定防火対象物です。

問題 5
▶解答 2

博物館，美術館，高等学校は，非特定防火対象物です。

2 火災予防

重要度 B

> **学習のポイント**
> 火災予防や，そのための立入り検査についてみていきます。

消防の組織

消防を行う組織を消防機関といい，市町村に設けられる消防機関には消防本部，消防署，消防団があります。それぞれの機関の長や構成員は次のようになっています。

■消防機関の長・構成員

消防機関	機関の長	機関の構成員
消防本部＊	消防長	消防吏員など
消防署	消防署長	消防吏員など
消防団	消防団長	消防団員

＊消防本部を置かない市町村もある

屋外における火災予防

屋外における火災予防について，次のことが定められています。

消防長＊1，消防署長，消防吏員 は，

＋

屋外での火災予防に危険であると認める行為者や，消防活動に支障のある物件の所有者・管理者・占有者で**権原＊2**をもつ者など に対して，

＋

たき火などの禁止や，危険な物件の除去など を命じることができる。

＊1 消防本部を置かない市町村の場合は市町村長
＊2 権原：ある行為を正当なものとする法律上の原因

誰が，誰に対して，どのようなことができるのかをしっかり把握しましょう。

2 火災予防

立入り検査

火災予防のための立入り検査について，次のことが定められています。

消防長*1，**消防署長** は，

＋

関係者に資料の提出や報告を 求めたり，

＋

消防職員*2 に仕事場や工場などへの立ち入りや，消防対象物の構造の検査などを行わせる ことができる。

*1 消防本部を置かない市町村の場合は市町村長
*2 消防本部を置かない市町村の場合は，その市町村の消防事務に従事する職員または常勤の消防団員

※個人の住居は，関係者の承諾を得た場合または火災発生のおそれが著しく大きいため特に緊急の必要がある場合でなければ，立ち入れない

消防団長が立入り検査を命じることはできないのですね。

そうですね。

実戦問題

問題1 消防職員などに立入り検査を命じることができる者として，誤っているものは次のうちどれか。

1 消防長
2 消防署長
3 消防団長
4 消防本部を置かない市町村の長

問題2 火災の予防に危険であると認める物件もしくは消火，避難その他の消防の活動に支障になると認める物件の関係者で権原を有する者に対して，一定の措置命令を行うことができる者として，誤っているものは次のうちどれか。

1 消防長
2 消防署長
3 消防団長
4 消防吏員

問題3 消防対象物などへの立入り検査について，正しいものは次のうちどれか。

1 立入り検査が行える時間は，日の出から日没までに限られている。
2 立入り検査を行う際には，事前通告をしなければならない。
3 個人の住居であっても，関係者の承諾を得ずに立ち入ることができる。
4 消防本部を置かない市町村では，市町村長が消防事務に従事する職員または常勤の消防団員に立入り検査を行わせることができる。

実戦問題 解答解説

問題 1
▶解答 3

　立入り検査を命じることができるのは，消防長，消防署長，消防本部を置かない市町村の長です。

問題 2
▶解答 3

　消防長，消防署長，消防吏員が，火災の予防に危険であると認める物件もしくは消火，避難その他の消防の活動に支障になると認める物件の関係者で権原を有する者に対して，一定の措置命令を行うことができます。

問題 3
▶解答 4

1　立入り検査を行う時間に制限はありません。
2　事前通告をする必要はありません。
3　個人の住居は，関係者の承諾を得た場合または火災発生のおそれが著しく大きいため特に緊急の必要がある場合でなければ，立ち入れません。

3 消防同意と防火管理者

重要度 A

学習のポイント
消防同意や防火管理者などについてみていきます。

建築確認と消防同意

建築確認と消防同意は、それぞれ次のようなものです。建築主事とは、建築確認などを行う市町村などの職員のことです。

建築確認	建築物の新築・増築の着工前に、その建築物が法規に適合するかどうかについて、**建築主事等*** が審査・確認すること
消防同意	建築確認の際に、その建築物が消防法上問題ないことについて、**消防長**または**消防署長**が同意すること

＊建築主事等：建築主事または指定確認検査機関
※「消防長または消防署長」を「消防長等」ということがある

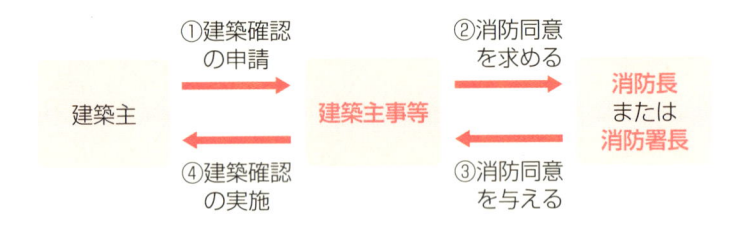

```
建築主 →①建築確認の申請→ 建築主事等 →②消防同意を求める→ 消防長または消防署長
建築主 ←④建築確認の実施← 建築主事等 ←③消防同意を与える←
```

消防同意を求めるのが建築主事等で、消防同意を与えるのが消防長または消防署長なのですね。

そうですね。消防同意は、一般建築物の場合は同意を求められた日から **3日以内**に、その他の場合は **7日以内**に建築主事等に通知する必要があります。

防火管理者と管理権原者

火災を未然に防ぎ、万一火災が発生しても被害を最小限におさえるための対策を行うことを、**防火管理**といいます。防火管理者とは、次のような人のことです。

防火管理者とは、防火管理に必要な業務を適切に遂行することができる管理的または監督的地位にある者　で、

3 消防同意と防火管理者

かつ，　防火管理に関する知識や技能をもつ者

管理権原者とは，防火管理を行う上で法的に正当な権限をもつ人のことで，たとえば防火対象物の所有者などが該当します。

管理について権原をもつ者ですね。

はい。管理権原者は防火管理者を選任し，防火管理に必要な業務を行わせなければなりません。

防火管理者の設置義務がある防火対象物

防火管理者の選任が義務づけられている防火対象物は，次のようになっています。　※309ページの表参照

令別表第1に掲げる防火対象物		収容人員
特定防火対象物	●避難困難介護施設等（6項ロ）*1	10人以上
	●上記以外	30人以上
非特定防火対象物*2		50人以上

*1　6項ロの用途を含む複合用途防火対象物などを含む
*2　18項，19項，20項を除く
※　18項：延長50m以上のアーケード
　　19項：市町村長の指定する山林
　　20項：総務省令で定める舟車

収容人員とは，防火対象物に出入りしたり，勤務・居住する人の数をいいます。

防火管理者を設置するかどうかは，収容人員の数によって決まるのですね。

そうですね。なお，同じ敷地内に，管理権原者が同一の防火対象物が2つ以上あるときは，それらを1つの防火対象物とみなして収容人員を合計します。

防火管理者の業務

防火管理者が行わなければならない業務には，次のようなものがあります。

●消防計画の作成
●消防計画に基づく消火・通報・避難訓練の実施
●消防用設備等の点検・整備

- 火気の使用・取扱いに関する監督
- 避難や防火に必要な構造・設備の維持管理
- 収容人員の管理
- その他防火管理上必要な業務

関連して次のような規定があります。下線部は「消防用設備等」といいます。

防火管理者は，消防の用に供する設備，消防用水もしくは消火活動上必要な施設の点検および整備または火気の使用もしくは取扱いに関する監督を行うときは，火元責任者その他の防火管理の業務に従事する者に対し，必要な指示を与えなければならない。

「〜の用に供する」というのは……？

「〜の用途に使う」「〜のために提供する」というような意味ですね。

統括防火管理者

雑居ビルなど管理権原が分かれている一定規模以上の建物で，建物全体の防火管理業務を行う防火管理者を，統括防火管理者といいます。

「管理権原が分かれている」というのは，管理権原者が複数いるということですか？

そうですね。管理権原者は統括防火管理者を協議して選任しなければなりません。

統括防火管理者の設置義務がある防火対象物

次の防火対象物のうち管理権原が分かれている場合は，統括防火管理者の選任が義務づけられています。

- 高層建築物（高さ 31 m を超える建築物）
- 特定防火対象物のうち，避難困難介護施設等（6 項ロ）[1]の用途を含むもので，地上 3 階以上，かつ収容人員が 10 人以上のもの
- 特定防火対象物のうち，6 項ロの用途を含まないもので，地上 3 階以上，かつ収容人員が 30 人以上のもの
- 特定用途のない複合用途防火対象物（16 項ロ）のうち，地上 5 階以上，かつ収容人員が 50 人以上のもの

3 消防同意と防火管理者

- 地下街*2のうち，消防長または消防署長が指定するもの
- 準地下街*3

*1 6項ロの用途を含む複合用途防火対象物などを含む

*2 地下街：地下の工作物内に，地下道に面して連続して設けられた店舗・事務所などの施設と，地下道を合わせたもの

*3 準地下街：建築物の地階（地下街の各階を除く）で，地下道に面して連続して設けられたもの（特定用途部分を含むもの）と，地下道を合わせたもの

「地上3階以上」を「地階を除く階数が3以上」ということもあります。

統括防火管理者の業務

統括防火管理者が行う業務には，次のようなものがあります。

- 建物全体についての消防計画の作成
- 消防計画に基づく消火・通報・避難訓練の実施
- 廊下・階段等の共用部分の避難に必要な施設の管理

建物全体についての防火管理業務を行っているのですね。

防火対象物点検資格者

防火対象物点検資格者とは，防火対象物を専門に点検する資格をもつ者をいい，管理権原者は，防火対象物点検資格者に防火管理業務等について点検させ，消防長または消防署長に報告しなければなりません。次のような規定があります。

防火対象物点検資格者	消防設備士・防火管理者・消防設備点検資格者で，3年以上の実務経験があり，かつ登録講習機関の行う講習を修了した者
点検が必要な防火対象物	●特定防火対象物*で，収容人員が300人以上のもの ●特定1階段等防火対象物で，収容人員が30人以上300人未満のもの
点検・報告の期間	1年に1回

＊ 準地下街を除く

管理権原者というだけでは，点検ができないのですね。

そうですね。管理権原者は，点検の結果を防火管理維持台帳に記録し，

保存しなければなりません。台帳に保存される項目は次のようなものです。

- 防火対象物についての火災予防上の**自主検査**の状況
- **消防用設備等**または**特殊消防用設備等**＊の点検・整備の状況
- 避難施設の維持管理の状況
- 防火上の構造の維持管理の状況
- 防火管理上必要な教育の状況

＊特殊消防用設備等：消防用設備等と同等以上の性能をもつものとして総務大臣が認定した設備等

3 消防同意と防火管理者

実戦問題

問題1 建築物を新築する際の確認申請に関して，正しいものは次のうちどれか。

1. 消防本部を置かない市町村の長は，消防同意を求められた場合，7日以内に同意・不同意を建築主事等に通知しなければならない。
2. 確認申請は，建築主事等に対して行うが，建築主事等がその確認を行うためには，消防長等の消防同意をあらかじめ得ておく必要がある。
3. 建築主は，確認申請を行う前に，消防同意をあらかじめ得ておく必要がある。
4. 消防同意は，消防長の他に消防団長も行うことができる。

問題2 防火管理者を設置しなくてもよい防火対象物は，次のうちどれか。

1. 収容人員55人の美術館
2. 収容人員35人の特別支援学校
3. 同一敷地内にある所有者が同じ2棟のアパートで，各棟の収容人員が28人であるもの
4. 同一敷地内にあり，所有者が同じ収容人員12人の飲食店と収容人員14人のカフェ

問題3 防火管理に関する次の記述の□□□に当てはまる語句の組合せとして，消防法令上，正しいものはどれか。

　□A□は，消防の用に供する設備，消防用水もしくは消火活動上必要な施設の□B□および整備または火気の使用もしくは取扱いに関する監督を行うときは，火元責任者その他の防火管理の業務に従事する者に対し，必要な指示を与えなければならない。

	A	B
1	管理について権原を有する者	工事
2	管理について権原を有する者	点検
3	防火管理者	工事
4	防火管理者	点検

問題4 防火管理者の業務として，誤っているものは次のうちどれか。

1. 危険物の使用または取扱いに関する指導監督
2. 消防計画に基づく消火，通報および避難の訓練の実施

67

3　消防計画の作成
4　消防用設備等の点検および整備

問題5 統括防火管理者を定めなければならない防火対象物は，次のうちどれか。
1　事務所とマンションの用途がある複合用途防火対象物で，地階を除く階数が4のもの
2　平家建ての大規模な小売店舗で，延べ面積が900 m²のもの
3　管理について権原が分かれている地下街で，消防長または消防署長が指定していないもの
4　管理について権原が分かれている高さ31 mを超える建築物で，消防長または消防署長が指定していないもの

問題6 防火対象物の定期点検制度に関して，誤っているものは次のうちどれか。
1　点検・報告の期間は，1年に1回である。
2　点検結果を報告するのは，防火対象物点検資格者である。
3　点検結果の報告先は，消防長または消防署長である。
4　防火管理者は，3年以上の実務経験があり，かつ登録講習機関の行う講習を修了した場合，防火対象物点検資格者になることができる。

問題7 防火対象物点検資格者が点検を行わなければならない防火対象物は，次のうちどれか。
1　収容人員500人の中学校
2　収容人員500人の図書館
3　収容人員400人の映画館
4　収容人員400人の共同住宅

問題8 消防計画に基づき実施される各状況を記載した書類として，防火管理維持台帳に保存することが消防法令上規定されていないものは，次のうちどれか。
1　防火管理上必要な教育の状況
2　防火上の構造の維持管理の状況
3　消防用設備等または特殊消防用設備等の工事経過の状況
4　消防用設備等または特殊消防用設備等の点検・整備の状況

3 消防同意と防火管理者

実戦問題 解答解説

問題 1 ▶解答 2

1 消防同意は，一般建築物の場合は同意を求められた日から 3 日以内に，その他の場合は 7 日以内に建築主事等に通知する必要があります。
3 消防同意を得るのは，建築主事等です。
4 消防同意が行えるのは，消防長，消防署長，消防本部を置かない市町村の長です。

問題 2 ▶解答 4

1 非特定防火対象物で収容人員 50 人以上のため，設置が必要です。
2 特定防火対象物で収容人員 30 人以上のため，設置が必要です。
3 同じ敷地内に所有者が同じ防火対象物が複数ある場合，1 つの防火対象物とみなすため計 56 人となり，非特定防火対象物のため，設置が必要です。
4 計 26 人で特定防火対象物のため，設置が不要です。

問題 3 ▶解答 4

A には「防火管理者」が，B には「点検」が当てはまります。

問題 4 ▶解答 1

危険物の使用または取扱いに関する指導監督は，防火管理者の業務に含まれません。

問題 5 ▶解答 4

1 特定用途のない複合用途防火対象物の場合，地上 5 階以上かつ収容人員 50 人以上でなければ，統括防火管理者の選任は不要です。
2 特定防火対象物（6 項ロを除く）の場合，地上 3 階以上かつ収容人員 30 人以上でなければ，選任は不要です。
3 地下街の場合，消防長または消防署長が指定するものでなければ，選任は不要です。

問題 6 ▶解答 2

点検結果を報告するのは，防火対象物の管理権原者です。

問題 7 ▶解答 3

特定防火対象物で収容人員が 300 人以上であれば，点検を行う必要があるため，収容人員 400 人の映画館が該当します。

問題 8 ▶解答 3

消防用設備等または特殊消防用設備等の工事経過の状況は，規定されていません。

4 防炎規制と危険物規制

重要度 C

> **学習のポイント**
> 防炎規制や危険物施設に関する規制についてみていきます。

防炎規制

特定防火対象物や高層建築物などで使用するカーテン，どん帳など（防炎対象物品）は，一定基準以上の防炎性能をもつものでなければなりません。このような規制を**防炎規制**といいます。

炎が燃え広がるのを防ぐためですね。

はい。防炎規制を受ける防火対象物を**防炎防火対象物**といい，次のようなものがあります。

- 高層建築物（高さ 31 m を超える建築物）
- 特定防火対象物
- 映画スタジオ，テレビスタジオ
- 工事中の建築物

防炎規制の対象となる物品を**防炎対象物品**といい，次のようなものがあります。

- カーテン
- どん帳
- じゅうたん
- 暗幕
- 布製ブラインド
- 工事用シート

危険物施設に関する規制

危険物といえば何を思い浮かべますか？

ガソリンや灯油などでしょうか。

そうですね。**危険物**とは，簡単にいえば引火や発火の危険性が大きい物質です。危険物には，危険性の基準となる数量（**指定数量**）が物質ごとに定められています。

指定数量というのは……？

🧑‍🦱 たとえばガソリンの指定数量は 200 L，灯油の指定数量は 1000 L など，一般に危険性が高いものほど指定数量は小さくなっています。

🧑 なるほど。

🧑‍🦱 危険物を製造または取り扱う施設を**製造所**，危険物を貯蔵または取り扱う施設を**貯蔵所**，危険物を取り扱う施設を**取扱所**といい，これらをまとめて**製造所等**（危険物施設）といいます。

🧑‍🦱 指定数量の **10 倍**以上の危険物を貯蔵または取り扱う危険物施設は，次の**警報設備**のうちいずれかを設置しなければなりません（移動タンク貯蔵所を除く）。

- **自動火災報知設備**
- **非常ベル装置**
- **警鐘**
- **消防機関に報知ができる電話**
- **拡声装置**

実戦問題

問題1 消防法で規定される防炎規制の対象とならない防火対象物は，次のうちどれか。

1 映画スタジオ
2 床面積が 60 m² 以下の飲食店
3 高さ 33 m の共同住宅
4 複合用途防火対象物のうち，一般事務所の用に供する部分

問題2 消防法で規定される防炎規制の対象とならない物品は，次のうちどれか。

1 カーテン
2 テント
3 工事用シート
4 じゅうたん

問題3 指定数量の 10 倍以上の危険物を貯蔵または取り扱う製造所等（移動タンク貯蔵所を除く）に設ける警報設備として，誤っているものは次のうちどれか。

1 警鐘
2 消防機関に報知ができる電話
3 ガス漏れ火災警報設備
4 非常ベル装置

実戦問題 解答解説

問題 1 ▶解答 4

　一般事務所は特定防火対象物ではないため、防炎規制の対象にはなりません。

問題 2 ▶解答 2

　テントが防炎規制の対象にはなりません。

問題 3 ▶解答 3

　指定数量の倍数が10以上の製造所等（移動タンク貯蔵所を除く）が設置しなければならない警報設備の種類には、自動火災報知設備、消防機関に報知ができる電話、非常ベル装置、拡声装置、警鐘があります。

5 消防用設備等

重要度 A

学習のポイント
消防用設備等の種類やその設置などについてみていきます。

消防用設備等の種類

消防の用に供する設備，消防用水，消火活動上必要な施設をまとめて**消防用設備等**といい，次のような種類があります。

消防の用に供する設備	消火設備	●屋内消火栓設備　●屋外消火栓設備 ●スプリンクラー設備　●水噴霧消火設備 ●泡消火設備　●不活性ガス消火設備 ●ハロゲン化物消火設備　●粉末消火設備 ●動力消防ポンプ設備　●消火器 ●簡易消火用具（水バケツ，水槽，乾燥砂）
	警報設備	●自動火災報知設備　●ガス漏れ火災警報設備 ●漏電火災警報器　●消防機関へ通報する火災報知設備 ●非常警報器具（警鐘，携帯用拡声器，手動式サイレン） ●非常警報設備（非常ベル，自動式サイレン，放送設備）
	避難設備	●誘導灯　●誘導標識 ●避難器具（すべり台，避難はしご，救助袋，緩降機，避難橋）
消防用水		●防火水槽またはこれに代わる貯水池など
消火活動上必要な施設		●排煙設備　●連結散水設備 ●連結送水管　●非常コンセント設備 ●無線通信補助設備

消防の用に供する設備は，消火設備，警報設備，避難設備の3つに分かれているのですね。

そうですね。それぞれの設備等がどの分類に入っているかをみておきましょう。

消防用設備等の設置

防火対象物には，消防用設備等を設置しなければなりません。原則として1つの建物を1つの単位として設置します。

1棟を1つの防火対象物として扱うのですね。

そうですね。ただし，次のような例外があります。

- **開口部**のない耐火構造の床や壁で区画されているときは，それぞれ別の防火対象物とみなす

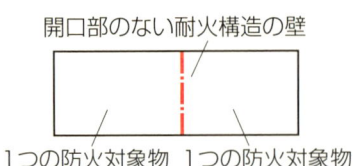

- **複合用途防火対象物**では，用途ごとに別の防火対象物とみなす。ただし，特定の設備*1 を設置する場合，全体で1つの防火対象物とみなす

開口部のない耐火構造の壁

1つの防火対象物　1つの防火対象物

3階	共同住宅
2階	共同住宅
1階	店舗

3階・2階：1つの防火対象物
1階：1つの防火対象物

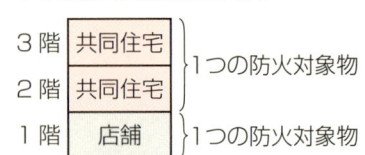

- **地下街**は，全体で1つの防火対象物とみなす
- 地下街と一体となっていると消防長等が指定した特定防火対象物の**地階**は，特定の設備*2 を設置する場合，地下街の一部とみなす
- 2つの建物を**渡り廊下**などでつないだ場合は，原則としてあわせて1棟とみなす。ただし，一定の防火措置を講じたときは別の棟とみなす

*1　スプリンクラー設備，自動火災報知設備，ガス漏れ火災警報設備，漏電火災警報器，非常警報設備，避難器具，誘導灯
*2　スプリンクラー設備，自動火災報知設備，ガス漏れ火災警報設備，非常警報設備

付加条例

市町村条例では，地方の気候や風土の特殊性により，消防用設備等の技術上の基準とは異なる規定を設けることができます。

当然ながら基準を下回る規定は認められないのですね？

そのとおり。

既存防火対象物の規制

現に存在する防火対象物や新築・増改築中の防火対象物を，**既存防火対象物**といいます。既存防火対象物については，法令の改正により消防用設備等の技術基準が改正された場合でも，原則として改正前の基準に適合していればよいとされています。

改正後の基準を適用しなくてもよいのですね。

そうですね。ただし，次のような例外があります。

5 消防用設備等

①特定防火対象物

②次の消防用設備等
- 消火器，簡易消火用具
- 自動火災報知設備＊1
- 漏電火災警報器
- ガス漏れ火災警報設備＊2
- 非常警報器具
- 非常警報設備
- 避難器具
- 誘導灯，誘導標識

③改正後に次のような増改築等をした場合
- 床面積 1000 m²以上または従前＊3の延べ面積の 1/2 以上の増改築をした場合
- 主要構造部の壁について 1/2 を超える＊4 修繕や模様替えをした場合

→ 基準が改正されると，改正後の基準に適合しなければならない

④改正前の基準に違反している消防用設備等

⑤改正後の基準に適合するに至った消防用設備等

→ 改正後の基準を適用する

＊1　特定防火対象物と重要文化財等に限る
＊2　特定防火対象物と温泉採取設備に限る
＊3　従前：以前の意。
＊4　1/2を超える：過半ともいう。

用途を変更した防火対象物の規制

防火対象物の用途を変更した場合も，原則として改正前の用途での基準に適合していればよいとされています。ただし，前項と同様に次のような例外があります。

変更後に特定防火対象物となった場合

前項の②の消防用設備等

変更後に前項の③のような増改築等をした場合

→ 変更後の用途での基準に適合しなければならない

変更前の基準に違反している消防用設備等

変更後の基準に適合するに至った消防用設備等

→ 変更後の用途での基準を適用する

消防用設備等の設置の届出

防火対象物の関係者は，消防用設備等を設置した場合，消防長または消防署長に届出をし，検査を受けなければなりません。

■検査を受ける義務のある防火対象物
- 特定防火対象物＊で，延べ面積 300 m²以上のもの
- 非特定防火対象物で，延べ面積 300 m²以上のもので，消防長または消防署長が指定したもの
- 特定1階段等防火対象物

＊カラオケボックス等（2項ニ），旅館・ホテル等（5項イ），避難困難介護施設等（6項ロ）などは延べ面積に制限はなく，すべて

なお，届出は設置工事完了後 4 日以内となっています。簡易消火用具や非常警報器具を設置した場合，届出の必要はありません。

非特定防火対象物であっても，検査を受けなければならないものもあるのですね。

消防用設備等の点検

防火対象物の関係者は，消防用設備等について消防設備士または消防設備点検資格者に定期的に点検させなければなりません。

■消防設備士または消防設備点検資格者が点検する義務のある防火対象物
- 特定防火対象物で，延べ面積 1000 m²以上のもの
- 非特定防火対象物で，延べ面積 1000 m²以上のもので，消防長または消防署長が指定したもの
- 特定1階段等防火対象物

これ以外の防火対象物は，防火対象物の関係者が点検を行います。

どのような点検を行うのですか？

点検には次のような種類があります。

■点検の種類

機器点検	●消防用設備等の機器の機能を，外観や簡易な操作により点検する ●6ヶ月に1回行う
総合点検	●消防用設備等の全部または一部を作動させ，総合的な機能を点検する ●1年に1回行う

5 消防用設備等

防火対象物の関係者は，点検の結果を消防長または消防署長に報告しなければなりません。

■点検の報告

特定防火対象物	●1年に1回行う
非特定防火対象物	●3年に1回行う

点検だけでなく報告も義務なのですね。

そのとおり。なお，舟車については，点検する必要はありません。

消防用設備等の設置・維持命令

消防長または消防署長は，消防用設備等が技術基準に従って設置・維持されていない場合，権原をもつ防火対象物の関係者に，設置や維持に必要な措置を命じることができます。措置命令に違反すると，次のような罰則が科せられます。

■設置・維持命令に違反した場合の罰則

設置命令に違反した場合	100万円以下の罰金または1年以下の懲役
維持命令に違反した場合	30万円以下の罰金または拘留

実戦問題

問題1 消防用設備等の設置について，誤っているものは次のうちどれか。

1. 1階がマーケットで2階以上が共同住宅の耐火建築物の場合，マーケットの出入口部分と共同住宅の玄関入口部分は共用であるが，それ以外の部分は耐火構造で区画されていれば，別の防火対象物とみなされる。
2. 地下街の場合，複数の用途に供されていても全体で1つの防火対象物とみなして基準を適用する。
3. 複合用途防火対象物の場合，原則として用途ごとに別の防火対象物とみなして基準を適用する。
4. 複合用途防火対象物に自動火災報知設備の基準を適用する場合，全体で1つの防火対象物とみなして基準を適用する。

問題2 消防用設備等の技術上の基準の改正とその適用について，正しいものは次のうちどれか。

1. 既存の防火対象物に設置されている消防用設備等には原則として適用しなくてよいが，政令で定める一部の消防用設備等については例外とされている。
2. 既存の防火対象物に設置されている消防用設備等が，設置されたときの基準に違反している場合，設置したときの基準に適合するように設置しなければならない。
3. 現に新築中または増改築工事中の防火対象物の場合，すべて新しい基準に適合する消防用設備等を設置しなければならない。
4. 現に新築中の特定防火対象物の場合，従前の基準に適合していれば，改正後の基準を適用しなくてもよい。

問題3 既存の防火対象物を消防用設備等の技術上の基準が改正された後に増築または改築したとき，消防用設備等を改正後の基準に適合させなければならない増築または改築の規模として，正しいものは次のうちどれか。

1. 延べ面積 2000 m²の事務所のうち 800 m²を改築した場合
2. 延べ面積 3000 m²の工場のうち 900 m²を改築した場合
3. 延べ面積 1100 m²の倉庫を 1400 m²に増築した場合
4. 延べ面積 1500 m²の博物館を 2500 m²に増築した場合

5 消防用設備等

問題 4 消防用設備等の技術上の基準が改正された後に，既存の防火対象物について大規模な修繕または模様替えをしたとき，消防用設備等を改正後の基準に適合させなければならない修繕または模様替えとして，正しいものは次のうちどれか。

1 延べ面積 3400 m² の博物館の階段を 2／3 にわたって修繕した場合
2 延べ面積 2600 m² の工場の主要構造部である壁を 2／3 にわたって修繕した場合
3 延べ面積 2100 m² の共同住宅の主要構造部である壁を 1／3 にわたって模様替えした場合
4 延べ面積 1300 m² の倉庫の屋根を 1／3 にわたって模様替えした場合

問題 5 消防用設備等の設置に関する基準が改正された場合，原則として既存の防火対象物には適用されないが，すべての防火対象物に改正後の基準が適用される消防用設備等は，次のうちどれか。

1 ガス漏れ火災警報設備
2 消防機関へ通報する火災報知設備
3 非常コンセント設備
4 動力消防ポンプ設備

問題 6 防火対象物の用途の変更について，誤っているものは次のうちどれか。

1 変更後の用途が特定防火対象物に該当する場合は，常に変更後の用途に適合する消防用設備等を設置しなければならない。
2 水噴霧消火設備は，防火対象物の用途を変更した場合，常に変更後の用途に関する技術基準に従って設置しなければならない。
3 防火対象物の用途の変更後に，延べ面積の 1／2 以上の改築をした場合，常に変更後の基準に適合するように措置しなければならない。
4 漏電火災警報器は，防火対象物の用途を変更した場合，常に変更後の用途に関する基準に適合させなければならない。

問題 7 既存の防火対象物における用途変更と，消防用設備等の技術上の基準との関係について，正しいものは次のうちどれか。

1 倉庫を料理店に用途変更した場合，必要とする消防用設備等は，従前の倉庫における基準法令に適合させればよい。
2 旅館を共同住宅に用途変更した場合，既存の避難設備は共同住宅における

基準法令に適合させる必要はない。
3 倉庫を工場に用途変更した後に 1500 m²以上の増築をした場合，必要とする消防用設備等は，従前の基準法令に適合させればよい。
4 映画館を飲食店に用途変更した場合，既存の屋内消火栓設備は現行の技術上の基準法令に適合させる必要がある。

問題 8 消防用設備等を設置した場合，原則として消防機関に届出をし，検査を受けなければならない防火対象物として，誤っているものは次のうちどれか。

1 延べ面積 400 m²の共同住宅
2 延べ面積 550 m²の幼稚園
3 延べ面積 350 m²のナイトクラブ
4 延べ面積 1200 m²の図書館で，消防長が指定したもの

問題 9 消防用設備等を設置した場合の届出および検査について，正しいものは次のうちどれか。

1 消防本部が置かれていない市町村の場合，その区域を管轄する都道府県知事に届け出る。
2 延べ面積 900 m²のマーケットに非常警報器具を設置した場合は，設置工事完了後 4 日以内に消防機関に届け出て検査を受けなければならない。
3 延べ面積 850 m²の旅館に簡易消火用具を設置した場合，消防長等に届け出て検査を受ける必要はない。
4 延べ面積 700 m²で消防長が指定した倉庫に自動火災報知設備を設置した場合，その工事を担当した消防設備士が消防長等に届け出なければならない。

問題 10 消防法によると，地方の気候または風土の特殊性によって，消防用設備等の技術上の基準に関する政令またはこれに基づく命令の規定と異なる規定を設けることができるが，この規定を定めるものとして，正しいものは次のうちどれか。

1 その地域を管轄する消防長または消防署長が定める基準により定める。
2 市町村条例により定める。
3 消防庁長官が定める告示基準により定める。
4 都道府県条例により定める。

5 消防用設備等

問題 11 消防用設備等を設置し，または維持する義務を負う者として，消防法令上，正しいものは次のうちどれか。
1 防火対象物の管理者
2 消防設備士
3 危険物保安統括管理者
4 防火管理者

問題 12 消防用設備等の定期点検および報告について，正しいものは次のうちどれか。
1 すべての特定防火対象物の関係者は，その防火対象物の消防用設備等について，法令で定める資格を有する者に点検させ，その結果を報告しなければならない。
2 特定防火対象物以外の防火対象物でも，一定の延べ面積で，消防長等が指定するものの場合，法令で定める資格を有する者に点検させ，その結果を報告しなければならない。
3 消防設備士免状の交付を受けていない者は，消防用設備等の点検を行ってはならない。
4 消防用設備等の点検を行った消防設備士は，その結果を消防長等に報告しなければならない。

問題 13 消防法の規定に基づく消防用設備等の定期点検および報告について，誤っているものは次のうちどれか。
1 延べ面積 1500 m^2 の映画館の場合，点検の結果は 3 年に 1 回消防長に報告する。
2 点検には，機器点検と総合点検がある。
3 点検の結果は，消防本部を置かない市町村の場合，市町村長に報告しなければならない。
4 機器点検は，6 ヶ月に 1 回行うこと。

問題 14 消防用設備等の定期点検を消防設備士または消防設備点検資格者に行わせなければならない防火対象物は，次のうちどれか。ただし，いずれも消防長または消防署長が指定していないものとする。
1 延べ面積 1400 m^2 の博物館
2 延べ面積 700 m^2 の百貨店
3 延べ面積 400 m^2 の旅館

4　延べ面積 1100 m²の診療所

問題15 消防用設備等の設置または維持に関する命令について，正しいものは次のうちどれか。

1 消防用設備等の設置の命令に違反し，消防用設備等を設置しなかった者は，拘留または罰金に処せられることがある。
2 消防用設備等の維持の命令に違反し，必要な措置をしなかった者は，懲役または罰金に処せられることがある。
3 消防長または消防署長は，消防用設備等が技術上の基準に従って維持されていないと認めるときは，当該工事を担当した消防設備士に対し，工事の手直しを命じることができる。
4 消防長または消防署長は，消防用設備等が技術上の基準に従って設置され，または維持されていないと認めるときは，当該防火対象物の関係者で権原を有する者に対し，技術上の基準に従って設置すべきこと，または維持のため必要な措置をなすべきことを命じることができる。

5 消防用設備等

実戦問題 解答解説

問題1 ▶解答 1

1 出入口部分は共用であるため，開口部のない耐火構造の床や壁で区画されているとはいえず，別の防火対象物とみなされません。

問題2 ▶解答 1

2 既存の防火対象物に設置されている消防用設備等が，設置されたときの基準に違反している場合，改正後の基準に適合しなければなりません。
3 現に新築中または増改築工事中の防火対象物の場合，原則として改正前の基準に適合していればよいとされています。
4 特定防火対象物の場合，改正後の基準に適合しなければなりません。

問題3 ▶解答 4

改正後に床面積1000 m²以上または従前の延べ面積の1/2以上の増改築をした場合，改正後の基準に適合しなければなりません。
1 改築した床面積は800 m²で，これは従前の床面積の1/2未満
2 改築した床面積は900 m²で，これは従前の床面積の1/2未満
3 増築した床面積は300 m²で，これは従前の床面積の1/2未満
4 増築した床面積は1000 m²で，これは従前の床面積の1/2以上

問題4 ▶解答 2

改正後に主要構造部の壁について1/2を超える修繕や模様替えをした場合，改正後の基準に適合しなければなりません。

問題5 ▶解答 1

自動火災報知設備・漏電火災警報器・ガス漏れ火災警報設備などの消防用設備等は基準が改正されると，改正後の基準に適合しなければなりません。

問題6 ▶解答 2

用途を変更した場合も，基準が改正された場合と同様に扱います。水噴霧消火設備は，基準が改正されると改正後の基準に適合しなければならない消防用設備等に含まれていません。

問題 7
▶解答 4

用途を変更した場合も，基準が改正された場合と同様に扱います。
1 変更後に特定防火対象物となっているため，現行の基準法令に適合させる必要があります。
2 避難設備は，改正後の基準に適合しなければならない消防用設備等に含まれているため，現行の基準法令に適合させる必要があります。
3 変更後に 1500 m² 以上の増築をしているため，現行の基準法令に適合させる必要があります。
4 変更後に特定防火対象物となっているため，現行の基準法令に適合させる必要があります。

問題 8
▶解答 1

消防用設備等を設置した場合，消防機関に届出をして検査を受けなければならない防火対象物は，非特定防火対象物については，延べ面積 300 m² 以上のもので消防長または消防署長が指定したものです。

問題 9
▶解答 3

1 記述中の「都道府県知事に」は，正しくは「市町村長に」です。
2 非常警報器具を設置した場合，届出の必要はありません。
4 届出をするのは，防火対象物の関係者です。

問題 10
▶解答 2

地方の気候または風土の特殊性により，消防用設備等の技術上の基準に関する政令またはこれに基づく命令の規定と異なる規定を市町村条例により定めることができます。

問題 11
▶解答 1

消防用設備等を設置・維持する義務を負うのは，防火対象物の関係者（所有者・管理者・占有者）です。

問題 12
▶解答 2

1 法令で定める資格を有する者が点検する義務のある特定防火対象物は，延べ面積 1000 m² 以上のものです。
3 防火対象物の種類により，防火対象物の関係者でも点検できます。

4 点検結果を報告するのは，防火対象物の関係者です。

問題 13 ▶解答 1

特定防火対象物の場合，点検結果の報告は1年に1回行うこととされています。

問題 14 ▶解答 4

特定防火対象物の場合，延べ面積 1000m^2 以上のものに点検の義務があり，これに該当するのは 4 です。

問題 15 ▶解答 4

1 記述中の「拘留または罰金」は，正しくは「懲役または罰金」です。
2 記述中の「懲役または罰金」は，正しくは「拘留または罰金」です。
3 命令を受けるのは，防火対象物の関係者です。

6 検定制度

重要度 A

学習のポイント
検定制度についてみていきます。

検定制度

火災予防や消火などのために重要な消防用の機械器具等について、公的機関で検査をして品質を確保するための制度を**検定制度**といいます。
検定は型式承認と型式適合検定の2段階で実施されます。

■型式承認と型式適合検定

型式承認	●検定対象機械器具等[*1]の型式に係る形状等が、総務省令で定める検定対象機械器具等に係る技術上の規格に適合している旨の承認 ●総務大臣が実施
型式適合検定	●検定対象機械器具等の形状等が、型式承認を受けた検定対象機械器具等の型式に係る形状等に適合しているかどうかについて、総務省令で定める方法により行う検定 ●日本消防検定協会または登録検定機関[*2]が実施

[*1] 検定対象機械器具等：消防用の機械器具等のうち、火災予防や消火などのために重要で、検査の対象とされるもの
[*2] 登録検定機関：総務大臣の登録を受けた法人

簡単にいうと、もとになる型が規格に適合していることの確認が型式承認で、器具の形状がもとになる型に適合しているかの検定が型式適合検定ですね。

そうですね。検定の流れは図1のようになります。

型式試験とは何ですか？

型式承認の事前に行う試験のことです。
検定の対象となる機械器具等には、表1のようなものがあります。

6 検定制度

■図1 検定の流れ

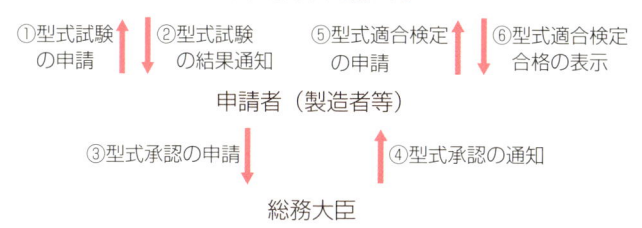

```
                  日本消防検定協会等
    ①型式試験 ↑↓ ②型式試験      ⑤型式適合検定 ↑↓ ⑥型式適合検定
     の申請      の結果通知      の申請           合格の表示
              申請者（製造者等）
       ③型式承認の申請 ↓      ↑ ④型式承認の通知
                    総務大臣
```

■表1 検定対象機械器具等

- 消火器
- 消火器用消火薬剤（二酸化炭素を除く）
- 泡消火薬剤
- **感知器・発信機**（火災報知設備のもの）
- **中継器・受信機**（火災報知設備・ガス漏れ火災警報設備に用いるもの）
- 住宅用防災警報器
- **閉鎖型スプリンクラーヘッド**
- 流水検知装置・一斉開放弁（スプリンクラー設備等に用いるもの）
- 金属製避難はしご・**緩降機**

検定対象機械器具等は，検定合格の表示が付いたものでなければ，販売・陳列ができません。
型式承認の失効については，次のようになっています。

■合格表示の例

■型式承認の失効

- 技術上の規格の変更などにより，**総務大臣**が規格に適合しないと認めたときは，型式承認の効力がなくなる
- 型式承認の効力がなくなると，型式適合検定合格の効力もなくなる

技術上の規格が変更されると，型式承認の効力が自動的になくなるわけではないのですね。

そうですね。

実戦問題

問題1 消防法で規定されている型式承認と型式適合検定について，誤っているものは次のうちどれか。

1 型式承認とは，検定対象機械器具等の型式に係る形状等が総務省令で定める検定対象機械器具等に係る技術上の規格に適合している旨の承認をいう。
2 型式適合検定とは，検定対象機械器具等の形状等が型式承認を受けた検定対象機械器具等の型式に係る形状等に適合しているかどうかについて行う検定をいう。
3 型式適合検定に合格した旨の表示は，総務大臣が行う。
4 型式承認を行うのは，総務大臣である。

問題2 次の機械器具等のうち，検定の対象とされていないものはどれか。

1 金属製避難はしご
2 ガス漏れ火災警報設備の検知器
3 閉鎖型スプリンクラーヘッド
4 消火器

問題3 検定対象機械器具等の検定に関する記述として，正しいものは次のうちどれか。

1 型式承認の効力は，技術上の規格が変更されると自動的に失われる。
2 型式適合検定を受けようとする者は，あらかじめ日本消防検定協会または法人であって総務大臣の登録を受けたものが行う検定対象機械器具等についての試験を受けなければならない。
3 型式承認を受けていれば型式適合検定に合格していなくても，検定対象機械器具等を販売できる。
4 型式承認の効力が失われた検定対象機械器具等については，日本消防検定協会または法人であって総務大臣の登録を受けたものが既に行った型式適合検定の合格の効力も失われる。

6 検定制度

――――――― **実戦問題 解答解説** ―――――――

問題 1
▶解答 3

型式適合検定に合格した旨の表示は，日本消防検定協会または登録検定機関が行います。

問題 2
▶解答 2

ガス漏れ火災警報設備の検知器は，検定対象機械器具等に含まれていません。

問題 3
▶解答 4

1 型式承認の効力は，技術上の規格が変更され，総務大臣が規格に適合しないと認めたときに失われます。
2 記述中の「型式適合検定」は，正しくは「型式承認」です。
3 検定対象機械器具等は，型式適合検定合格の表示が付いたものでなければ，販売できません。

7 消防設備士制度

重要度 A

> **学習のポイント**
> 消防設備士の業務や免状，義務などについてみていきます。

消防設備士の独占業務

消防設備士は，消防用設備等または特殊消防用設備等の工事や整備ができます。消防設備士でなければ行えない工事や整備の対象となる設備等は，次のようになっています。甲種は**工事**と**整備**が，乙種は**整備**が行えます（整備は点検を含む）。

■**工事整備対象設備等**

種別	類別	工事整備対象設備等
甲種	特類	●特殊消防用設備等
甲種・乙種	第1類	●屋内消火栓設備　　●屋外消火栓設備 ●水噴霧消火設備　　●スプリンクラー設備
	第2類	●泡消火設備
	第3類	●不活性ガス消火設備　●ハロゲン化物消火設備 ●粉末消火設備
	第4類	●自動火災報知設備　　●ガス漏れ火災警報設備 ●消防機関へ通報する火災報知設備
	第5類	●金属製避難はしご　　●救助袋　　●緩降機
乙種	第6類	●消火器
	第7類	●漏電火災警報器

※工事整備対象設備等とは，消防用設備等または特殊消防用設備等をいう
※各設備等の電源・水源・配管の部分は原則として除外される
※第1類〜第3類にはパッケージ型消火設備，パッケージ型自動消火設備も含む

特殊消防用設備等の工事や整備は，甲種特類消防設備士しか行えないのですね。

はい。消火器の整備は，乙種第6類消防設備士しか行えません。ただし，次のような**軽微な整備**は消防設備士でなくても行えます。

■**消防設備士でなくても行える軽微な整備**

●屋内消火栓設備の表示灯の交換
●屋内・屋外消火栓設備の**ホース**，**ノズル**，ヒューズ類，ネジ類等部品の交換
●屋内・屋外消火栓設備の消火栓箱，ホース格納箱等の補修

消防設備士の免状

消防設備士試験に合格すると、都道府県知事から免状の交付を受けることができ、免状は全国どこでも有効です。免状の記載事項は次のとおりです。

■免状の記載事項

●交付年月日	●交付番号
●氏名・生年月日	●本籍地のある都道府県
●免状の種類	●写真

本籍地も記載されるのですね。

そうですね。免状について次のような規定があります。

■免状の書換え・再交付など

免状の書換え	●免状の記載事項に変更があったときに申請する ●申請先　免状を交付した都道府県知事か居住地・勤務地の都道府県知事
免状の再交付	●免状を亡失・汚損したときは、免状の交付・書換えをした都道府県知事に再交付を申請できる ●再交付を受けた後に、なくした免状を見つけたときは、なくした免状を 10 日以内に再交付をした都道府県知事に提出しなければならない
免状の不交付	次のような場合、免状が交付されないことがある ●免状の返納を命じられてから 1 年が経たない場合 ●消防法令に違反して罰金以上の刑を受けて執行を終えてから 2 年が経たない場合
免状の返納命令	●消防法令に違反している場合、都道府県知事から免状の返納を命じられることがある ●免状の返納命令に違反した者は、罰金または拘留に処せられることがある

消防設備士の義務

消防設備士の義務には，次のようなものがあります。

■消防設備士の義務

誠実義務	消防設備士は，業務を誠実に行い，工事整備対象設備等の質の向上に努めなければならない
免状の携帯義務	消防設備士は，業務に従事するときは，消防設備士免状を携帯していなければならない
着工の届出義務	甲種消防設備士は，工事整備対象設備等の設置工事をする場合，着工届を着工の10日前までに，工事整備対象設備等の種類，工事の場所その他必要な事項を，消防長または消防署長に届け出なければならない

乙種消防設備士は工事が行えないため，着工届を出すこともないわけですね。

そうですね。消防設備士は，都道府県知事が行う講習を受ける義務もあります。受講期限は次のとおりです。

■講習の受講期限
- 免状の交付を受けた日以後における最初の4月1日から2年以内
- 講習を受けた日以後における最初の4月1日から5年以内

実戦問題

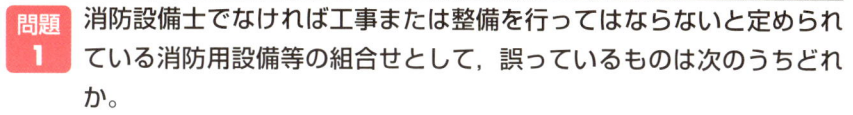

問題1 消防設備士でなければ工事または整備を行ってはならないと定められている消防用設備等の組合せとして、誤っているものは次のうちどれか。

1 自動火災報知設備，漏電火災警報器，ガス漏れ火災警報設備
2 不活性ガス消火設備，泡消火設備，パッケージ型消火設備
3 粉末消火設備，屋内消火栓設備，動力消防ポンプ設備
4 消火器，緩降機，救助袋

問題2 消防設備士に関する記述として，正しいものは次のうちいくつあるか。

A 乙種消防設備士には第1類から第5類まであり，それぞれ工事および整備を行うことができる。
B 甲種消防設備士の免状を有する者は，あらゆる種類の消防用設備等の工事および整備を行うことができる。
C 免状の記載事項に変更が生じたときは，免状を交付した都道府県知事または居住地もしくは勤務地を管轄する都道府県知事に書換えを申請する。
D 免状の再交付は，居住地または勤務地を管轄する都道府県知事に申請する。
E 消防設備士免状を亡失した場合，亡失したことに気づいた日から10日以内に免状を交付した都道府県知事に免状の再交付を申請しなければならない。

1 1つ　2 2つ　3 3つ　4 4つ

問題3 消防設備士に関する記述として，正しいものは次のうちどれか。

1 消防設備士は，免状の交付を受けた日以後における最初の4月1日から2年以内に消防長または消防署長が行う講習を受けなければならず，講習を受けた日以後における最初の4月1日から5年以内に講習を受けなければならない。
2 乙種消防設備士が整備を行う場合，届出は必要ない。
3 甲種消防設備士がその業務に従事するときは，消防設備士免状を携帯していなければならないが，乙種消防設備士が整備を行うときは，その必要はない。
4 消防用設備等の整備は，たとえそれが軽微な整備であっても消防設備士が行わなければならない。

問題4 消防設備士でなくても行うことができる整備は，次のうちいくつあるか。

A 設置義務のある自動火災報知設備の電源のヒューズの交換
B 設置義務のある屋内消火栓設備の水源の補修
C 屋内消火栓設備の表示灯の交換
D 屋内消火栓設備または屋外消火栓設備のホースまたはノズル，ヒューズ類，ネジ類等部品の交換

1　1つ　　2　2つ　　3　3つ　　4　4つ

問題5 消防用設備等の着工届について，正しいものは次のうちどれか。

1 工事に着手する7日前までに，消防長または消防署長に届け出る。
2 工事に着手する10日前までに，消防長または消防署長に届け出る。
3 工事に着手する7日前までに，市町村長に届け出る。
4 工事に着手する10日前までに，市町村長に届け出る。

問題6 消防設備士免状について，誤っているものは次のうちどれか。

1 消防設備士免状を亡失，滅失または汚損した場合，免状の交付または書換えをした都道府県知事に再交付を申請することができる。
2 消防設備士免状の返納命令に違反した者は，拘留または罰金に処せられることがある。
3 消防設備士免状の交付を受けた都道府県以外で業務に従事する場合，業務地を管轄する都道府県知事に免状の書換えを申請しなければならない。
4 消防設備士免状の返納を命じられた日から1年を経過しない者は，免状の交付が行われないことがある。

問題7 消防設備士免状の返納について，誤っているものは次のうちどれか。

1 免状の返納命令に違反した者は，罰則が適用されることがある。
2 免状の返納を命じることができるのは，消防設備士が消防法令の規定に違反する行為をした場合である。
3 免状の返納命令によって，消防設備士はその資格を失う。
4 免状の返納を命じるのは，消防長または消防署長である。

7 消防設備士制度

実戦問題 解答解説

問題 1 ▶解答 3

動力消防ポンプ設備は，消防設備士でなければ工事または整備を行ってはならない消防用設備等に含まれていません。

問題 2 ▶解答 1

A 乙種消防設備士は，第1類から第7類まであり，工事を行うことはできません。
B 甲種消防設備士でも，あらゆる種類の消防用設備等の工事・整備を行うことはできません。
D 免状の再交付は，免状の交付または書換えをした都道府県知事に申請します。
E 免状の再交付については「申請することができる」となっています。

問題 3 ▶解答 2

1 講習を行うのは，都道府県知事です。
3 乙種消防設備士でも，業務に従事するときは免状携帯の義務があります。
4 消防設備士でなくても行える軽微な整備が，法令で定められています。

問題 4 ▶解答 4

AとBは電源・水源の部分であり，CとDは軽微な整備であるため，消防設備士でなくても行えます。

問題 5 ▶解答 2

消防設備士（甲種）は，工事に着手する日の10日前までに，消防長または消防署長に届け出なければなりません。

問題 6 ▶解答 3

消防設備士免状は，日本全国どこでも有効です。

問題 7 ▶解答 4

免状の返納を命じることができるのは，都道府県知事です。

第3章

消防関係法令（類別部分）

第3章では，消防関係法令のうち各類ごとに異なる部分を扱います。

1 自動火災報知設備の設置
2 ガス漏れ火災警報設備などの設置

1 自動火災報知設備の設置　重要度 A

> **学習のポイント**
> 自動火災報知設備の設置に関する基準などについてみていきます。

自動火災報知設備の設置基準

自動火災報知設備とは，自動的に火災を感知し，建物内の人に知らせる設備です。自動火災報知設備の設置に関する基準は，次のようになっています。　※309ページの表参照

■延べ面積による基準

	原則		300 m²以上
特定防火対象物	例外	●蒸気・熱気浴場等（9項イ）	200 m²以上
		●カラオケボックス等（2項ニ） ●旅館，ホテル，宿泊所等（5項イ） ●病院，診療所，助産所（6項イ） ●避難困難介護施設等（6項ロ） ●非避難困難介護施設等（6項ハ）	すべてに設置
非特定防火対象物	原則		500 m²以上
	例外	●神社，寺院，教会等（11項） ●事務所，銀行，裁判所等（15項）	1000 m²以上
		●飛行機等の格納庫（13項） ●重要文化財等（17項）	すべてに設置

※6項ロは，主に要介護者が入居する福祉施設等で，6項ハは，特に介護を必要としない者が入居する福祉施設等

建物各階の床の部分の面積を**床面積**といい，建物各階の床面積の合計を**延べ面積**といいます。

特定防火対象物の場合，原則として延べ面積 300 m²以上のものに設置義務があり，例外として，たとえば蒸気浴場では延べ面積 200 m²以上のものに設置義務があるのですね。

そうですね。

100

1 自動火災報知設備の設置

■階数による基準

地階・無窓階	●キャバレー，ナイトクラブ等（2項イ） ●遊技場，ダンスホール（2項ロ） ●性風俗関連特殊営業店舗等（2項ハ） ●待合，料理店等（3項イ） ●飲食店（3項ロ） ※上記用途部分が地階・無窓階にある複合用途防火対象物を含む（この場合の基準は，その用途部分の床面積が合計 100m² 以上）	床面積 100 m² 以上
地階・無窓階・**3 階以上 10 階以下の階**		床面積 300 m² 以上
11 階以上の階		すべてに設置

👤 たとえば，地階にある飲食店で，床面積が 120 m² のものは，設置義務があるのですね。

👤 そのとおり。延べ面積や階数による基準の他に，次のような基準もあります。

■その他の基準

通信機器室	床面積 500 m² 以上
特定 1 階段等**防火対象物**	すべてに設置
防火対象物内の道路	道路の床面積 400 m² 以上 *1
駐車場のある地階・2 階以上の階	駐車場の床面積 200 m² 以上
準地下街	延べ面積 500 m² 以上で 特定用途部分の床面積が合計 300 m² 以上
指定可燃物 *2 を指定数量の **500 倍以上**扱う施設	すべてに設置

*1 屋上の場合は道路の床面積 600 m² 以上
*2 火災がすぐに広がり，消火が困難なもの

自動火災報知設備の省略

👤 次のいずれかの設備で，閉鎖型スプリンクラーヘッドを用いたものを設置したときは，その有効範囲内で自動火災報知設備の設置を省略できます。

●スプリンクラー設備　　●水噴霧消火設備
●泡消火設備

ただし，上記設備を設置していても，次の場合には自動火災報知設備の設置を省略できません。

- ●特定防火対象物　　　　　●地階・無窓階・11階以上の階
- ●煙感知器等の設置義務があるところ

特定防火対象物などでは設置を省略できないのですね。

そうですね。

危険物施設の自動火災報知設備

次の危険物施設（製造所等）には，自動火災報知設備を設けなければなりません。

■自動火災報知設備の設置義務がある主な製造所等

製造所・一般取扱所	●高引火点危険物を100℃未満で取り扱う場合は，延べ面積 500 m²以上のもの ●上記以外の場合は，指定数量の100倍以上の危険物を屋内で取り扱うもの
屋内貯蔵所	●軒高6 m以上の平家建てのもの ●指定数量の100倍以上の危険物を取り扱うもの*
屋外タンク貯蔵所	●岩盤タンクに係るもの
屋内タンク貯蔵所	●タンク専用室を平家建て以外の建築物に設け，液体危険物を取り扱うもの
給油取扱所	●一方のみが開放された屋内給油取扱所 ●上部に上階をもつ屋内給油取扱所

＊高引火点危険物を取り扱うものを除く

実戦問題

問題1 自動火災報知設備を設置しなければならない防火対象物として，誤っているものは次のうちどれか。
1 カラオケボックスで，延べ面積 170 m² のもの
2 蒸気浴場で，延べ面積 230 m² のもの
3 キャバレーで，延べ面積 290 m² のもの
4 飲食店で，延べ面積 330 m² のもの

問題2 いずれも特定防火対象物に指定されているものの組合せは，次のうちどれか。
1 旅館・高等学校・料理店
2 飲食店・工場・マーケット
3 倉庫・神社・ナイトクラブ
4 診療所・公会堂・地下街

問題3 自動火災報知設備を設置しなくてもよいものは，次のうちどれか。ただし，いずれも地階・無窓階でなく，煙感知器等の設置義務はない場所とする。
1 27階建ての事務所ビルの11階部分
2 延べ面積 1000 m² の平家建ての倉庫で，閉鎖型スプリンクラーヘッドを用いたスプリンクラー設備が設けてあるもの
3 延べ面積 500 m² の通信機器室
4 重要文化財に指定されている建造物

問題4 延べ面積に関係なく自動火災報知設備を設置しなければならない防火対象物は，次のうちいくつあるか。
A 病院
B カラオケボックス
C ホテル
D 飛行機の格納庫
E 特別養護老人ホーム

1 2つ　　2 3つ　　3 4つ　　4 5つ

問題 5

次の図のような地下 1 階，地上 2 階建ての複合用途防火対象物において，自動火災報知設備を設置しなければならない階として，正しいものは次のうちどれか。

1　なし
2　2 階
3　1 階と 2 階
4　すべての階

2階	事務所	100 ㎡
1階	料理店	100 ㎡
地下1階	倉　庫	90 ㎡

問題 6

自動火災報知設備の設置を義務づける床面積の基準に関する組合せとして，誤っているものは次のうちどれか。

1	事務所	延べ面積が 1000 ㎡以上の場合に設置
2	準地下街	延べ面積が 500 ㎡以上の場合に設置（ただし，特定用途部分の床面積が合計 300 ㎡以上の場合）
3	キャバレー	延べ面積が 200 ㎡以上の場合に設置
4	地階にある駐車場	床面積が 200 ㎡以上の場合に設置

1 自動火災報知設備の設置

―― **実戦問題 解答解説** ――

問題 1
▶解答 3

　特定防火対象物は，原則として延べ面積 300 m² 以上の場合に自動火災報知設備の設置義務があります。キャバレーは特定防火対象物で，延べ面積 290 m² であれば，設置義務はありません。

問題 2
▶解答 4

1　高等学校は，非特定防火対象物です。
2　工場は，非特定防火対象物です。
3　倉庫・神社は，非特定防火対象物です。

問題 3
▶解答 2

　スプリンクラー設備，水噴霧消火設備，泡消火設備（いずれも閉鎖型スプリンクラーヘッドを用いたものに限る）を設ければ，特定防火対象物，地階・無窓階・11 階以上の階，煙感知器等の設置義務があるところの場合を除き，自動火災報知設備の設置が省略できます。

問題 4
▶解答 4

　病院，カラオケボックス，ホテル，飛行機の格納庫，特別養護老人ホームのいずれも延べ面積に関係なく自動火災報知設備を設置しなければなりません。
※ 309 ページの表参照

問題 5
▶解答 1

　本問の防火対象物の場合，延べ面積は 290 m² であり，延べ面積による基準（100 ページ）の 300 m² に満たないため，自動火災報知設備設置の必要はありません。各階ごとにみていくと，

地下の倉庫 ➡	床面積 90 m² ➡	●階数による基準（101 ページ）の 300 m² に満たない ➡	設置の必要なし
1 階の料理店 ➡	床面積 100 m² ➡	●階数による基準には関係がない ●延べ面積による基準の 300 m² にも満たない ➡	設置の必要なし
2 階の事務所 ➡	床面積 100 m² ➡	●階数による基準には関係がない ●延べ面積による基準の 1000 m² にも満たない ➡	設置の必要なし

よって，すべての階で設置の必要がありません。

問題 6 ▶解答 3

　キャバレーは，延べ面積 300 m^2 以上の場合に自動火災報知設備の設置義務があります。　※309 ページの表参照

2 ガス漏れ火災警報設備などの設置 重要度 A

> **学習のポイント**
> ガス漏れ火災警報設備や，消防機関へ通報する火災報知設備の設置に関する基準についてみていきます。

ガス漏れ火災警報設備の設置基準

ガス漏れ火災警報設備とは，燃料用ガスや自然発生する可燃性ガスの漏れを検知し，防火対象物の関係者などに警報を発する設備です。ガス漏れ火災警報設備の設置に関する基準は，次のようになっています。

■表1 ガス漏れ火災警報設備の設置基準

地下街	延べ面積 1000 m² 以上
準地下街	延べ面積 1000 m² 以上で 特定用途部分の床面積 500 m² 以上
特定防火対象物の地階	床面積 1000 m² 以上
特定用途を含む複合用途防火対象物の地階	床面積 1000 m² 以上で 特定用途部分の床面積 500 m² 以上
温泉採取設備を内部に設けた建築物等	すべてに設置

基本的に地下に設置されています。

地下街では延べ面積 1000 m² 以上のものに設置義務があるのですね。

そのとおり。
ただし，表1に該当するものでも，次の場合は設置する必要がありません。

■ガス漏れ火災警報設備の設置が不要な防火対象物等
- 燃料用ガスを用いないもの
- 可燃性ガスが自然発生するおそれがあると指定されていないもの

消防機関へ通報する火災報知設備の設置基準

消防機関へ通報する火災報知設備とは，火災が発生した場合に，専用通報装置を操作することにより，電話回線を使用して消防機関へ自動的に**通報**するとともに**通話**が行える装置で，代表的なものは**火災通報装置**です。

火災通報装置	火災が発生した場合に，**手動起動装置**＊1を操作することにより，電話回線を使用して消防機関を呼び出し，**蓄積音声情報**＊2により通報するとともに通話が行える装置

＊1 火災通報専用の押しボタンや遠隔起動装置など
＊2 あらかじめ音声で記憶させてある火災通報に関する情報

消防機関へ通報する火災報知設備の設置に関する基準は，次のようになっています。

■表2 設置義務がある防火対象物　※309ページの表参照

6項ロ，16の2項，16の3項	すべてに設置
1項，2項，4項，5項イ，6項イ＊・ハ・ニ，12項，17項	延べ面積 500 m²以上
3項，5項ロ，7項～11項，13項～15項	延べ面積 1000 m²以上

＊病院と有床の診療所・助産所は，すべてに設置

表2に当てはまる防火対象物でも，次の場合は消防機関へ通報する火災報知設備の設置を省略できます。

■表3 設置を省略できる防火対象物

- 消防機関から**著しく離れた場所**＊にあるもの
- 特定診療科と一般・療養病床をもつ**病院**，特定診療科と4以上の病床をもつ**診療所**と，それらの用途を含む防火対象物のうち，消防機関のある建築物内にあるもの
- 消防機関から歩行距離が 500 m 以下の場所にあるもの
- 消防機関へ常時通報できる**電話**を設けたもの

＊およそ 10 km 以上離れた場所

ただし，消防機関へ常時通報できる電話を設けたとしても，次の場合は消防機関へ通報する火災報知設備の設置を省略できません。

● **避難困難介護施設**等（6項ロ）	すべて
● **旅館**，ホテル，宿泊所等（5項イ） ● **病院**，診療所，助産所（6項イ）＊ ● 非避難困難介護施設等（6項ハ）	延べ面積 500 m²以上

＊病院と有床の診療所・助産所は，すべて

※ 6項イ（表3に掲げる病院・診療所に限る），6項ロやそれらの用途を含む防火対象物に設ける火災通報装置は自動火災報知設備の**感知器**と連動して起動する必要があるが，自動火災報知設備の受信機と火災通報装置が，常時人がいる防災センターに設置されるものの場合，その必要はない

2 ガス漏れ火災警報設備などの設置

実戦問題

問題 1 ガス漏れ火災警報設備の設置を義務づける床面積の基準に関する組合せとして，誤っているものは次のうちどれか。

1	地下街	延べ面積 1000 m²以上
2	準地下街	延べ面積 1000 m²以上で 特定用途部分の床面積の合計が 500 m²以上
3	特定防火対象物の地階	床面積の合計が 500 m²以上
4	特定用途を含む複合用途防火対象物の地階	床面積の合計が 1000 m²以上で 特定用途部分の床面積の合計が 500 m²以上

問題 2 ガス漏れ火災警報設備を設置しなければならない防火対象物は，次のうちどれか。ただし，いずれも燃料用ガスを用いているものとする。

1 延べ面積が 800 m²の準地下街で，特定用途部分の床面積の合計が 500 m²のもの
2 床面積が 900 m²の百貨店の地階で，特定用途部分の床面積の合計が 400 m²のもの
3 延べ面積が 1100 m²の地下街で，特定用途部分の床面積の合計が 300 m²のもの
4 延べ面積が 1800 m²の複合用途防火対象物の地階で，特定用途部分の床面積の合計が 400 m²のもの

問題 3 消防機関へ通報する火災報知設備を設置しなければならない防火対象物として，誤っているものは次のうちどれか。

1 延べ面積 400 m²の特別養護老人ホーム
2 延べ面積 400 m²のキャバレー
3 延べ面積 1200 m²の中学校
4 延べ面積 1200 m²の地下街

―――――――― **実戦問題 解答解説** ――――――――

問題1
▶解答 **3**

　ガス漏れ火災警報設備の設置基準（107ページ）を参照してください。特定防火対象物の地階は，床面積の合計が1000 m²以上の場合に設置義務があります。

問題2
▶解答 **3**

　ガス漏れ火災警報設備の設置基準を参照してください。

問題3
▶解答 **2**

　消防機関へ通報する火災報知設備の設置基準（107ページ）を参照してください。キャバレーは，延べ面積500 m²以上の場合に設置義務があります。

第4章

構造・機能等
（規格に関する部分）

第4章では，消防用設備等の構造・機能および工事・整備のうち規格に関する部分をみていきます。まずは自動火災報知設備に関するものを扱い，次にガス漏れ火災警報設備に関するものを扱います。
※第6章に掲載している機器などの写真を事前に確認しておくと，イメージがつかみやすいでしょう。

1 感知器
2 受信機
3 発信機
4 中継器
5 電源
6 ガス漏れ火災警報設備

1 感知器

重要度 A

学習のポイント
自動火災報知設備の感知器の種類や規格などについてみていきます。

自動火災報知設備の概要

自動火災報知設備とは，感知器が自動的に火災の熱などを感知し，火災信号*1を受信機が受けるとともに音響装置*2を鳴動させて，建物内にいる人に知らせる設備で，**感知器**・**受信機**・発信機・地区音響装置などから構成されます。

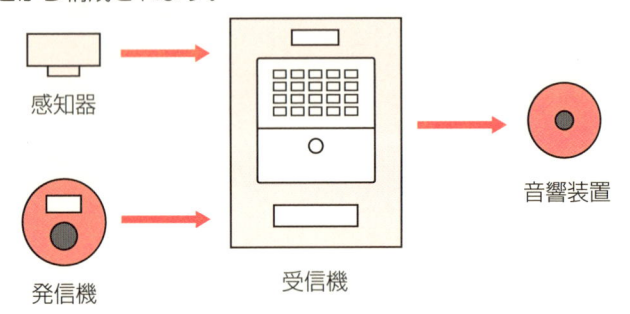

感知器 → 受信機 → 音響装置
発信機 →

*1 火災信号：火災発生を伝える信号
*2 音響装置：ベル，ブザー，スピーカーなどの音響・音声による警報を発するもの

火災を自動的に感知して，人々に知らせるのですね。

感知器とその種類

感知器とは簡単にいえば，火災を熱・煙・炎により自動的に感知し，火災信号を受信機などに発信するもので，**熱感知器**・**煙感知器**・**炎感知器**に大きく分けられます。

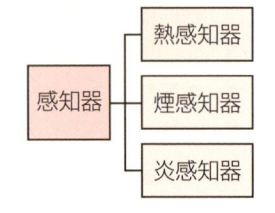

感知器 ─┬─ 熱感知器
　　　　├─ 煙感知器
　　　　└─ 炎感知器

熱感知器

熱感知器とは，火災の熱を感知するセンサーです。熱感知器には次のような種類があります。

1 感知器

■熱感知器の種類

種類			感度種別
差動式	スポット型		1種・2種
	分布型	空気管式	1種・2種・3種
		熱電対式	
		熱半導体式	
定温式	スポット型		特種・1種・2種
	感知線型		
熱複合式	熱複合式	スポット型	—
	補償式	スポット型	1種・2種
熱アナログ式	スポット型		—

感知器の感度は高い順に特種，1種，2種，3種です。

差動式スポット型感知器

簡単にいうと，差動とは温度差により動くことで，スポットとは一部分のことです。差動式スポット型感知器は，次のように定義されています。

周囲の温度の上昇率が一定の率以上になったときに火災信号を発信するもので，
　　　　　　　　　　差動式
一局所の熱効果により作動するもの
　　スポット型

差動式スポット型感知器には，次のような種類があります。

■空気の膨張を利用したもの

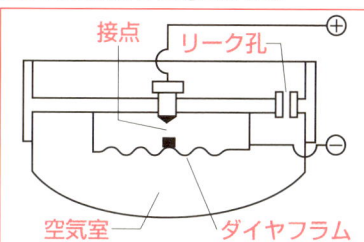

火災の熱で周囲の温度が急上昇すると，空気室の空気が膨張してダイヤフラム（弾性のある薄い膜）が押し上げられ，接点が閉じて火災信号を発信する

※暖房など温度上昇が緩やかな場合は，リーク孔（小穴）から空気が外に漏れ出るため，接点は閉じない
※空気室は感熱室ともいう

113

■熱起電力を利用したもの

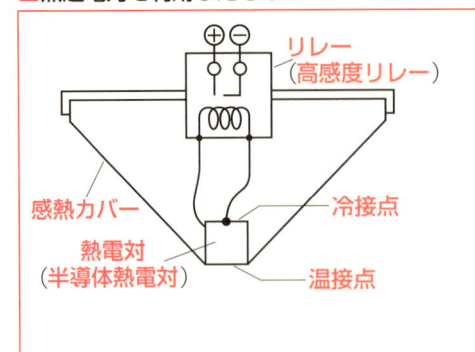

異なる2種類の金属線の両端をつないで回路*1を作り，接続部（接点*2）の温度に差をつけると熱起電力が生じる現象（ゼーベック効果）を利用する。火災の熱で接点に温度差が生じると，熱起電力が生じてリレー*3のコイルに電流が流れ，接点が閉じて火災信号を発信する

（図：リレー（高感度リレー），感熱カバー，冷接点，熱電対（半導体熱電対），温接点）

*1 このような回路を熱電対という
*2 温度が高いほうの接点を温接点，低いほうの接点を冷接点という
*3 リレー：スイッチの一種

■温度検知素子を利用したもの

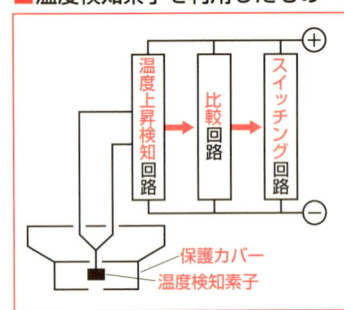

周囲の温度が変わると電気抵抗が変わるサーミスタ（半導体の一種）を温度検知素子として利用する。火災の熱で周囲の温度が上昇すると，検知回路がそれを検出し，スイッチング回路が働き，火災信号を発信する

（図：温度上昇検知回路→比較回路→スイッチング回路，保護カバー，温度検知素子）

それぞれの感知器がどのようなもので構成されているかについてもおさえておきましょう。

差動式分布型感知器

広く分布した熱を感知するから「分布型」なのですか？

そうですね。差動式分布型感知器は，次のように定義されています。

周囲の温度の上昇率が一定の率以上になったときに火災信号を発信するもので，
　　　　　　　　　差動式
広範囲の熱効果の累積により作動するもの
　　分布型

1 感知器

差動式分布型感知器には，空気管式・熱電対式・熱半導体式があります。

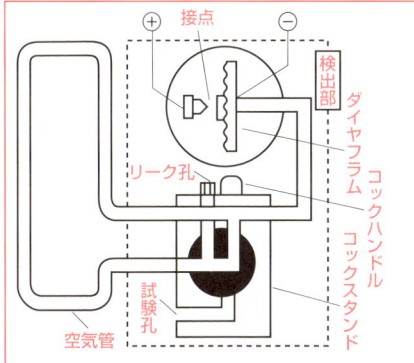

■ **空気管式**

空気管（銅製のパイプ）内の空気の膨張を利用したもの。火災の熱で温度が上昇すると，天井面に張り巡らされた空気管内の空気が膨張してダイヤフラムが押され，接点が閉じて火災信号を発信する

※リーク孔から漏れる空気の抵抗をリーク抵抗といい，これが規定値より低いと，空気が漏れやすいため，遅報や不作動の原因となる。感知器の設置場所にほこりなどが多いと，リーク抵抗が高くなり，非火災報（誤報）の原因となる

■ **空気管の規格**
- 肉厚は 0.3 mm 以上
- 外径は 1.94 mm 以上
- 継ぎ目のない1本の長さが 20 m 以上で，内径・肉厚が均一で，機能に有害な影響を及ぼすおそれのある傷・割れ・ねじれ・腐食などを生じないもの
- 漏れや詰まりを容易に試験でき，試験後に試験装置を定位置に戻す操作を忘れないための措置を講じる

■ **熱電対式**

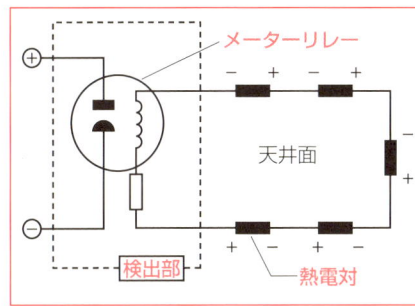

熱電対に熱起電力が生じる現象（ゼーベック効果）を利用する。火災により温度が急上昇すると，天井面に分布させた熱電対に生じた熱起電力によりメーターリレー*が作動し，火災信号を発信する

＊ SCR（電子制御素子の一種）を用いる場合もある

■熱半導体式

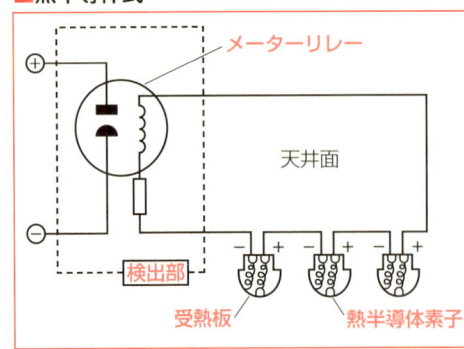

温度が変わると電気抵抗が変わる**半導体**を用いた熱半導体素子を天井面に分布させたもの。原理は前項の熱電対式とほぼ同じで、ゼーベック効果を利用する

定温式スポット型感知器

定温式の熱感知器は、外観が電線状の感知線型と、外観が電線状以外のスポット型に大きく分けられます。定温式スポット型感知器は、次のように定義されています。

一局所の周囲の温度が一定の温度以上になったときに火災信号を発信する定温式もので、外観が**電線状以外**のもの

定温とは、一定の温度のことですね。

そうですね。定義文中の「一定の温度」を**公称作動温度**といい、60℃**以上** 150℃**以下**の範囲で、80℃までは 5℃刻み、80℃からは 10℃刻みで設定されています。なお、公称には「公に言われている、名目上の」といった意味があります。

定温式スポット型感知器には、次のようなものがあります。

■バイメタルを利用したもの

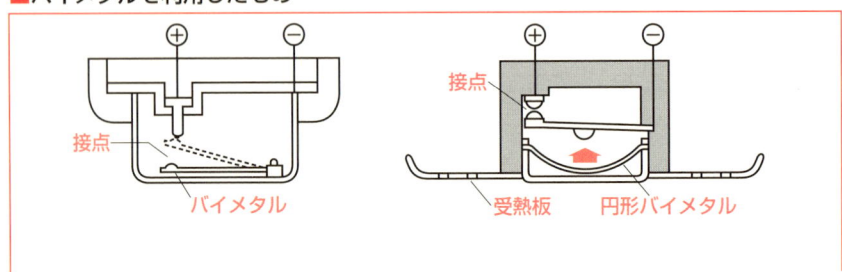

1 感知器

バイメタルは，熱膨張率＊の異なる 2 種類の金属板を貼り合わせたもので，温めると変形・反転する。火災により温度が上昇すると，バイメタルが変形・反転して接点が閉じ，火災信号を発信する

＊熱膨張率：温度の上昇により物体の長さ・体積が膨張する割合。熱膨張係数ともいう

■金属の熱膨張率の差を利用したもの

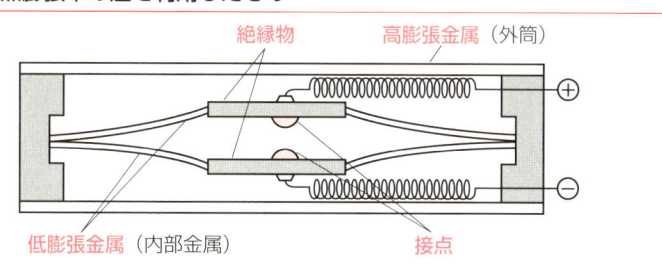

（図：絶縁物，高膨張金属（外筒），低膨張金属（内部金属），接点）

熱膨張率の高い金属を外筒に，熱膨張率の低い金属を内部に用いたもので，火災により温度が上昇して外筒が横方向に伸びると，接点が閉じて火災信号を発信する

それぞれの感知器の構造をしっかりおさえておきましょう。

定温式感知線型感知器

定温式感知線型感知器は，次のように定義されています。

一局所の周囲の温度が一定の温度以上になったときに火災信号を発信するもの
　　　　　　　　　　　　　定温式
で，外観が電線状のもの
　　　感知線型

■定温式感知線型感知器

（図：可溶絶縁物，ピアノ線）

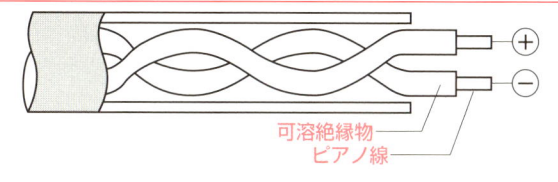

可溶絶縁物で被覆した 2 本のピアノ線＊をより合わせたもので，火災が発生すると，その熱で可溶絶縁物が溶けて，2 本のピアノ線どうしが接触し，回路が閉じて火災信号を発信する

第 4 章　構造・機能等（規格に関する部分）

117

＊ピアノ線：電気を通す金属線

熱複合式スポット型感知器

複合式とは，2種類の感知器の性能を合わせもつことです。熱感知器の複合式には，熱複合式と補償式があります。熱複合式スポット型感知器は，次のように定義されています。

差動式スポット型感知器の性能と，**定温**式スポット型感知器の性能を合わせもつもので，**2つ以上の火災信号**を発信するもの

差動式と定温式の性能による作動が，それぞれ別の火災信号として発信されるため，多信号式（2信号式）ともいい，誤報が防げます。

補償式スポット型感知器

補償式スポット型感知器は，次のように定義されています。

差動式スポット型感知器の性能と，**定温**式スポット型感知器の性能を合わせもつもので，**1つの火災信号**を発信するもの

熱複合式スポット型感知器の定義とは，後半部分が異なりますね。

2つの性能を合わせもつことで，差動式や定温式の短所を補っています。

■補償式スポット型感知器

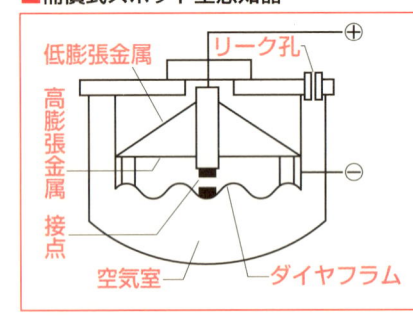

周囲の温度が急上昇した場合は，空気室の**空気**が**膨張**して**ダイヤフラム**が押し上げられ，接点が閉じる。◀差動式の性能

緩やかな温度上昇の場合は，一定の温度以上になると，高膨張金属が伸びて接点が閉じる。◀定温式の性能

（図：低膨張金属，高膨張金属，接点，リーク孔，空気室，ダイヤフラム）

熱アナログ式スポット型感知器

熱アナログ式スポット型感知器は，次のように定義されています。

1 感知器

<u>一局所の周囲の温度</u>が<u>一定の範囲</u>内の温度になったときに
　　スポット型　　　　　アナログ式
その温度に対応する<u>火災情報信号</u>*を発信するもので，外観が<u>電線状以外</u>のもの
*火災により生じる熱・煙の程度その他火災の程度に関する信号

　一定の温度ではなく連続した範囲内の温度だから，「アナログ」なのですね。

　そうですね。アナログ式の場合，熱や煙濃度などの火災情報信号が連続的に送られ，火災発生を知らせる<u>火災</u>表示の前段階で<u>注意</u>表示をするため，早期対応が可能なのです。

　定義文中の「一定の範囲」を<u>公称感知温度範囲</u>といい，上限値・下限値は次のとおりです（値は1℃刻み）。

- 上限値は60℃以上，165℃以下
- 下限値は10℃以上，上限値より10℃低い温度以下

煙感知器

　<u>煙感知器</u>とは，火災の煙を感知するセンサーです。煙感知器には次のような種類があります。

■煙感知器の種類

種類			感度種別
光電式	スポット型	蓄積型	1種・2種・3種
		非蓄積型	
	分離型	蓄積型	1種・2種
		非蓄積型	
イオン化式	スポット型	蓄積型	1種・2種・3種
		非蓄積型	
煙複合式	スポット型		―
熱煙複合式	スポット型		
光電アナログ式	スポット型		
	分離型		
イオン化アナログ式	スポット型		

　蓄積型・非蓄積型とは何ですか？

　<u>蓄積型</u>は，煙濃度が一定値に達して，一定時間経過後に信号を発信する（蓄積機能）もので，喫煙などの煙による誤報が防げます。<u>非蓄積型</u>は，煙濃度が一定値に達すると，すぐに信号を発信するものです。

第4章 構造・機能等（規格に関する部分）

119

光電式スポット型感知器

光電式の煙感知器には，スポット型と分離型があります。光電式スポット型感知器は，次のように定義されています。

> 周囲の空気が一定の濃度以上の煙を含むに至ったときに火災信号を発信するもので，<u>一局所</u>の煙による<u>光電素子</u>＊の受光量の変化により作動するもの
> 　　　　スポット型　　　　　　　光電式

＊光のエネルギーを電気エネルギーに変換するもの

光電素子の受光量の変化で動くから，光電式なのですね。

光電式スポット型感知器には，散乱光式と減光式がありますが，スポット型に一般に用いられている散乱光式についてみていきます。

■光電式スポット型感知器（散乱光式）

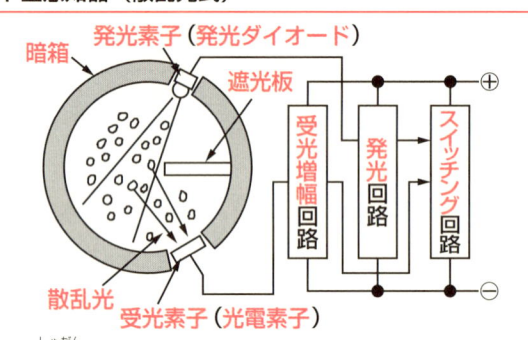

（図：暗箱・発光素子（発光ダイオード）・遮光板・受光増幅回路・受光回路・スイッチング回路・散乱光・受光素子（光電素子））

外部の光を完全に遮断した暗箱の中で，**発光素子**（発光ダイオード）から光が照射され，その光の散乱光を**受光素子**（光電素子）が受けるようになっている。火災が発生して煙が暗箱に入ると，煙に含まれる粒子が散乱反射を起こし，受光素子が散乱光を受け，火災信号が発信される

次のような規定があります。

- 光源は**半導体**素子とする
- 原則として**作動表示装置**を設ける
- 目開き1 mm以下の網，円孔板等により**虫の侵入防止**のための措置を講じる

光電式分離型感知器

光電式分離型感知器は，次のように定義されています。

120

1 感知器

周囲の空気が一定の濃度以上の煙を含むに至ったときに火災信号を発信するもので，
広範囲の煙の累積による光電素子の受光量の変化により作動するもの
　　　　　　　　　　　光電式

　送光部と受光部を分離して設置することで，広範囲の煙が感知できるようになっています。

　だから分離型というのですね。

■光電式分離型感知器

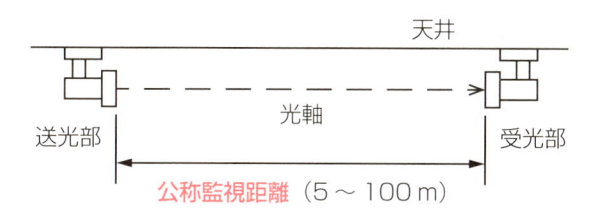

```
                    天井
     ┌──┐ - - - - - - - - - - ┌──┐
     │  │        光軸         │  │
     └──┘ ←─────────────────→ └──┘
     送光部                    受光部
          公称監視距離（5〜100 m）
```

送光部と受光部を一定の距離（5〜100 m）だけ離して設置し，送光部から受光部へ光が照射される。火災が発生すると光が遮断され，受光部の光電素子の受光量が変化し，火災信号が発信される。
送光部と受光部の距離を公称監視距離といい，5 m以上100 m以下（5 m刻み）とする。

　次のような規定があります。

● 光源は半導体素子とする
● 原則として作動表示装置を設ける

イオン化式スポット型感知器

　イオン化式スポット型感知器は，次のように定義されています。

周囲の空気が一定の濃度以上の煙を含むに至ったときに火災信号を発信するもので，
一局所の煙によるイオン電流*の変化により作動するもの
スポット型　　　　　　　イオン化式
＊イオンの運動により生じる電流

イオン電流の変化で動くから、イオン化式なのですね。

■イオン化式スポット型感知器

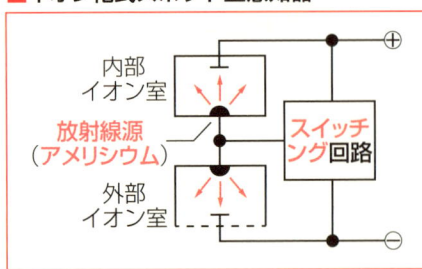

```
内部イオン室
放射線源（アメリシウム）
外部イオン室
スイッチング回路
```

イオン室では放射線源（アメリシウム）により空気がイオン化され、イオン電流が流れている。火災の煙が外部イオン室に入ると、イオン電流が変化し火災信号が発信される

※外部イオン室のみ外気が入るようになっている

次のような規定があります。

● 原則として作動表示装置を設ける
● 目開き1mm以下の網，円孔板等により虫の侵入防止のための措置を講じる

煙複合式スポット型感知器

煙複合式スポット型感知器は、次のように定義されています。

イオン化式スポット型感知器の性能と、光電式スポット型感知器の性能を合わせもつもの

イオン化アナログ式スポット型感知器

イオン化アナログ式スポット型感知器は、次のように定義されています。

周囲の空気が一定の範囲内の濃度の煙を含むに至ったときにその濃度に対応
　　　　　　　　アナログ式
する火災情報信号を発信するもので、一局所の煙によるイオン電流の変化
　　　　　　　　　　　　　　　　スポット型　　　　イオン化
を利用するもの

定義文中の「一定の範囲」を公称感知濃度範囲といい、上限値・下限値は次のとおりです（値は1mあたりの減光率に換算したもので、0.1％刻み）。

1 感知器

- 上限値は 15 % 以上，25 % 以下
- 下限値は 1.2 % 以上，上限値より 7.5 % 低い濃度以下

減光率というのは……？

減光率とは，煙の濃度を数値化したもので，その煙により単位距離あたりの光が減る割合を表します。1 m あたりの減光率が 15 % であれば，1 m 離れた場所にある光がその煙により 15 % 減光します。

光電アナログ式スポット型感知器

光電アナログ式スポット型感知器は，次のように定義されています。

周囲の空気が<u>一定の範囲</u>内の濃度の煙を含むに至ったときにその濃度に対応
　　　　　　　アナログ式
する<u>火災情報信号を発信するもの</u>で，<u>一局所</u>の煙による<u>光電素子</u>の受光量の変化
　　　　　　　　　　　　　　　　　スポット型　　　　　　光電式
を利用するもの

光電アナログ式スポット型感知器の公称感知濃度範囲の値は，イオン化アナログ式スポット型感知器の場合と同じです。

光電アナログ式分離型感知器

光電アナログ式分離型感知器は，次のように定義されています。

周囲の空気が<u>一定の範囲</u>内の濃度の煙を含むに至ったときにその濃度に対応
　　　　　　　アナログ式
する<u>火災情報信号を発信するもの</u>で，<u>広範囲</u>の煙の累積による<u>光電素子</u>の
　　　　　　　　　　　　　　　　　分離型　　　　　　　　　光電式
<u>受光量の変化を利用するもの</u>

熱煙複合式スポット型感知器

熱煙複合式スポット型感知器は，次のように定義されています。

<u>差動</u>式（または定温式）スポット型感知器の性能と，<u>イオン化</u>式（または光電式）スポット型感知器の性能を合わせもつもの

第4章　構造・機能等（規格に関する部分）

123

炎感知器

炎感知器とは，火災の炎を感知するセンサーです。炎感知器には次のような種類があります。

■炎感知器の種類

種類		種別
紫外線式	スポット型	屋内型・屋外型・道路型
赤外線式	スポット型	
紫外線赤外線併用式	スポット型	
炎複合式	スポット型	

紫外線式・赤外線式・紫外線赤外線併用式・炎複合式の炎感知器は，それぞれ次のように定義されています。それぞれを比較し，違いをおさえておきましょう。

たとえば紫外線式の感知器は，炎が発する紫外線を感知するのですね。

■紫外線式スポット型感知器の定義

炎から放射される<u>紫外線</u>の変化が一定の量以上になったときに
　　　　　　　　　紫外線式
火災信号を発信するもので，<u>一局所</u>の紫外線による受光素子の受光量
　　　　　　　　　　　　　スポット型
の変化により作動するもの

■赤外線式スポット型感知器の定義

炎から放射される<u>赤外線</u>の変化が一定の量以上になったときに
　　　　　　　　　赤外線式
火災信号を発信するもので，<u>一局所</u>の赤外線による受光素子の受光量
　　　　　　　　　　　　　スポット型
の変化により作動するもの

■紫外線赤外線併用式スポット型感知器の定義

炎から放射される<u>紫外線および赤外線</u>の変化が一定の量以上になったときに
　　　　　　　　　紫外線赤外線併用式
火災信号を発信するもので，<u>一局所</u>の紫外線および赤外線による受光素子
　　　　　　　　　　　　　スポット型

1 感知器

の受光量の変化により作動するもの

■炎複合式スポット型感知器の定義

紫外線式スポット型感知器の性能と，赤外線式スポット型感知器の性能を合わせもつもの

> 紫外線式の場合，紫外線の検出にはUVトロンと呼ばれる素子が用いられています。

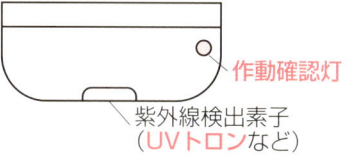

作動確認灯
紫外線検出素子（UVトロンなど）

■紫外線式スポット型感知器

> 炎感知器には，次のような規定があります。

●受光素子は，感度の劣化や疲労現象が少なく，長時間の使用に十分耐える
●検知部の清掃を容易に行うことができる
●原則として作動表示装置を設ける
●汚れ監視型の場合，検知部に機能を損なうおそれのある汚れが生じたとき，これを受信機に自動的に送信できる
●道路型の場合，最大視野角は 180 度以上とする
●公称監視距離は，視野角 5 度ごとに定めるものとし，20 m 未満の場合は 1 m 刻み，20 m 以上の場合は 5 m 刻みとする

実戦問題

問題1 感知器に関する記述として，誤っているものは次のうちどれか。

1 差動式分布型感知器（空気管式）は，差動式スポット型感知器の作動原理と同様で，スポット型の空気室を空気管に置き換えたものである。
2 補償式スポット型感知器は，定温式と差動式の性能を合わせもつものである。
3 差動式スポット型感知器は，リーク孔などによって作動特性が決まる。
4 定温式スポット型感知器は，空気室の空気が膨張してダイヤフラムが押し上げられ，接点が閉じる構造である。

問題2 補償式スポット型感知器には用いられていて，差動式スポット型感知器には用いられていないものは，次のうちどれか。ただし，温度検知素子を利用したものは除くものとする。

1 空気室
2 バイメタル
3 リーク孔
4 ダイヤフラム

問題3 差動式スポット型感知器について，誤っているものは次のうちどれか。

1 空気の膨張を利用したものや，熱起電力を利用したものなどがある。
2 温度検知素子（サーミスタなど）を利用したものもある。
3 空気室，ダイヤフラム，リーク孔などから構成されている。
4 広範囲の熱効果により作動する。

問題4 差動式分布型感知器（空気管式）について，正しいものは次のうちどれか。

1 空気管が切断した場合，受信機の電源電圧計が0を指示する。
2 リーク抵抗が規定値以下の場合，非火災報の原因となる。
3 空気管は，肉厚 0.3 mm 以上，外径 1.92 mm 以上で，継ぎ目のない1本の長さが 20 m 以上である必要がある。
4 火災の熱で温度が上昇すると，空気管内の空気が膨張してダイヤフラムが押され，接点が閉じる構造である。

1 感知器

問題5 定温式感知器の公称作動温度に関する次の記述の□に当てはまる数値の組合せとして，規格省令上，正しいものはどれか。

定温式感知器の公称作動温度は，□A□℃以上□B□℃以下とし，□A□℃以上80℃以下のものは□C□℃刻み，80℃を超えるものは□D□℃刻みとする。

	A	B	C	D
1	50	170	5	10
2	50	170	10	5
3	60	150	5	10
4	60	150	10	5

問題6 補償式スポット型感知器について，誤っているものは次のうちどれか。

1 周囲の温度が急上昇した場合には，定温式の性能が働く。
2 火災信号は，定温式および差動式両者で共通のものを発する。
3 リーク孔が設けられている。
4 定温式および差動式の2つの感知器の性能をもつ。

問題7 光電式スポット型感知器の作動原理として，正しいものは次のうちどれか。

1 紫外線による受光素子の受光量の変化により作動する。
2 煙による光電素子の受光量の変化により作動する。
3 煙によるイオン電流の変化により作動する。
4 煙の通過によって，暗箱の中の暗さが増すことにより作動する。

問題8 光電式スポット型感知器について，正しいものは次のうちどれか。

1 暗箱に入った煙により，光電素子を通過するイオン電流が変化することを利用している。
2 減光式および集光式の2種類がある。
3 外部の光を完全にシャットアウトした暗箱の中に，光源のみを設けた構造である。
4 煙による散乱光または減光による光電素子の受光量の変化を利用している。

問題9 差動式分布型感知器について，規格省令上，正しいものは次のうちどれか。

1 一局所の周囲の温度が一定の温度以上になったときに火災信号を発信するもので，外観が電線状のものをいう。
2 一局所の周囲の温度が一定の温度以上になったときに火災信号を発信するもので，外観が電線状以外のものをいう。
3 周囲の温度の上昇率が一定の率以上になったときに火災信号を発信するもので，広範囲の熱効果の累積により作動するものをいう。
4 周囲の温度の上昇率が一定の率以上になったときに火災信号を発信するもので，一局所の熱効果により作動するものをいう。

問題10 熱アナログ式スポット型感知器について，規格省令上，誤っているものは次のうちどれか。

1 公称感知温度範囲の上限値は，60℃以上，165℃以下である。
2 公称感知温度範囲の下限値は，10℃以上，上限値より10℃低い温度以下である。
3 一局所の周囲の温度が一定の温度以上になったときに，その温度に対応する火災情報信号を発信する。
4 公称感知温度範囲の値は，1℃刻みである。

問題11 イオン化式スポット型感知器について，正しいものは次のうちどれか。

1 外部イオン室は，外気と流通できない構造である。
2 放射線源には，一般にウランが用いられている。
3 放射線源には，一般にマグネシウムが用いられている。
4 放射線源には，一般にアメリシウムが用いられている。

問題12 イオン化アナログ式スポット型感知器について，規格省令上，誤っているものは次のうちどれか。ただし，公称感知濃度範囲の値は1mあたりの減光率に換算したものとする。

1 公称感知濃度範囲の上限値は，15％以上，25％以下であること。
2 公称感知濃度範囲の下限値は，1.5％以上，上限値より7.5％低い濃度以下であること。
3 公称感知濃度範囲の値は，0.1％刻みとされている。
4 一局所の煙によるイオン電流の変化を利用する。

1 感知器

問題 13 炎感知器について，誤っているものは次のうちどれか。

1. 原則として作動表示装置を設けなければならない。
2. 検知部の清掃が容易に行えなければならない。
3. 汚れ監視型のものは，検知部に機能を損なうおそれのある汚れが生じたときに，これを受信機に手動で送信できるものでなければならない。
4. 炎複合式スポット型感知器とは，紫外線式スポット型と赤外線式スポット型の性能を合わせもつものをいう。

問題 14 炎感知器について，正しいものは次のうちどれか。

1. 道路型の炎感知器は，最大視野角が150度以上でなければならない。
2. 炎感知器には，紫外線式や赤外線式の他に，光電アナログ式がある。
3. 公称監視距離は，視野角5度ごとに定めるものとし，20m未満の場合は2m刻みとされている。
4. 炎感知器には，屋内型・屋外型・道路型がある。

実戦問題 解答解説

問題1
▶解答　4

空気室の空気が膨張してダイヤフラムが押し上げられ，接点が閉じるのは，差動式スポット型感知器の空気の膨張を利用したものです。

問題2
▶解答　2

バイメタルを用いる感知器は，スポット型で定温式の機能をもつものに限られます。

問題3
▶解答　4

差動式スポット型感知器は，一局所の熱効果により作動します。

問題4
▶解答　4

1　空気管が切断した場合，受信機に影響はなく，正常な状態を維持します。なお，空気管が切断すると，感知器は不作動となります。
2　リーク抵抗が規定値以下の場合，空気が漏れやすいため作動しにくくなり，遅報の原因になります。
3　空気管の外径は，1.94 mm 以上である必要があります。

問題5
▶解答　3

定温式感知器の公称作動温度は，60 ℃以上 150 ℃以下の範囲で，60 ℃から 80 ℃までは 5 ℃刻み，80 ℃からは 10 ℃刻みで設定されています。

問題6
▶解答　1

周囲の温度が急上昇した場合，差動式の性能が働きます。

問題7
▶解答　2

光電式スポット型感知器は，一局所の煙による光電素子の受光量の変化により作動します。

問題8
▶解答　4

1　光電式スポット型感知器にイオン電流は関係ありません。
3　暗箱の中に光源のみを設けているわけではありません。

1 感知器

問題 9　　　　　　　　　　　　　　　　　　　　　▶解答　3

差動式分布型感知器は，周囲の温度の上昇率が一定の率以上になったときに火災信号を発信するもので，広範囲の熱効果の累積により作動するものです。

問題 10　　　　　　　　　　　　　　　　　　　　　▶解答　3

熱アナログ式スポット型感知器は，一局所の周囲の温度が一定の範囲内の温度になったときに，その温度に対応する火災情報信号を発信するものです。

問題 11　　　　　　　　　　　　　　　　　　　　　▶解答　4

イオン化式スポット型感知器のイオン室の放射線源には，一般にアメリシウムが用いられています。

問題 12　　　　　　　　　　　　　　　　　　　　　▶解答　2

イオン化アナログ式スポット型感知器の公称感知濃度範囲の下限値は，1.2％以上，上限値より 7.5％ 低い濃度以下です。

問題 13　　　　　　　　　　　　　　　　　　　　　▶解答　3

汚れ監視型のものは，検知部に機能を損なうおそれのある汚れが生じたときに，これを受信機に自動的に送信できるものでなければなりません。

問題 14　　　　　　　　　　　　　　　　　　　　　▶解答　4

1　道路型の炎感知器は，最大視野角が 180 度以上でなければなりません。
2　光電アナログ式は煙感知器です。
3　公称監視距離は，視野角 5 度ごとに定めるものとし，20 m 未満の場合は 1 m 刻みとします。

2 受信機

重要度 A

> **学習のポイント**
> 自動火災報知設備の受信機の種類や規格などについてみていきます。

受信機とその種類

受信機とは簡単にいえば，信号を受信して火災の発生などを消防機関などに知らせるもので，次のように定義されています。

火災信号，火災情報信号，**火災表示信号**[*1]，ガス漏れ信号または**設備作動信号**[*2]を**受信**し，**火災**の**発生**もしくは**ガス漏れ**の**発生**または消火設備等の作動を防火対象物の関係者または消防機関に報知するもの

* 1 火災情報信号の程度に応じて，火災表示を行う温度・濃度を固定する装置により処理される火災表示をする程度に達したことを伝える信号
* 2 消火設備等が作動したことを伝える信号

受信機には次のような種類があります。

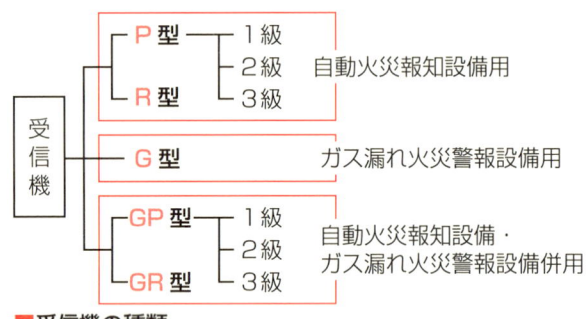

```
             ┌─ P 型 ┬─ 1 級
             │       ├─ 2 級    自動火災報知設備用
             │  R 型 └─ 3 級
             │
受信機 ──────┼─ G 型              ガス漏れ火災警報設備用
             │
             │  GP 型 ┬─ 1 級
             │        ├─ 2 級    自動火災報知設備・
             │        └─ 3 級    ガス漏れ火災警報設備併用
             └─ GR 型
```

■受信機の種類

Gはガス漏れ火災警報設備の頭文字です。GP型は，ガス漏れ火災警報機能付きのP型のことです。Rはレコードの頭文字です。

GR型は，ガス漏れ火災警報機能付きのR型ですね。

そのとおり。

蓄積式・非蓄積式と2信号式

受信機には，蓄積式・非蓄積式・2信号式があります。

蓄積式受信機	●誤報を防ぐため蓄積機能をもつ受信機 ●感知器の作動状態が一定時間以上継続しているのを確認してから，火災表示を行う ●感知器からの火災信号または火災情報信号を検出してから，受信を開始するまでの時間を蓄積時間（5秒を超え60秒以内）という ※発信機からの火災信号を検出したときは蓄積機能が自動的に解除となる
非蓄積式受信機	●蓄積機能をもたない受信機 ●火災信号の受信開始から，5秒以内に火災表示*1をする
2信号式受信機	●誤報を防ぐため同じ警戒区域*2からの異なる2つの火災信号を受信したときに，初めて火災表示を行う ●1つの2信号式感知器からの2信号で火災表示をするものと，2つの感知器からの2信号で火災表示をするものがある

*1 地区音響装置の鳴動を除く
*2 火災の発生した区域を他の区域と区別できる最小単位の区域。詳しくは166ページ参照

蓄積式受信機では，蓄積時間は5秒を超え60秒以内とされているのですね。

P型とR型の違い

P型とR型には次のような違いがあります。回線とは，受信機などに接続され，信号が送られる線のことです。

■P型受信機

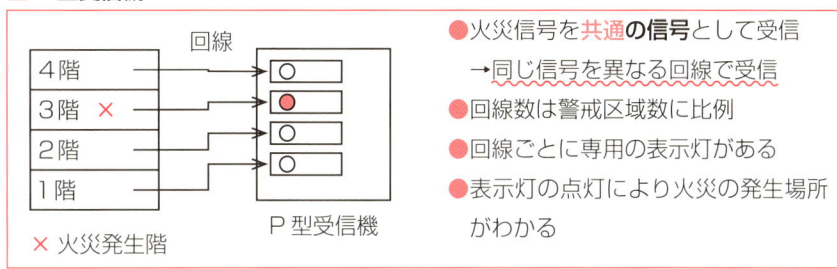

●火災信号を共通の信号として受信
　→同じ信号を異なる回線で受信
●回線数は警戒区域数に比例
●回線ごとに専用の表示灯がある
●表示灯の点灯により火災の発生場所がわかる

× 火災発生階

■ R型受信機

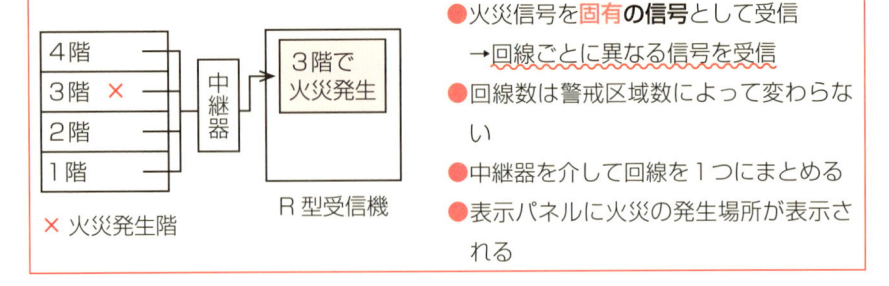

4階		
3階 ×	中継器	3階で火災発生
2階		
1階		

× 火災発生階　　　　R型受信機

- 火災信号を**固有**の信号として受信
  → 回線ごとに異なる信号を受信
- 回線数は警戒区域数によって変わらない
- 中継器を介して回線を1つにまとめる
- 表示パネルに火災の発生場所が表示される

各受信機に共通する構造・機能

各受信機に共通する構造や機能には，次のようなものがあります。

■各受信機に共通する構造・機能

- 受信機は，電源の電圧が次に示す範囲内で変動した場合でも，機能に異常を生じないものとする
  主電源　　定格電圧の 90 %以上 110 %以下
  予備電源　定格電圧の 85 %以上 110 %以下
- 定格電圧が 60 V を超える受信機の金属製外箱には，接地端子を設ける
- 不燃性または難燃性の外箱で覆う
- 水滴が浸入しにくい
- 復旧スイッチや音響装置の鳴動を停止するスイッチは専用のものとする（受信機の内部に設ける場合などを除く）
- 主電源を監視する装置を受信機の前面に設ける
- 受信機の試験装置は，受信機の前面で容易に操作できる
- 蓄積時間（火災信号などを検出してから受信を開始するまでの時間）を調整する装置は，受信機の内部に設ける
- 定位置に自動的に復旧しないスイッチが定位置にないとき，音響装置または点滅する注意灯が作動する

受信機の部品の構造・機能

受信機に用いる部品には表示灯・音響装置・予備電源などがあり，次のような構造や機能があります。

■**表示灯**（火災灯・地区表示灯など）

- 電球を 2 つ以上並列に接続する（放電灯，発光ダイオードの場合は1つでもよい）

2 受信機

- 電球は定格電圧の 130 %の交流電圧を連続 20 時間加えても，断線や光束変化などを生じない
- 周囲の明るさが 300 lx（ルクス）の状態で，前方 3 m 離れた地点で点灯しているのを明確に識別できる

表示灯に白熱電球やハロゲン電球を用いるときは，2 つ以上並列に接続しなければならないのですね。

■音響装置

- 定格電圧の 90 %（予備電源がある場合は 85 %）の電圧で音響を発する
- 定格電圧で連続 8 時間鳴動した場合でも，構造・機能に異常を生じない
- 音圧は，音響装置*の中心から前方 1 m 離れた地点で，次の値以上とする
  主音響装置　　85 dB（デシベル）（P 型 3 級・GP 型 3 級は 70 dB）
  地区音響装置　90 dB（音声の場合は 92 dB）

＊主音響装置は受信機本体に内蔵されたもので，地区音響装置は各区域に設けられたもの

■予備電源

- 密閉型蓄電池とする
- 停電時には主電源から予備電源に，復旧時には予備電源から主電源に自動的に切り替わる
- 口出し線は，色分けするとともに，誤接続防止のための措置を講じる
- P 型・R 型受信機の予備電源の容量は，監視状態を 60 分間継続した後，2 回線分の火災表示の作動と，接続されたすべての地区音響装置を同時に鳴動させられる消費電流を 10 分間継続して流せる容量以上とする
- G 型受信機の予備電源の容量は，2 回線を 1 分間有効に作動させ，同時にその他の回線を 1 分間監視状態にできる容量以上とする

なお，次の受信機は予備電源を設けなくてもよいです。

■予備電源を設けなくてもよい受信機

- P 型 2 級（1 回線*）
- GP 型 2 級（P 型部分が 1 回線）
- P 型 3 級
- GP 型 3 級
- G 型

＊1 つの回線を接続できるタイプ

P 型受信機とその種類

P 型受信機は，次のように定義されています。

火災信号もしくは火災表示信号を共通の信号として，または設備作動信号を共通もしくは固有の信号として受信し，火災の発生を防火対象物の関係者に報知するもの

P型受信機には，多くの回線を接続できるものと1回線のみ接続できるものがあり，次のような種類があります。

■ P型受信機の種類

- P型1級（多回線）
- P型2級（多回線）
- P型3級（1回線）
- P型1級（1回線）
- P型2級（1回線）

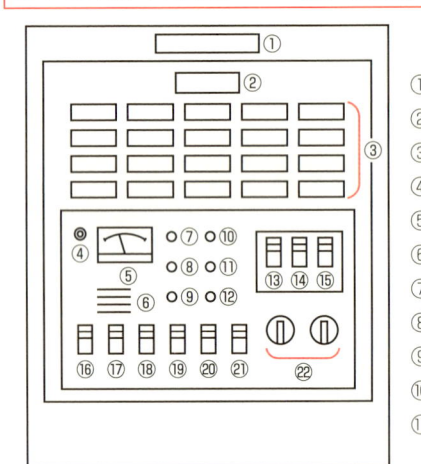

①銘板　　　　　　　⑫発信機灯
②火災灯　　　　　　⑬主音響停止スイッチ
③地区表示灯　　　　⑭地区音響停止スイッチ
④電話ジャック　　　⑮火災復旧スイッチ
⑤電圧計　　　　　　⑯予備電源試験スイッチ
⑥主音響装置　　　　⑰導通試験スイッチ
⑦交流電源灯　　　　⑱消火栓連動スイッチ
⑧蓄積切替灯　　　　⑲移報スイッチ
⑨蓄積灯　　　　　　⑳試験復旧スイッチ
⑩スイッチ注意灯　　㉑火災試験スイッチ
⑪消火栓始動灯　　　㉒回線選択スイッチ

■ P型1級受信機の例

火災灯	火災信号を受信したことを示す
地区表示灯	火災が発生した警戒区域を示す
交流電源灯	常用電源（交流電源）によって稼働していることを示す
スイッチ注意灯	通常「定位」位置にしておくべきスイッチが「定位」位置にないときに点滅する
火災試験スイッチ	火災表示試験を行うときに，実際の火災と区別するため，このスイッチを入れる。火災表示試験スイッチともいう
火災復旧スイッチ	受信機の作動を復旧させる（火災発報状態から平常監視状態にする）ときに，このスイッチを入れる
主音響停止スイッチ	主音響装置を停止させるときに，このスイッチを入れる
地区音響停止スイッチ	地区音響装置を停止させるときに，このスイッチを入れる

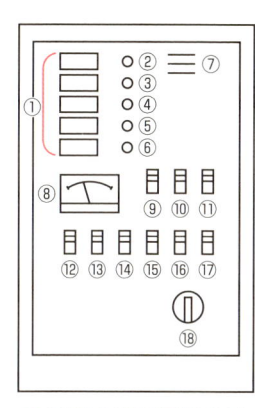

2 受信機

①地区表示灯
②交流電源灯
③スイッチ注意灯
④断線灯
⑤故障灯
⑥蓄積中灯
⑦主音響装置
⑧電圧計
⑨主音響停止スイッチ
⑩地区音響一時停止スイッチ
⑪故障音響停止スイッチ
⑫火災試験スイッチ
⑬予備電源試験スイッチ
⑭火災信号遮断スイッチ
⑮一括蓄積解除スイッチ
⑯自動／試験復旧スイッチ
⑰火災復旧スイッチ
⑱回線選択スイッチ

■ P型2級受信機の例

P型1級受信機（多回線）

P型1級受信機（多回線）は次の機能を備えなければなりません。

■ P型1級受信機（多回線）が備えなければならない機能

火災表示試験装置	火災表示の作動を試験・確認できる装置
火災表示の保持装置	火災表示がされた場合に，手動で復旧しない限り，表示された状態を保持する装置
予備電源	※135ページの「予備電源」参照
地区表示灯	火災の発生した警戒区域を表示する表示灯。地区灯ともいう
火災灯	火災信号を受信したときに点灯する**赤色**の表示灯
電話連絡装置	● P型1級発信機から火災信号を受信した場合，受信したことを示す信号を発信機に送ることができ，発信機との間で電話連絡ができる装置 ● T型発信機を接続する受信機で，2回線以上が同時に作動した場合，通話する発信機を任意に選択でき，遮断された回線の発信機に**話中音**（ツーツー音）が流れる装置
導通試験装置	受信機から**終端器**＊までの信号回路の導通を回線ごとに試験・確認できる装置
地区音響装置	防火対象物の各区域に設けられた音響装置。建物内の一般の人に火災発生を知らせる。**地区ベル**ともいう
主音響装置	受信機本体に内蔵された音響装置。管理担当者に火災発生を知らせる。**主ベル**ともいう
その他の機能	●火災信号などの受信開始から火災表示までの所要時間は**5秒以内**とする（地区音響装置の鳴動を除く） ●2回線から火災信号または火災表示信号を同時に受信したときも，火災表示ができる

＊断線の有無を確認するため，回路の末端にある感知器などに取り付けられる抵抗。終端抵抗，終端抵抗器ともいう

受信機が火災信号を受信した場合の作動状態は，次のとおりです。

- ●火災灯の点灯
- ●地区表示灯の点灯
- ●主音響装置の鳴動
- ●地区音響装置の鳴動

P型1級受信機（1回線）

P型1級受信機（1回線）は，P型1級（多回線）に比べて必要な機能が少なくなっています。　※P型受信機の機能比較（次ページ）参照

■P型1級受信機（1回線）に必要な機能・必要のない機能など

必要な機能	なくてもよい機能	必要のない機能
●火災表示試験装置 ●火災表示の保持装置 ●予備電源 ●地区音響装置 ●主音響装置	●地区表示灯 ●火災灯 ●導通試験装置	●電話連絡装置

備えなくてもよい機能と備える必要がない機能があるのですね。

P型2級受信機（多回線）

P型2級受信機（多回線）は，P型1級（多回線）に比べて必要な機能が少なくなっています。

■P型2級受信機（多回線）に必要な機能・必要のない機能など

必要な機能	なくてもよい機能	必要のない機能
●火災表示試験装置 ●火災表示の保持装置 ●予備電源 ●地区表示灯 ●地区音響装置 ●主音響装置	●火災灯	●電話連絡装置 ●導通試験装置

なくてもよい機能と必要がない機能のほうを覚えたほうが楽ですね。

2 受信機

P型2級受信機（1回線）

P型2級受信機（1回線）は，P型2級（多回線）などに比べて必要な機能が少なくなっています。

■ P型2級受信機（1回線）に必要な機能・必要のない機能など

必要な機能	なくてもよい機能	必要のない機能
●火災表示試験装置 ●火災表示の保持装置 ●主音響装置	●地区表示灯 ●火災灯 ●地区音響装置	●予備電源 ●電話連絡装置 ●導通試験装置

P型3級受信機（1回線）

P型3級受信機（1回線）は，P型2級（1回線）などに比べて必要な機能が少なくなっています。

■ P型2級受信機（1回線）に必要な機能・必要のない機能など

必要な機能	なくてもよい機能	必要のない機能
●火災表示試験装置 ●主音響装置	●地区表示灯 ●火災灯 ●地区音響装置	●火災表示の保持装置 ●予備電源 ●電話連絡装置 ●導通試験装置

P型受信機の機能比較

P型受信機の機能をまとめると次のようになります。これまでに触れたことの他に，回線数の制限についてもみておきましょう。

■ P型受信機の機能比較

機能	P型1級 多回線	P型1級 1回線	P型2級 多回線	P型2級 1回線	P型3級 1回線
回線数の制限	なし	1	5以下	1	1
火災表示試験装置	○	○	○	○	○
火災表示の保持装置	○	○	○	○	×
予備電源	○	○	○	×	×
地区表示灯	○	△	○	△	△
火災灯	○	△	△	△	△
電話連絡装置	○	×	×	×	×
導通試験装置	○	△	×	×	×
地区音響装置 [dB]	90以上	90以上	90以上	△	△
主音響装置 [dB]	85以上	85以上	85以上	85以上	70以上

○：必要な機能　△：なくてもよい機能　×：必要のない機能

※なくてもよい機能を必要のない機能と同じものとみなして，「必要か不要か」の2択で問われることもある

第4章 構造・機能等（規格に関する部分）

R型受信機

R型受信機は、次のように定義されています。

火災信号、火災表示信号もしくは火災情報信号を固有の信号として、または設備作動信号を共通もしくは固有の信号として受信し、火災の発生を防火対象物の関係者に報知するもの

R型受信機に必要な機能は、基本的にP型1級受信機（多回線）と同様です。ただし、表2に示す機能も必要となります。

■表1　R型受信機に必要な機能①

- ●火災表示試験装置
- ●火災表示の保持装置
- ●予備電源
- ●地区表示灯
- ●火災灯
- ●電話連絡装置
- ●導通試験装置
- ●地区音響装置
- ●主音響装置

■表2　R型受信機に必要な機能②

断線を検出する機能	受信機から終端器までの外部配線の断線（オープン）を検出できる機能
短絡を検出する機能	受信機から中継器＊までの外部配線の短絡（ショート）を検出できる機能

＊感知器からの火災信号を直接受信するものの場合は感知器

アナログ式受信機

アナログ式受信機はR型（GR型）受信機の一種で、次のように定義されています。

火災情報信号を受信し、火災の発生を防火対象物の関係者に報知するもの

アナログ式受信機は、アナログ式感知器から火災情報信号を受信し、火災発生を知らせる火災表示の前段階で注意表示をするという特徴があります。アナログ式受信機に必要な機能は、基本的にR型受信機と同様です。ただし、表4に示す機能も必要となります。

2 受信機

■表3 アナログ式受信機に必要な機能①

- 火災表示試験装置
- 火災表示の保持装置
- 予備電源
- 地区表示灯
- 火災灯
- 電話連絡装置
- 導通試験装置
- 地区音響装置
- 主音響装置
- 断線を検出する機能
- 短絡を検出する機能

■表4 アナログ式受信機に必要な機能②

注意表示試験装置	注意表示の作動が確認できる装置
感度設定装置	火災情報信号の程度に応じて，火災表示や注意表示を行う温度・濃度（表示温度等）を設定する装置

> アナログ式受信機は，注意表示と火災表示で作動が異なります。

火災情報信号のうち，**注意**表示をする程度に達したものを受信したとき
→
- 注意灯と注意音響装置で異常の発生を表示
- 地区表示装置＊で異常が発生した警戒区域を表示

火災信号・火災表示信号・火災情報信号のうち，**火災**表示をする程度に達したものを受信したとき
→
- 赤色の火災灯と主音響装置で火災の発生を表示
- 地区表示装置で火災が発生した警戒区域を表示
- 地区音響装置を鳴動

＊異常が発生した警戒区域を表示する装置

第4章 構造・機能等（規格に関する部分）

実戦問題

問題1 規格省令上，次のように規定されている受信機として，正しいものはどれか。

火災信号もしくは火災表示信号を共通の信号として，または設備作動信号を共通もしくは固有の信号として受信し，火災の発生を防火対象物の関係者に報知するもの

1　P型受信機
2　R型受信機
3　M型受信機
4　G型受信機

問題2 受信機に関する記述として，誤っているものは次のうちどれか。

1　非蓄積式のP型受信機の場合，火災信号の受信開始から火災表示（地区音響装置の鳴動を除く）までの所要時間は，5秒以内であること。
2　蓄積式受信機の場合，蓄積時間は5秒を超え90秒以内であること。
3　蓄積式受信機は，感知器の作動状態が一定時間以上継続しているのを確認してから，火災表示を行うものである。
4　蓄積式受信機の場合，発信機からの火災信号を検出したときは蓄積機能を自動的に解除すること。

問題3 受信機の音響装置について，規格省令上，正しいものは次のうちどれか。

1　P型受信機の主音響装置の音圧は，すべて無響室で音響装置の中心から前方1m離れた地点で測定した値が85dB以上であること。
2　定格電圧で連続7時間鳴動した場合に，構造または機能に異常を生じないこと。
3　充電部と非充電部との間の絶縁抵抗は，直流500Vの絶縁抵抗計で測定した値が3MΩ以上であること。
4　定格電圧の90％の電圧で音響を発すること。

問題4 受信機の予備電源について，規格省令上，誤っているものは次のうちどれか。

1　予備電源は，密閉型蓄電池であること。
2　P型受信機の予備電源は，監視状態を60分間継続した後，2回線分の火

2 受信機

災表示の作動と，接続されたすべての地区音響装置を同時に鳴動させられる消費電流を10分間継続して流せる容量以上であること。
3 停電時には自動的に予備電源に切り替わる装置とする必要があるが，停電復旧時は常用電源に手動により切り替える装置でよい。
4 G型受信機用の予備電源は，2回線を1分間有効に作動させ，同時にその他の回線を1分間監視状態にすることができる容量以上であること。

問題5 規格省令上，P型2級受信機に設けなければならないものは，次のうちどれか。
1 火災信号を受信したときに点灯する火災灯
2 受信機から終端器に至る信号回路の導通を確認できる装置
3 発信機との間で電話連絡をすることができる装置
4 火災表示試験装置

問題6 火災報知設備の受信機に用いる部品の構造・機能について，規格省令上，誤っているものは次のうちどれか。
1 表示灯に用いる電球は，2つ以上直列に接続すること。ただし，放電灯または発光ダイオードを用いるものの場合を除く。
2 電磁継電器の接点は，外部負荷と兼用しないこと。
3 指示電気計器の電圧計の最大目盛りは，使用される回路の定格電圧の140％以上200％以下であること。
4 スイッチの接点は，腐食するおそれがなく，かつ，その容量は最大使用電流に耐えること。

問題7 P型1級受信機（多回線）に必要な機能について，規格省令上，誤っているものは次のうちどれか。
1 主電源を監視する装置
2 火災表示試験装置
3 発信機からの火災信号を受信した旨の信号を当該発信機に送ることができ，発信機との間で電話連絡ができる装置
4 発信機からの火災信号を受信した場合に，当該発信機が作動したことがわかる表示灯

問題8 P型1級受信機（1回線用を除く）の機能について，規格省令上，誤っているものは次のうちいくつあるか。

A 受信機に接続された感知器の感度の良否を試験できる機能を有すること。
B 短絡を検出できる装置による試験機能を有すること。
C 導通試験装置による試験機能を有すること。
D 2回線から火災信号または火災表示信号を同時に受信したとき，火災表示をすることができること。
E T型発信機を接続する受信機の場合，2回線以上が同時に作動したとき，通話すべき発信機を任意に選択でき，かつ遮断された回線におけるT型発信機に話中音が流れるものであること。

1　1つ　　2　2つ　　3　3つ　　4　4つ

問題9 P型1級受信機（多回線）には必要とされるが，P型2級受信機（多回線）には不要とされる機能の組合せとして，規格省令上，正しいものは次のうちどれか。

1　火災表示試験装置，電話連絡装置，火災灯
2　火災表示試験装置，火災表示の保持装置，予備電源
3　導通試験装置，電話連絡装置，火災灯
4　導通試験装置，火災表示の保持装置，予備電源

問題10 R型受信機の構造・機能について，規格省令上，誤っているものは次のうちどれか。

1　受信機から中継器（感知器からの火災信号を直接受信するものにあっては，感知器）に至る外部配線の断線を検出できる装置を有すること。
2　断線を検出することができる装置の操作中に，他の警戒区域からの火災信号を受信したとき，火災表示できるものでなければならない。
3　受信機から終端器に至る外部配線の断線を検出することができる装置を有すること。
4　2回線から火災信号を同時に受信したとき，火災表示をすることができること。

2 受信機

実戦問題 解答解説

問題 1 ▶解答 1

問題文は P 型受信機に関するものです。

問題 2 ▶解答 2

蓄積式受信機の場合，蓄積時間は 5 秒を超え 60 秒以内とされています。

問題 3 ▶解答 4

1 P 型 3 級の場合は 70 dB 以上とされています。
2 定格電圧で連続 8 時間鳴動した場合に，構造または機能に異常を生じないこととされています。
3 充電部と非充電部との間の絶縁抵抗は，直流 500 V の絶縁抵抗計で測定した値が 5 MΩ以上とされています。

問題 4 ▶解答 3

停電復旧時にも常用電源に自動的に切り替わる装置とする必要があります。

問題 5 ▶解答 4

P 型受信機の機能比較（139 ページ）を参照してください。

問題 6 ▶解答 1

表示灯に用いる電球は，2 つ以上並列に接続すること（ただし，放電灯または発光ダイオードを用いるものの場合を除く）とされています。

問題 7 ▶解答 4

発信機からの火災信号を受信した場合に，当該発信機が作動したことがわかる表示灯は，規格として定められてはいません。

問題 8 ▶解答 2

A 受信機側で感知器の感度の良否を試験できる機能は，規格で定められていません。
B 短絡を検出できる装置による試験機能は，R 型受信機の機能です。

問題9 ▶解答 3

P型受信機の機能比較(139ページ)を参照してください。

問題10 ▶解答 1

1 　記述中の「断線」は，正しくは「短絡」です。なお，「〜にあっては」とは，法令文特有の表現で，「〜の場合は」「〜では」というような意味です。

3 発信機

重要度 **A**

> **学習のポイント**
> 自動火災報知設備の発信機の種類や規格などについてみていきます。

発信機とその種類

発信機とは，火災信号を受信機に**手動**により発信するものをいい，次のような種類があります。

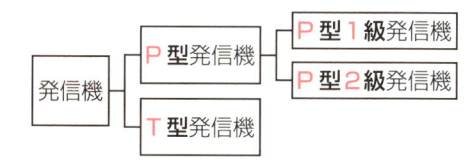

```
             ┌─ P型発信機 ─┬─ P型1級発信機
発信機 ──────┤             └─ P型2級発信機
             └─ T型発信機
```

感知器が自動で信号を発するのに対して，発信機は手動で発するのですね。

P型発信機

P型発信機は，次のように定義されています。

各発信機に共通または固有の火災信号を受信機に手動により発信するもので，**発信**と同時に**通話**ができないもの

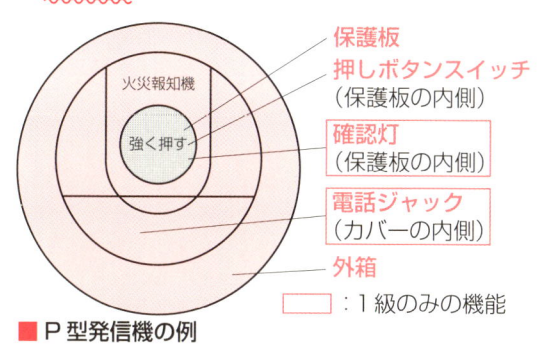

図の各部名称：
- 保護板
- 押しボタンスイッチ（保護板の内側）
- 確認灯（保護板の内側）
- 電話ジャック（カバーの内側）
- 外箱
- ▢：1級のみの機能

中央部：火災報知機／強く押す

■ P型発信機の例

■ P型1級特有の規格

● 火災信号を伝達したとき，受信機がその信号を受信したことを確認できる装置をもつ → **確認灯**（応答ランプ）をもつ

147

- 火災信号の伝達に支障なく，受信機との間で相互に電話連絡ができる装置をもつ　→電話ジャックをもつ

■ P型1級・2級共通の規格
- 火災信号は，押しボタンスイッチを押したときに伝達される
- 押しボタンスイッチを押した後，そのスイッチが自動的に元の位置に戻らない構造の発信機の場合，そのスイッチを元の位置に戻す操作を忘れないための措置を講じる
- 押しボタンスイッチは，前方に保護板を設け，それを破壊または押し外すことにより，容易に押すことができる
- 保護板には透明の有機ガラスを用いる
- 外箱の色は赤色である

　P型1級は，P型2級がもつ機能の他に確認灯と電話ジャックをもつのですね。

　はい。1級の場合，専用の送受話器を電話ジャックに差し込めば，受信機側と通話ができます。

T型発信機

　T型発信機は，次のように定義されています。

各発信機に共通または固有の火災信号を受信機に手動により発信するもので，発信と同時に通話ができるもの

　T型は発信と同時に通話ができ，P型は発信と同時には通話ができないのですね。

　送受話器を取り上げたときに火災信号を受信機に発信し，それと同時に受信機側と通話ができるようになっています。

3 発信機

実戦問題

問題1 P型発信機の構造・機能について，規格省令上，誤っているものは次のうちどれか。

1　P型発信機とは，各発信機に共通または固有の火災信号を受信機に手動により発信するもので，発信と同時に通話することができるものをいう。
2　火災信号を伝達したとき，受信機がその信号を受信したことを確認できる装置をもつのは，1級のみでなければならない。
3　保護板には，透明の有機ガラスを用いなければならない。
4　外箱の色は，赤色でなければならない。

問題2 P型1級発信機とP型2級発信機に共通する構造・機能として，規格省令上，誤っているものは次のうちどれか。

1　押しボタンスイッチは，その前方に保護板を設け，その保護板を破壊し，または押し外すことにより，容易に押すことができること。
2　押しボタンスイッチを押した後，当該スイッチが自動的に元の位置に戻らない構造の発信機の場合，当該スイッチを元の位置に戻す操作を忘れないための措置を講じること。
3　火災信号の伝達に支障なく，受信機との間で相互に電話連絡をすることができる装置を有すること。
4　火災信号は，押しボタンスイッチを押したときに伝達されること。

問題3 T型発信機に関する次の記述の　　　　に当てはまる語句の組合せとして，規格省令上，正しいものはどれか。

　各発信機に　A　の火災信号を受信機に手動により発信するもので，発信と同時に通話することが　B　ものをいう。

	A	B
1	共通または固有	できる
2	固有	できる
3	共通または固有	できない
4	固有	できない

実戦問題 解答解説

問題 1
▶解答 1

　P型発信機とは，各発信機に共通または固有の火災信号を受信機に手動により発信するもので，発信と同時に通話することができないものをいいます。

問題 2
▶解答 3

　火災信号の伝達に支障なく，受信機との間で相互に電話連絡をすることができる装置を有すること，というのはP型1級特有の規格です。

問題 3
▶解答 1

　T型発信機とは，各発信機に共通または固有の火災信号を受信機に手動により発信するもので，発信と同時に通話することができるものをいいます。

4 中継器

重要度 A

学習のポイント
自動火災報知設備の中継器の規格などについてみていきます。

中継器

中継器とは簡単にいうと，感知器などから火災信号やガス漏れ信号を受信し，これらを受信機や消火設備などに発信するもので，次のように定義されています。

火災信号・火災表示信号・火災情報信号・ガス漏れ信号・設備作動信号を受信し，これらを，
- 火災信号・火災表示信号・火災情報信号・ガス漏れ信号の場合は，他の中継器，受信機または消火設備等
- 設備作動信号の場合は，他の中継器または受信機

に発信するもの

中継器には，次のような規格があります。

■中継器の規格

- 受信開始から発信開始までの所要時間は，**5秒以内**とする（蓄積式の場合を除く）
- 蓄積式中継器の場合は，蓄積時間は**5秒を超え60秒以内**とし，**発信機**からの火災信号を検出したときは蓄積機能が自動的に解除となる
- 蓄積式中継器で，蓄積時間を調整する装置をもつものの場合，その装置を中継器の内部に設ける
- 地区音響装置を鳴動させる中継器は，受信機で操作しない限り，鳴動を継続させる
- **不燃**性または**難燃**性の外箱で覆う
- 定格電圧が**60V**を超える中継器の金属製外箱には，**接地端子**を設ける
- アナログ式中継器の感度設定装置は，**2以上**の操作によらなければ表示温度等の変更ができないものとする

■中継器の電源

受信機などから電力が**供給される**場合	●予備電源は不要 ●外部負荷に電力を供給する場合は，電力を供給する回路に保護装置（ヒューズ，ブレーカーなど）を設ける ●保護装置が作動した場合は，受信機に作動したことを伝える信号を自動的に送る
受信機などから電力が**供給されない**場合	●予備電源を設ける＊ ●主電源回路の両線および予備電源回路の一線に保護装置（ヒューズ，ブレーカーなど）を設ける ●主電源が停止したときや保護装置が作動したときは，そのことを伝える信号を受信機に自動的に送る

＊ガス漏れ火災警報設備に用いる中継器の場合，予備電源を設けなくてもよい

アナログ式中継器の感度設定装置は，2つ以上の操作によらなければ表示温度等の変更ができないこととされているのですね。

実戦問題

問題1 火災報知設備に使用する中継器について、規格省令上、誤っているものは次のうちどれか。

1 定格電圧が 60 V を超える中継器の金属製外箱には、接地端子を設けること。
2 受信機から電力を供給されない方式の中継器の場合、外部負荷に電力を供給する回路にヒューズ、ブレーカーその他の保護装置を設けなくてもよい。
3 中継器の受信開始から発信開始までの所要時間は、5 秒以内でなければならない。
4 地区音響装置を鳴動させる中継器は、受信機において操作しない限り、鳴動を継続させること。

問題2 火災報知設備に使用する中継器について、規格省令上、正しいものは次のうちどれか。

1 アナログ式中継器の感度設定装置は、1 の操作によって表示温度等の変更ができるものであること。
2 蓄積式中継器の場合、蓄積時間は 5 秒を超え 90 秒以内であること。
3 地区音響装置を鳴動させる中継器の場合、中継器にその地区音響装置の鳴動を停止する装置を設けること。
4 蓄積式のもので、蓄積時間を調整する装置を有するものにあっては、当該装置を中継器の内部に設けること。

問題3 検知器、受信機または他の中継器から電力を供給されない方式の中継器について、規格省令上、誤っているものは次のうちどれか。

1 主電源が停止したときには主電源が停止した旨、保護装置が作動したときにはその保護装置が作動した旨の信号を受信機に自動的に送ること。
2 主電源回路の両線および予備電源回路の一線に、ヒューズ、ブレーカーその他の保護装置を設けること。
3 ガス漏れ火災警報設備に使用するものの場合、予備電源を設けること。
4 配線は、十分な電流容量を有し、かつ接続が的確であること。

実戦問題 解答解説

問題 1
▶解答 2

受信機から電力を供給される方式でも供給されない方式でも，電力を供給する回路にはヒューズ，ブレーカーその他の保護装置を設けなければなりません。

問題 2
▶解答 4

1　アナログ式中継器の感度設定装置は，2以上の操作によらなければ表示温度等の変更ができないこととされています。
2　蓄積式中継器の場合，蓄積時間は5秒を超え60秒以内とされています。
3　地区音響装置を鳴動させる中継器の場合，受信機において操作しない限り，鳴動を継続させることとされています。

問題 3
▶解答 3

ガス漏れ火災警報設備に使用するものの場合，予備電源を設けなくてよいとされています。

5 電源

重要度 **B**

> **学習のポイント**
> 自動火災報知設備の電源の種類や規格などについてみていきます。

電源

電源には常用電源・非常電源・予備電源があります。

■電源の種類

常用電源	通常用いる電源
非常電源	常用電源が停電した場合に，消防用設備等が正常に作動できるように設ける電源
予備電源	非常電源が故障した場合などに，消防用設備等の機能を最小限維持するために設ける電源。バッテリー

蓄電池設備

自動火災報知設備の非常電源には，蓄電池設備（直交変換装置をもたないものに限る）または非常電源専用受電設備を用います。

■蓄電池設備に関する基準

- 直交変換装置をもたない蓄電池設備は，常用電源が停電した直後に電圧確立および投入を行う
- 蓄電池設備は自動的に充電するものとし，充電電源電圧が定格電圧の±10％の範囲内で変動しても機能に異常なく充電できるものとする
- 蓄電池設備には，過充電防止機能を設ける
- 蓄電池設備には，その設備の出力電圧・出力電流を監視できる電圧計・電流計を設ける
- 蓄電池設備は，0℃から40℃までの周囲温度で機能に異常を生じないものとする
- 蓄電池の単電池あたりの公称電圧は，鉛蓄電池で2 V，アルカリ蓄電池で1.2 Vとする
- 蓄電池には，減液警報装置が設けられている（補液の必要がないものを除く）
- 充電装置には，充電中である旨を表示する装置を設ける

蓄電池設備には，過充電を防止する機能を設けなければならないのですね。

第4章 構造・機能等（規格に関する部分）

実戦問題

問題1 非常電源として用いる蓄電池設備について，誤っているものは次のうちどれか。

1. 蓄電池設備は，0℃から40℃までの範囲の周囲温度において機能に異常を生じないものであること。
2. 蓄電池の単電池当たりの公称電圧は，鉛蓄電池にあっては2Vであること。
3. 蓄電池設備には，当該設備の出力電圧または出力電流を監視できる電圧計または電流計を設けること。
4. 蓄電池設備には，過放電防止機能を設けること。

問題2 非常電源として用いる蓄電池設備について，誤っているものは次のうちどれか。

1. 充電装置には，充電中である旨を表示する装置を設けること。
2. 蓄電池設備は，自動的に充電するものとし，充電電源電圧が定格電圧の±10％の範囲内で変動しても機能に異常なく充電できるものであること。
3. 蓄電池の単電池当たりの公称電圧は，アルカリ蓄電池にあっては1.3Vであること。
4. 蓄電池には，補液の必要がないものを除き，減液警報装置が設けられていること。

5 電源

———————— **実戦問題 解答解説** ————————

問題1 ▶解答 4

　蓄電池設備には，過充電防止機能を設けることとされています。

問題2 ▶解答 3

　蓄電池の単電池当たりの公称電圧は，アルカリ蓄電池にあっては 1.2 V とされています。

6 ガス漏れ火災警報設備

重要度 A

> **学習のポイント**
> ガス漏れ火災警報設備の検知器・受信機・中継器などの種類や規格などについてみていきます。

ガス漏れ火災警報設備の概要

ガス漏れ火災警報設備とは，燃料用ガスや自然発生する可燃性ガスの漏れを検知し，防火対象物の関係者などに警報を発する設備で，**検知器**・受信機・中継器・**警報装置**などから構成されます。

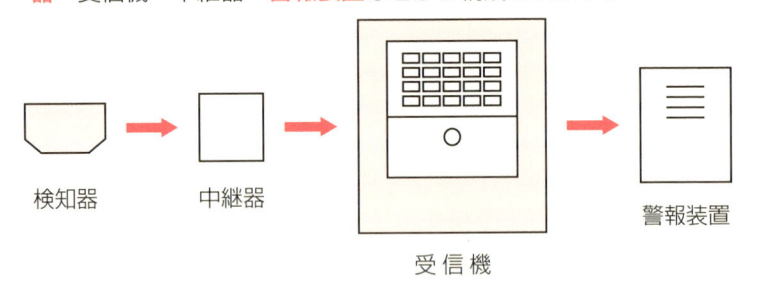

検知器 → 中継器 → 受信機 → 警報装置

検知器

検知器（ガス漏れ検知器）とは簡単にいえば，ガス漏れを検知し，中継器や受信機にガス漏れ信号を発信するもので，次のように定義されています。

ガス漏れを検知し，中継器もしくは受信機に**ガス漏れ信号**＊を発信するもの，またはガス漏れを検知し，ガス漏れの発生を音響により警報するとともに，中継器もしくは受信機にガス漏れ信号を発信するもの

＊ガス漏れが発生したことを伝える信号

可燃性ガスが空気と混合した場合，着火源があると特定の濃度範囲で爆発します。この濃度範囲を**爆発範囲**といい，濃度の低いほうの限界を**爆発下限界**，高いほうの限界を**爆発上限界**といいます。検知器の性能の基準は，次のようになっています。

■検知器の性能の基準

- ガスの濃度が爆発下限界の **1/4 以上**のときに確実に作動し，**1/200 以下**のときに作動しない

6 ガス漏れ火災警報設備

- 爆発下限界の **1/4 以上**の濃度のガスにさらされているときは，継続して作動する
- 検知器がガス漏れ信号を発する濃度のガスを検知してからガス漏れ信号を発するまでの標準的な時間（**標準遅延時間**）は，**60 秒以内**とする
- ※検知器の標準遅延時間と受信機の標準遅延時間の合計は，**60 秒以内**とする

警報機能をもつ検知器の警報方式には，次のような種類があります。

■検知器の警報方式

即時警報型	ガス濃度が設定値に達するとすぐに警報を発する
警報遅延型	ガス濃度が設定値に達してから，それ以上の濃度が一定時間継続した場合に警報を発する　▶警報を遅延する
反限時警報型	ガス濃度が設定値に達してから，濃度が高いほど短時間で警報を発する　▶濃度が高いほど警報の遅延時間を短くする

■検知器に関するその他の規定

- 検知器は**消防庁長官**が定める基準に適合するものとする
- 警報機能をもつ検知器は，通電状態にあることを確認できる**通電表示灯**を備える

受信機

ガス漏れ火災警報設備に用いる受信機は，G 型（GP 型・GR 型）です。

■G 型（GP 型・GR 型）受信機の主な構造・機能

- ガス漏れ表示の作動を容易に確認できる装置による試験機能をもつ
- 受信機から終端器までの信号回路の**導通**を回線ごとに確認できる装置による試験機能をもつ
- 2 回線からガス漏れ信号を同時に受信しても，ガス漏れ表示ができる
- ガス漏れ信号の受信開始からガス漏れ表示までの所要時間は，**60 秒以内**とする
- ガス漏れ信号を受信したとき，**黄色**の**ガス漏れ灯**および主音響装置によりガス漏れの発生を自動的に表示する
- ガス漏れ信号を受信したとき，**地区表示装置**によりガス漏れの発生した警戒区域を自動的に表示する
- GP 型・GR 型受信機の地区表示装置は，火災の発生した警戒区域とガス漏れの発生した警戒区域を明確に識別できるものとする

ガス漏れ灯は黄色なのですね。

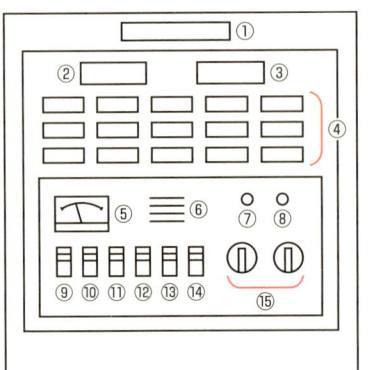

①銘板　　　　　　⑨主音響停止スイッチ
②ガス漏れ灯　　　⑩故障音響停止スイッチ
③故障灯　　　　　⑪故障試験スイッチ
④地区表示灯　　　⑫ガス漏れ表示試験スイッチ
⑤電圧計　　　　　⑬予備電源試験スイッチ
⑥主音響装置　　　⑭回路導通試験スイッチ
⑦交流電源灯　　　⑮回線選択スイッチ
⑧スイッチ注意灯

■ G型受信機の例

中継器

ガス漏れ火災警報設備に用いる中継器の規格は，自動火災報知設備の場合に基本的に準じますが，特有の部分に触れておきます。

■ガス漏れ火災警報設備に用いる中継器に特有の部分

- ガス漏れ火災警報設備に用いる中継器の受信開始から発信開始までの所要時間は，ガス漏れ信号の受信開始からガス漏れ表示までの所要時間が5秒以内である受信機に接続するものに限り，**60秒以内**とすることができる
- ガス漏れ火災警報設備に用いる中継器で，検知器・受信機または他の中継器から電力を供給されない方式の場合，**予備電源**を設けなくてもよい

警報装置

警報装置には，音声警報装置・ガス漏れ表示灯・検知区域警報装置があります。

■警報装置の種類

音声警報装置	ガス漏れの発生を音声により防火対象物の関係者などに警報する装置
ガス漏れ表示灯	ガス漏れの発生を表示灯（ランプなど）により通路にいる防火対象物の関係者に警報する装置
検知区域警報装置	ガス漏れの発生を音響により検知区域*において防火対象物の関係者に警報する装置

＊1つの検知器が有効にガス漏れを検知できる区域

160

6 ガス漏れ火災警報設備

ガス漏れ表示灯とガス漏れ灯は別のものなのですね。

実戦問題

問題1 ガス漏れ検知器の性能の基準について，正しいものは次のうちどれか。

1　信号を発する濃度のガスに接したとき，5秒以内に信号を発すること。
2　検知器と受信機の標準遅延時間の合計は30秒以内であること。
3　ガスの濃度が爆発下限界の1/200以下のときに作動しないこと。
4　爆発下限界の3/4以上の濃度のガスにさらされているときは，継続して作動すること。

問題2 ガス漏れ火災警報設備の検知器について，正しいものは次のうちいくつあるか。

A　検知器の警報方式には，即時警報型，警報遅延型，反限時警報型がある。
B　即時警報型とは，ガス濃度が警報設定値に達した後，10秒以内に警報を発するものをいう。
C　反限時警報型では，ガス濃度が高くなるほど警報遅延時間が長くなる。
D　検知器の標準遅延時間とは，検知器がガス漏れ信号を発する濃度のガスを検知してから，ガス漏れ信号を発するまでの標準的な時間をいう。

1　1つ　　2　2つ　　3　3つ　　4　4つ

問題3 G型，GP型またはGR型受信機の構造・機能について，誤っているものは次のうちどれか。

1　受信機のガス漏れ灯は赤色であること。
2　予備電源を設ける場合，2回線を1分間有効に作動させ，同時にその他の回線を1分間監視状態にすることができる容量以上であること。
3　2回線からガス漏れ信号を同時に受信しても，ガス漏れ表示をすることができること。
4　ガス漏れ信号の受信開始からガス漏れ表示までの所要時間は，60秒以内であること。

問題4 ガス漏れ火災警報設備に用いる中継器について，誤っているものは次のうちどれか。

1　受信機から電力を供給されない方式の中継器の場合，予備電源を設けないことができる。
2　定格電圧が60Vを超える中継器の金属製外箱には，接地端子を設けること。

3 地区音響装置を鳴動させる中継器の場合，中継器にその地区音響装置の鳴動を停止する装置を設けること。
4 腐食により機能に異常を生じるおそれのある部分には，防食のための措置を講じること。

実戦問題 解答解説

問題 1
▶解答 3

1 記述中の「5秒以内」は，正しくは「60秒以内」です。
2 記述中の「30秒以内」は，正しくは「60秒以内」です。
4 記述中の「3/4以上」は，正しくは「1/4以上」です。

問題 2
▶解答 2

B 即時警報型とは，ガス濃度が警報設定値に達した直後に警報を発するものをいいます。
C 反限時警報型では，ガス濃度が高くなるほど警報遅延時間が短くなります。

問題 3
▶解答 1

受信機のガス漏れ灯は黄色とされています。

問題 4
▶解答 3

地区音響装置を鳴動させる中継器は，受信機において操作しない限り，鳴動を継続させることとされています。

第 **5** 章

構造・機能等
（電気に関する部分）

第5章では，消防用設備等の構造・機能および工事・整備のうち電気に関する部分をみていきます。まずは自動火災報知設備に関するものを扱い，次にガス漏れ火災警報設備等に関するものを扱います。

※試験・点検については，自動火災報知設備とガス漏れ火災警報設備等で共通する部分が多いため，章の最後でまとめています。

1 警戒区域と感知区域
2 感知器共通の設置基準
3 各感知器の設置基準
4 受信機・発信機などの設置基準
5 電源・配線の設置基準
6 回路抵抗と絶縁抵抗
7 ガス漏れ火災警報設備など
8 試験・点検

1 警戒区域と感知区域　重要度 B

> **学習のポイント**
> 自動火災報知設備の警戒区域や感知区域についてみていきます。

警戒区域

警戒区域とは，火災の発生した区域を他の区域と区別できる最小単位の区域をいいます。

火災が発生した区域は警戒する必要がありますね。

そうですね。警戒区域の設定については次のようになっています。

■警戒区域の設定

面積	原則	●1つの警戒区域の面積は 600 m² 以下とする
	例外	●防火対象物の主要な出入口から内部を見通せる場合は，1000 m² 以下とすることができる
長さ	原則	●1つの警戒区域の1辺の長さは 50 m 以下とする
	例外	●光電式分離型感知器を設置する場合は，100 m 以下とする
階	原則	●2以上の階にわたらないものとする
	例外	●2つの階にわたっても面積が 500 m² 以下の場合は，1つの警戒区域にできる
小屋裏など		●小屋裏*1や天井裏は原則としてその階と同じ警戒区域とするが，その階との合計面積が600 m²を超える場合は別の警戒区域とする（図1）
たて穴区画		●たて穴区画*2は，各階の居室や廊下等とは別の警戒区域とする ●たて穴区画に煙感知器を設ける場合は，1つの警戒区域にできる ●水平距離 50 m 以下の範囲内に複数のたて穴区画がある場合は，それらを1つの警戒区域にできる（図2） ●人が通行する階段（エスカレーターを含む）や傾斜路 ・地階が1階のみの場合は，地階部分と地上部分を1つの警戒区域とする（図3） ・地階が2階以上ある場合は，地階部分と地上部分を別の警戒区域とする（図4） ・高層建築物など階数が多い場合は，垂直距離 45 m 以下ごとに別の警戒区域とする

＊1　屋根と天井の間にできた空間
＊2　階段，傾斜路，エレベーター昇降路，リネンシュート，パイプダクトなど

1 警戒区域と感知区域

警戒区域は，①②③…のように丸数字で示します。

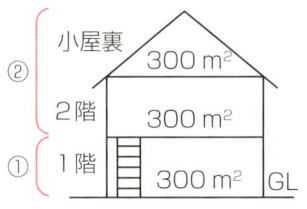

この建物の場合，2階と小屋裏は合計面積が 600 m² 以下のため 1 つの警戒区域とする

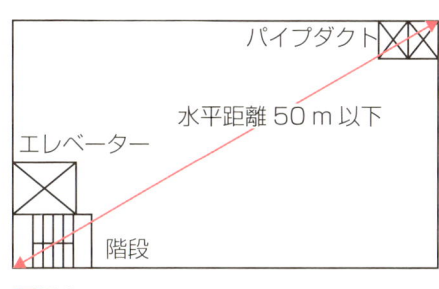

■図1

■図2

■図3

■図4

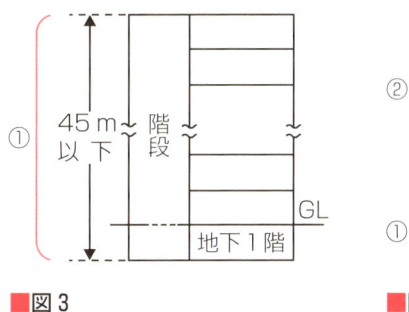

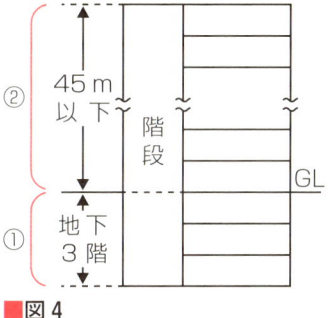

感知区域

感知区域とは，感知器が火災の発生を有効に**感知**できる区域をいい，次のように定義されています。

壁または**取り付け面**＊から **0.4 m**（**差動式分布型**感知器・**煙**感知器の場合は **0.6 m**）**以上**突き出した**はり**等によって区画された部分

＊感知器を取り付ける天井の室内に面する部分または上階の床もしくは屋根の下面

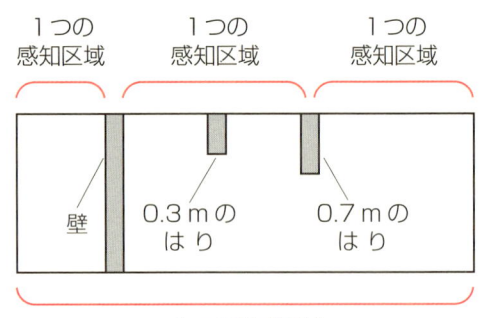

■警戒区域と感知区域

感知面積

感知面積とは，1つの感知器が火災の発生を有効に**感知**できる面積をいい，感知器は感知区域ごとに，**感知面積**につき1個以上を，火災を有効に感知するように設けることになっています。

感知面積は感知器の種別によって異なるのですか？

はい。感知面積は，感知器の種別と取り付け面の高さに応じて，次のように定められています。

■表1 主な熱感知器の感知面積

感知器の種別		取り付け面の高さ			
		4 m 未満		4 m 以上 8 m 未満	
		耐火	非耐火	耐火	非耐火
定温式スポット型	特種	70 m²	40 m²	35 m²	25 m²
	1種	60 m²	30 m²	30 m²	15 m²
	2種	20 m²	15 m²	—	—
差動式スポット型	1種	90 m²	50 m²	45 m²	30 m²
	2種	70 m²	40 m²	35 m²	25 m²
補償式スポット型	1種	90 m²	50 m²	45 m²	30 m²
	2種	70 m²	40 m²	35 m²	25 m²

※耐火：主要構造部が耐火構造の防火対象物またはその部分
　非耐火：その他の構造の防火対象物またはその部分

■表2 煙感知器の感知面積

感知器の種別		取り付け面の高さ	
		4 m 未満	4 m 以上 20 m 未満
煙感知器*	1種	150 m²	75 m²
	2種		
	3種	50 m²	—

1 警戒区域と感知区域

＊光電式分離型感知器を除く
※廊下・通路・階段などを除く

感知区域の面積が 75 m²で，感知面積が 40 m²の感知器を設置する場合，必要な設置個数はどうなりますか？

えーと，
$$\frac{75}{40} = 1.875$$
となって，小数点以下を切り上げて 2 個以上を設置する，ということですか？

そのとおり。

感知器の設置個数 ＝ $\dfrac{感知区域の面積\,[m^2]}{感知器1個の感知面積\,[m^2]}$

小数点以下は切り上げる

差動式分布型感知器（熱電対式）については，次表に示す個数以上の **熱電対部**を設置します。

■差動式分布型感知器（熱電対式）の熱電対部の設置

主要構造部	感知区域の床面積	設置個数
耐火構造の防火対象物	88 m²以下の場合	4個
	88 m²を超える場合	4個の他，22 m²増すごとに1個追加
耐火構造でない防火対象物	72 m²以下の場合	4個
	72 m²を超える場合	4個の他，18 m²増すごとに1個追加

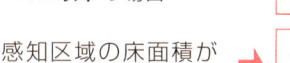

169

実戦問題

問題1 自動火災報知設備の警戒区域について，誤っているものは次のうちどれか。

1 原則として防火対象物の2以上の階にわたらないこと。
2 1の警戒区域の面積は600 m²以下とすること。ただし，主要な出入口からその内部を見通すことができる場合は，その面積を1100 m²以下とすることができる。
3 警戒区域の面積の合計が500 m²以下の場合，2以上の階にわたることができる。
4 警戒区域の1辺の長さは，原則として50 m以下とすること。

問題2 感知区域について，正しいものは次のうちどれか。

1 1つの感知器が火災の発生を有効に感知できる面積をいう。
2 火災の発生した区域を他の区域と区別して識別することができる最小単位の区域をいう。
3 壁または取り付け面から0.4 m（差動式分布型感知器または煙感知器の場合は0.6 m）以上突き出したはり等により区画された部分をいう。
4 壁または取り付け面から0.3 m（差動式分布型感知器または煙感知器の場合は0.6 m）以上突き出したはり等により区画された部分をいう。

問題3 定温式スポット型感知器（1種）に関する記述として，誤っているものは次のうちどれか。

1 主要構造部が耐火構造の建築物で，取り付け面の高さが3 mの場合，35 m²につき1個設置する。
2 主要構造部が耐火構造の建築物で，取り付け面の高さが5 mの場合，30 m²につき1個設置する。
3 主要構造部が耐火構造以外の建築物で，取り付け面の高さが3 mの場合，30 m²につき1個設置する。
4 主要構造部が耐火構造以外の建築物で，取り付け面の高さが5 mの場合，15 m²につき1個設置する。

問題4 煙感知器（光電式分離型を除く）に関する記述として，誤っているものは次のうちどれか。

1 1種のものを高さ5 mのところに取り付ける場合，75 m²につき1個とす

る。
2 　1種のものを高さ3 m のところに取り付ける場合，150 m²につき1個とする。
3 　2種のものを高さ5 m のところに取り付ける場合，150 m²につき1個とする。
4 　3種のものを高さ3 m のところに取り付ける場合，50 m²につき1個とする。

実戦問題 解答解説

問題 1
▶解答 2

主要な出入口からその内部を見通すことができる場合は，その面積を <u>1000 m²</u>以下とすることができます。

問題 2
▶解答 3

感知区域とは，壁または取り付け面から0.4 m（差動式分布型感知器または煙感知器の場合は0.6 m）以上突き出したはり等により区画された部分をいいます。

問題 3
▶解答 1

主要構造部が耐火構造の建築物で，取り付け面の高さが3 mの場合，60 m²につき1個設置します。

問題 4
▶解答 3

2種のものを高さ4 m以上20 m未満のところに取り付ける場合，感知面積は75 m²です。

2 感知器共通の設置基準

重要度 A

学習のポイント
自動火災報知設備の感知器に共通する設置基準についてみていきます。

各感知器に共通する設置基準

感知器は，原則として**天井**または**壁**の屋内に面する部分および天井裏の部分に，有効に火災の発生を感知することができるように設けます。取り付ける位置に関して次のような規定があります。

■取り付け位置に関する規定

- ●感知器（差動式分布型・光電式分離型・炎感知器を除く） → 換気口などの**空気吹き出し口**から **1.5 m 以上**離れた位置に設ける（図1）

- ●**熱**感知器 → 感知器の下端が，取り付け面の下方 **0.3 m 以内**の位置にくるように設ける（図2）

- ●**煙**感知器（光電式分離型感知器を除く） → 感知器の下端が，取り付け面の下方 **0.6 m 以内**の位置にくるように設ける

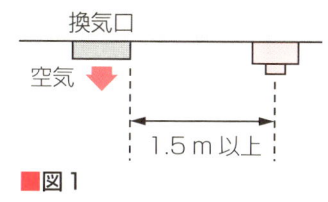

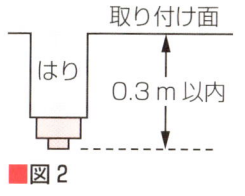

■図1：換気口，空気，1.5 m 以上
■図2：取り付け面，はり，0.3 m 以内

空気吹き出し口からは，1.5 m 以上離して設けるのですね。

はい。感知器は，基板面を取り付け定位置から**一定の角度**まで傾斜させても，機能に異常を生じないものでなければなりません。

■傾斜角度に関する規定

- ●**差動式分布型**感知器の検出部 → **5度**傾斜させても機能に異常を生じない

- ●**スポット型**感知器（炎感知器を除く） → **45度**傾斜させても機能に異常を生じない

- ●**光電式分離型**感知器
- ●**光電アナログ式分離型**感知器
- ●**炎**感知器
→ **90度**傾斜させても機能に異常を生じない

第5章 構造・機能等（電気に関する部分）

173

感知器を設置しなくてもよい場所として、主に次のようなものがあります。

■**感知器を設置しなくてもよい場所**
- 感知器（炎感知器を除く）の取り付け面の高さが **20 m 以上**である場所
- **上屋**その他外気が流通する場所で、感知器では火災発生を有効に感知できない場所
- 天井裏で天井と上階の床との間の距離が **0.5 m 未満**の場所
- 主要構造部を耐火構造とした建築物の**天井裏**の部分
- **便所**・**浴室**その他これらに類する場所
- 壁面・天井面が不燃材料の**押入れ**

煙感知器が設置できない場所

煙感知器や熱煙複合式スポット型感知器は、ほこりや水蒸気などが多いと誤作動の原因になるため、次表に掲げる場所には設置できません。その代わりにそれぞれの場所に適応する**熱**感知器や**炎**感知器を設置します。

■**煙感知器が設置できない場所と適応する感知器**

| 場所 || 差動式スポット型 | 差動式分布型 | 補償式スポット型 | 定温式 | 熱アナログ式スポット型 | 炎感知器 |
環境状態	具体例						
じんあい*・微粉が多量に滞留する場所	ごみ集積所、荷さばき所、紡績等の加工場など	○	○	○	○	○	○
水蒸気が多量に滞留する場所	湯沸室、蒸気洗浄室、脱衣室、消毒室など	○ 防水	2種のみ	2種のみ 防水	○ 防水	○ 防水	×
腐食性ガスが発生するおそれのある場所	メッキ工場、バッテリー室、汚水処理場など	×	○	○ 耐酸	○ 耐酸	○ 耐酸	×
厨房その他正常時に煙が滞留する場所	厨房室、調理室、仕込場、溶接作業所など	×	×	×	○ 高湿防水	○ 高湿防水	×
著しく高温となる場所	ボイラー室、乾燥室、殺菌室、鋳造場など	×	×	×	○	○	×
排気ガスが多量に滞留する場所	駐車場、車庫、荷物取扱所、エンジンテスト室など	○	○	○	×	○	○

2 感知器共通の設置基準

煙が多量に流入するおそれのある場所	配膳室，厨房の前室，厨房内にある食品庫，食堂など	○	○	○	○	○	×
結露が発生する場所	冷凍室の周辺，ポンプ室，密閉された地下倉庫など	○ 防水	○	○ 防水	○ 防水	○ 防水	×

○：適応する　×：適応しない　2種のみ：2種のみ適応する
防水：防水型を使用　耐酸：耐酸・耐アルカリ型を使用
高湿防水：高湿度となるおそれのある場合に防水型を使用
＊じんあい：ほこりやちり

表で×印のところはそれぞれの感知器が適応しないのですね。

はい。適応しない場所を覚えるほうが効率的です。

煙感知器の設置義務がある場所

煙感知器の設置が義務づけられている場所は，次のようになっています。

■煙感知器の設置義務がある場所

場所	感知器の種類
●たて穴区画	煙
●廊下・通路で次に当てはまるもの ・特定防火対象物 ・寄宿舎，下宿，共同住宅（5項ロ） ・蒸気・熱気浴場以外の公衆浴場（9項ロ） ・工場，作業場，スタジオ等（12項） ・1項から14項に該当しない事業場（15項）	煙 または 熱煙
●カラオケボックス，個室型店舗等（2項二）＊	煙 または 熱煙
●感知器を設置する区域の天井等の高さが 15 m 以上 20 m 未満の場所	煙 または 炎
●地階・無窓階・11階以上の階で次に当てはまるもの ・特定防火対象物 ・15項	煙 熱煙 炎 のいずれか

＊2項二の用途を含む複合用途防火対象物・地下街・準地下街を含む
※煙：煙感知器　熱煙：熱煙複合式スポット型感知器　炎：炎感知器

感知器の取り付け面の高さ

感知器は，取り付け面の高さに応じて，次のように定められた種別のものを設けなければなりません。

感度が良いものほど，高いところに取り付けられるのですね。

■感知器の取り付け面の高さと種別

取り付け面の高さ		感知器の種別
20m以上		●炎感知器
20m未満	煙	●光電式スポット型（1種） ●イオン化式スポット型（1種）
15m未満	熱	●差動式分布型
	煙	●光電式スポット型（2種） ●イオン化式スポット型（2種）
8m未満	熱	●差動式スポット型 ●補償式スポット型 ●定温式スポット型（特種・1種）
4m未満	熱	●定温式スポット型（2種）
	煙	●光電式スポット型（3種） ●イオン化式スポット型（3種）

煙：煙感知器　　熱：熱感知器
※炎感知器は20m未満でも設置できる

また，感知器は天井等の高さに応じて，次のように定められた種別のものを設けなければなりません。

■天井等の高さと感知器の種別

天井等の高さ	感知器の種別
20m以上	●炎感知器
20m未満	●光電式分離型（1種）
15m未満	●光電式分離型（2種）

※炎感知器は20m未満でも設置できる

実戦問題

問題1 自動火災報知設備の感知器を設置しなくてもよい場所として，誤っているものは次のうちどれか。

1 主要構造部を耐火構造とした建築物の天井裏の部分
2 感知器（炎感知器を除く）の取り付け面の高さが20m以上である場所
3 上屋その他外部の気流が流通する場所で，感知器によっては火災の発生を有効に感知できない場所
4 天井裏で天井と上階の床との間の距離が0.4m未満の場所

問題2 感知器の傾斜角度に関する記述として，誤っているものは次のうちどれか。

1 差動式分布型感知器（検出部に限る）は，基板面を取り付け定位置から5度傾斜させても機能に異常を生じないこと。
2 差動式スポット型感知器は，基板面を取り付け定位置から45度傾斜させても機能に異常を生じないこと。
3 光電式分離型感知器は，基板面を取り付け定位置から45度傾斜させても機能に異常を生じないこと。
4 炎感知器は，基板面を取り付け定位置から90度傾斜させても機能に異常を生じないこと。

問題3 定温式スポット型感知器（1種）の設置場所として，適切でないものは次のうちどれか。

1 煙が多量に流入する恐れのある場所
2 排気ガスが多量に滞留する場所
3 腐食性ガスが発生するおそれのある場所
4 著しく高温となる場所

問題4 差動式スポット型感知器（1種）の設置場所として，適切でないものは次のうちどれか。

1 駐車場
2 ごみ集積所
3 脱衣室
4 厨房室

問題5 煙感知器の設置義務がある場所として，適切でないものは次のうちどれか。

1 美術館や図書館の地階
2 感知器を設置する区域の天井等の高さが15m以上20m未満の場所
3 階段および傾斜路
4 病院や診療所の廊下および通路

問題6 感知器は，取り付け面の高さに応じて，定められた種別のものを設けることとされている。感知器の種別と取り付け面の高さの組合せとして，適切でないものは次のうちどれか。

	感知器の種別	取り付け面の高さ
1	差動式スポット型感知器	8m未満
2	イオン化式スポット型感知器（1種）	20m未満
3	定温式スポット型感知器（特種）	15m未満
4	光電式スポット型感知器（2種）	15m未満

問題7 設置する区域の天井等の高さが17mの場所に設ける感知器として，適切なものは次のうちどれか。

1 差動式分布型感知器
2 光電式分離型感知器（1種）
3 差動式スポット型感知器
4 イオン化式スポット型感知器（2種）

問題8 感知器の設置基準として，適切でないものは次のうちどれか。

1 差動式スポット型感知器は，換気口等の空気吹き出し口から1.5m以上離れた位置に設ける。
2 差動式分布型感知器（空気管式）は，取り付け面の下方0.3m以内の位置に設ける。
3 差動式分布型感知器（熱電対式）は，取り付け面の下方0.6m以内の位置に設ける。
4 煙感知器（光電式分離型を除く）の下端は，取り付け面の下方0.6m以内の位置に設ける。

2 感知器共通の設置基準

実戦問題 解答解説

問題 1 ▶解答 4

天井裏で天井と上階の床との間の距離が 0.5 m 未満の場所には，設置しなくてもよいとされています。

問題 2 ▶解答 3

光電式分離型感知器は，基板面を取り付け定位置から 90 度傾斜させても機能に異常を生じないこととされています。

問題 3 ▶解答 2

排気ガスが多量に滞留する場所は，定温式スポット型感知器（1種）の設置場所として，適切でないとされています。

問題 4 ▶解答 4

厨房室は，差動式スポット型感知器（1種）の設置場所として，適切でないとされています。

問題 5 ▶解答 1

特定防火対象物の地階には設置義務がありますが，美術館や図書館などの非特定防火対象物の地階に設置義務はありません。

問題 6 ▶解答 3

定温式スポット型感知器（特種）については 8 m 未満とされています。

問題 7 ▶解答 2

光電式分離型感知器（1種）は，設置する区域の天井等の高さが 20 m 未満の場所に設けることができます。

問題 8 ▶解答 3

差動式分布型感知器の場合，空気管式でも熱電対式でも，取り付け面の下方 0.3 m 以内の位置に設けることとされています。

3 各感知器の設置基準

重要度 A

> **学習のポイント**
> 自動火災報知設備の各感知器の設置基準についてみていきます。

熱感知器の設置基準

定温式スポット型感知器や補償式スポット型感知器など，定温式感知器の性能をもつ感知器の設置基準は，次のようになっています。

■定温式感知器の性能をもつ感知器の設置基準

●補償式スポット型感知器	正常時の最高周囲温度が**公称定温点**※より **20 ℃以上低い**場所に設ける
●その他の定温式感知器の性能をもつ感知器 　定温式スポット型感知器など	正常時の最高周囲温度が**公称作動温度**より **20 ℃以上低い**場所に設ける

※定温式の場合の公称作動温度を，補償式スポット型の場合は公称定温点という

たとえば，公称作動温度が 65 ℃の感知器は，最高周囲温度が 45 ℃以下の場所に設けなければならないのですね。

はい。逆に，最高周囲温度が 50 ℃の場所には，公称作動温度が 70 ℃以上の感知器を設ける必要があります。

差動式スポット型感知器の設置基準は，次のようになっています。

■差動式スポット型感知器の設置基準

※感知器共通の設置基準で触れたもののみ

差動式分布型感知器の設置基準は，次のようになっています。

■差動式分布型感知器（空気管式）の設置基準

- ●空気管の露出部分は，感知区域ごとに **20 m 以上**とする
  ※小部屋などの場合は，二重巻きやコイル巻きにして全長 20 m 以上とする（図1，2）
- ●空気管は，取り付け面の下方 **0.3 m 以内**の位置に設ける
- ●空気管は，感知区域の取り付け面の各辺から **1.5 m 以内**の位置に設ける
- ●相対する空気管の相互間隔は次のものとする（図3）

3 各感知器の設置基準

- 主要構造部が耐火構造の防火対象物　　　9 m 以下
- 主要構造部が耐火構造でない防火対象物　6 m 以下

※感知区域の形状などにより有効に火災発生を感知できる場合は，一部の辺を省略できる（図4，5，6）

- 3/10 以上の傾斜がある天井の場合，空気管を頂上部に取り付ける他，頂上部に近いほど密になるように設ける
- 1つの検出部に接続する空気管の長さは 100 m 以下とする
- 感知器の検出部は 5 度以上傾斜させないように設ける

■図1　二重巻き

■図2　コイル巻き

L：9 m（6 m）以下
ℓ：1.5 m 以下

■図3

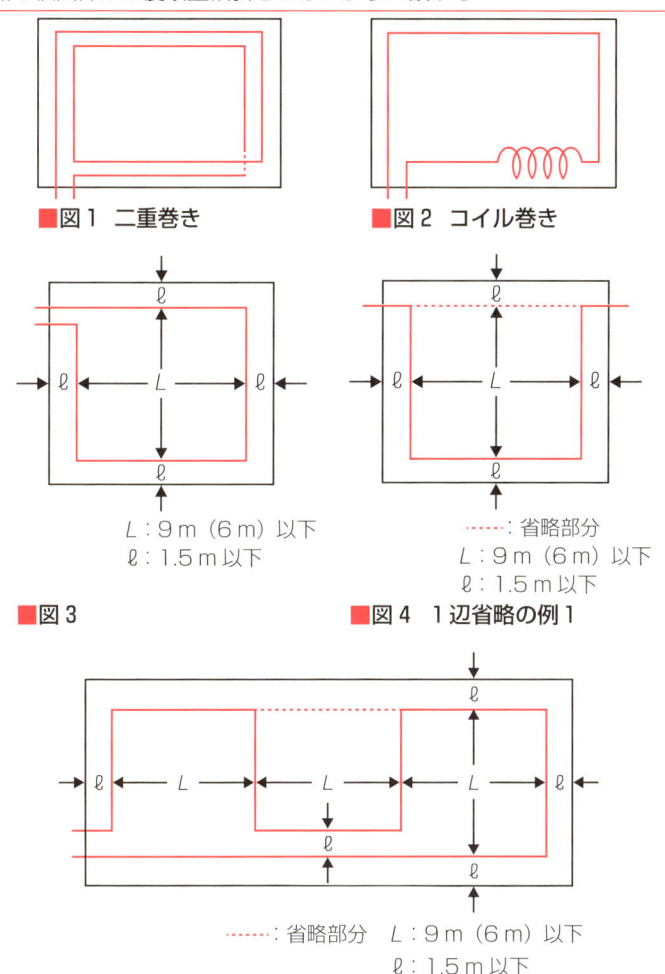

……：省略部分
L：9 m（6 m）以下
ℓ：1.5 m 以下

■図4　1辺省略の例1

……：省略部分　L：9 m（6 m）以下
ℓ：1.5 m 以下

■図5　1辺省略の例2

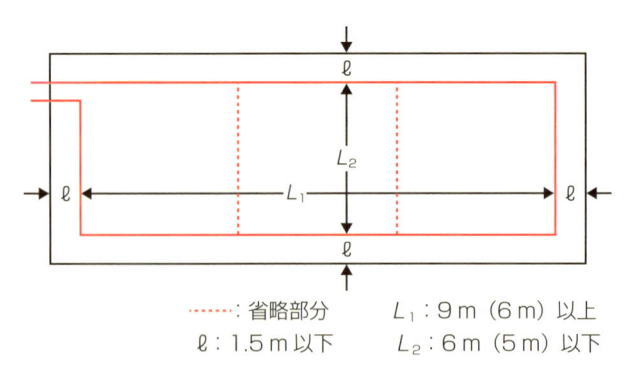

………：省略部分　　L_1：9 m（6 m）以上
ℓ：1.5 m 以下　　L_2：6 m（5 m）以下

■図6　2辺省略の例

■**空気管の取り付け工事**

● 空気管は止め金具（**ステップル**など）で，直線部分は **35 cm 以内**の間隔で，接続・屈曲部分から **5 cm 以内**の位置で確実に固定する
● 空気管の屈曲部分の半径は **5 mm 以上**とする
● 空気管を接続する場合は，**スリーブ**を用いて**はんだ付け**＊を施し，確実に接続する

＊はんだという合金で接合すること

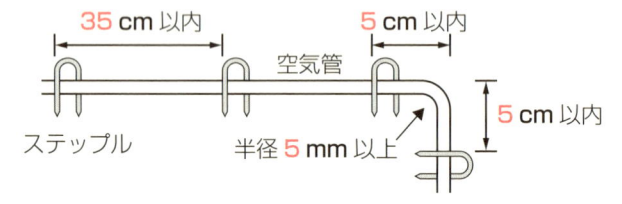

図6で L_2 は，耐火構造で 6 m 以下，非耐火構造で 5 m 以下ということです。

■**差動式分布型感知器（熱電対式）の設置基準**

● 熱電対部は，取り付け面の下方 **0.3 m 以内**の位置に設ける
● 1つの検出部に接続する熱電対部の数は **20 個以下**とする
● 熱電対部の数は，1つの感知区域ごとに **4 個以上**とする
● 感知器の検出部は **5 度以上**傾斜させないように設ける
● 熱電対部の取り付け工事では，止め金具（**ステップル**など）で，接続電線を熱電対部から **5 cm 以内**の位置で確実に止め，止め金具の間隔は **35 cm 以内**とする（図7）

3 各感知器の設置基準

- 熱電対部には極性があるため，接続する場合は（＋）と（－）のように異なる極性を接続する（115ページ参照）

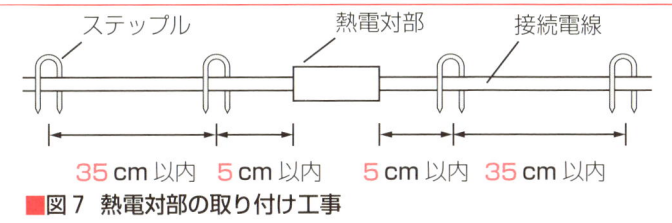

```
ステップル    熱電対部    接続電線
|← 35 cm 以内 →|← 5 cm 以内 →|← 5 cm 以内 →|← 35 cm 以内 →|
```

■図7 熱電対部の取り付け工事

煙感知器の設置基準

煙感知器（光電式分離型を除く）の設置基準は，次のようになっています。

■煙感知器（光電式分離型を除く）の設置基準①

- 換気口などの空気吹き出し口から 1.5 m 以上離れた位置に設ける
- 天井が低い居室や狭い居室の場合は，入口付近に設ける
- 天井付近に吸気口がある居室の場合は，吸気口付近に設ける
- 感知器の下端が，取り付け面の下方 0.6 m 以内の位置にくるように設ける
- 壁やはりから 0.6 m 以上離れた位置に設ける
- 感知器は 45 度以上傾斜させないように設ける

■煙感知器（光電式分離型を除く）の設置基準②

- 廊下・通路には次のように設ける
- 歩行距離＊ 30 m（3種は 20 m）につき1個以上を，廊下等の中心線上に設ける。廊下等の端から感知器までの歩行距離は 15 m（3種は 10 m）とする（図8）
- ※次のような廊下・通路には設けなくてもよい
- 10 m 以下の廊下等
- 廊下等から階段までの歩行距離が 10 m 以下の場合

＊歩行距離：実際に人が歩いた距離

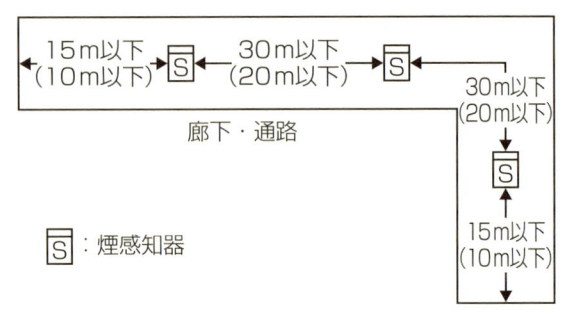

```
          15m以下      30m以下
          (10m以下) S  (20m以下) S
                                 ↕ 30m以下
                                   (20m以下)
               廊下・通路           S
                                   ↕ 15m以下
          S : 煙感知器               (10m以下)
```

■図8 廊下・通路

■**煙感知器（光電式分離型を除く）の設置基準③**

●**階段**（エスカレーターを含む）や**傾斜路**には次のように設ける
・**垂直**距離**15 m**（3種は**10 m**）につき1個以上設ける
・特定1階段等防火対象物の場合は，1種か2種のものを**垂直**距離**7.5 m**につき1個以上設ける
・地階が1階のみの場合は，地階部分を地上部分に含めて垂直距離をとる（図9）
・地階が2階以上ある場合は，地階部分と地上部分を分けて垂直距離をとる（図10）

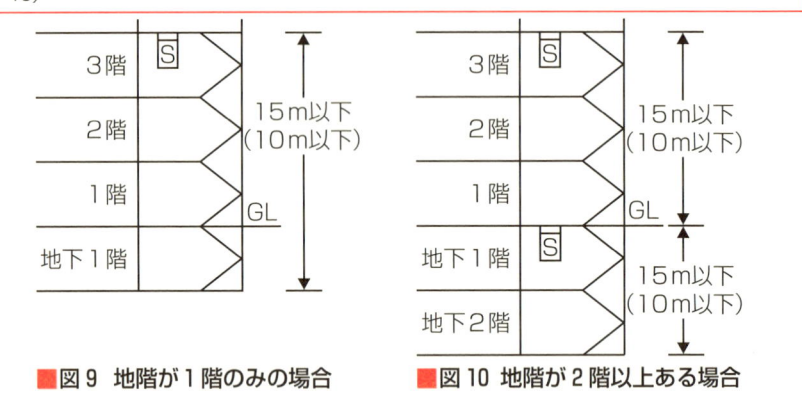

■図9 地階が1階のみの場合　　■図10 地階が2階以上ある場合

■**煙感知器（光電式分離型を除く）の設置基準④**

●**エレベーター昇降路**や**パイプシャフト**等には，その**最頂部**に設ける
※水平断面積が**1 m²未満**の場合は，設置を省略できる
※エレベーター昇降路上部のエレベーター機械室に煙感知器を設けた場合は設置を省略できる

3 各感知器の設置基準

光電式分離型感知器の設置基準は，次のようになっています。

■光電式分離型感知器の設置基準

- 感知器の受光面が日光を受けないように設ける
- 感知器の光軸*1が並行する壁から 0.6 m 以上離れた位置となるように設ける
- 感知器は，壁によって区画された区域ごとに，その区域の各部分から1つの光軸までの水平距離が 7 m 以下 となるように設ける
- 光軸の高さは天井等の高さの 80 %以上 となるように設ける
- 光軸の長さが感知器の公称監視距離*2の範囲内となるように設ける
- 送光部・受光部は，その背部の壁から 1 m 以内 の位置に設ける
- 感知器を設置する区域の天井等の高さが 20 m 未満 の場所に設ける
- ※天井等の高さが 15 m 以上の場所に設ける感知器は 1 種のみとする

*1　感知器の送光面の中心と受光面の中心とを結ぶ線
*2　送光部と受光部の距離。5 m 以上 100 m 以下（5 m 刻み）

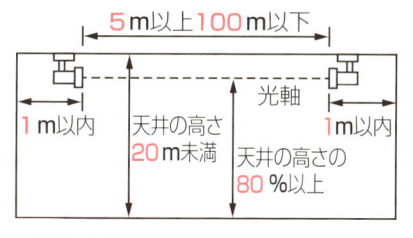

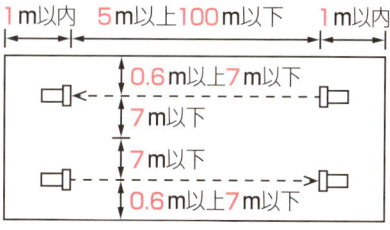

■横から見た図

■上から見た図

炎感知器の設置基準

炎感知器に共通する設置基準は，次のようになっています。

■炎感知器に共通する設置基準

- 障害物等により有効に火災の発生を感知できないことがないように設ける
- 日光を受けない位置に設ける（遮光板等を設けた場合を除く）
- 紫外線式の炎感知器は，ハロゲン灯，殺菌灯，電撃殺虫灯などがある場所には設けない
- 赤外線式の炎感知器は，車のヘッドライトが当たる場所には設けない

炎感知器には，屋内型・屋外型・道路型の 3 種類があり，原則として屋内型は屋内に，屋外型は屋外に，道路型は道路用途部分に設けます。それぞれの型に特有の設置基準は，次のようになっています。

■**炎感知器（屋内型・屋外型）の設置基準**

- 感知器は，**天井**等または**壁**に設ける
- 壁によって区画された区域ごとに，その区域の床面から**高さ1.2m**までの空間（**監視空間**）の各部分から感知器までの距離が**公称監視距離**の範囲内となるように設ける（図11）

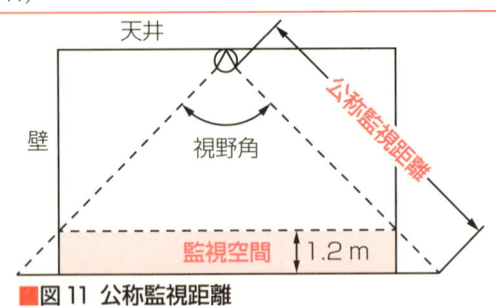

■図11 公称監視距離

■**炎感知器（道路型）の設置基準**

- 感知器は，道路の側壁部または路端の上方に設ける
- 道路面からの高さが**1.0m以上1.5m以下**の部分に設ける
- 道路の各部分から感知器までの距離（**監視距離**）が**公称監視距離**の範囲内となるように設ける。ただし，設置個数が1となる場合は2個設ける

アナログ式感知器の設置基準

アナログ式感知器の設置基準は，それぞれ対応する種別の感知器の設置基準に従います（表1）。

■**表1 アナログ式感知器がその設置基準に従う感知器の種別**

アナログ式感知器の種別	対応する感知器の種別
●熱アナログ式スポット型	**定温式スポット**型（特種）
●イオン化アナログ式スポット型 ●光電アナログ式スポット型	**光電式スポット**型（1種・2種・3種）
●光電アナログ式分離型	光電式分離型（1種・2種）

3 各感知器の設置基準

実戦問題

問題1 差動式分布型感知器（空気管式）の設置に関する記述として，誤っているものは次のうちどれか。

1 空気管の露出部分は，感知区域ごとに20 m以上とする。
2 1つの検出部に接続する空気管の長さは，100 m以下とする。
3 感知器の検出部は，45度以上傾斜させないように設ける。
4 主要構造部を耐火構造とした防火対象物では，相対する感知器の相互間隔は，原則として9 m以下となるように設ける。

問題2 差動式分布型感知器（空気管式）の空気管の取り付け工事について，正しいものは次のうちどれか。

1 空気管を止める場合は，止め金具（ステップル）の間隔を50 cm以内とする。
2 屈曲部分については，屈曲部分から5 cm以内に止め金具で止める。
3 空気管の屈曲部分の半径は3 mm以上とする。
4 空気管を接続する場合は，ビニル管を用いて確実に接続する。

問題3 差動式分布型感知器（熱電対式）の設置について，誤っているものは次のうちどれか。

1 1つの検出部に接続する熱電対部の数は，20個以下とする。
2 1つの感知区域の熱電対部の接続個数は，2個以上とする。
3 感知器の検出部は，5度以上傾斜させないように設ける。
4 熱電対部は，取り付け面の下方0.3 m以内の位置に設ける。

問題4 差動式分布型感知器（熱電対式）の熱電対部の施工について，誤っているものは次のうちどれか。

1 熱電対部には極性があるため，接続する場合は（＋）と（＋），（－）と（－）のように同じ極性を接続する。
2 止め金具（ステップル）の間隔は35 cm以内とする。
3 熱電対部から5 cm以内の接続電線部で止め，熱電対部には止め金具がかからないようにする。
4 検出部の接続端子に熱電対部を確実に接続する。

問題5 煙感知器（光電式分離型を除く）の設置について，誤っているものは次のうちどれか。
1 感知器は，換気口等の空気吹き出し口から1.5 m以上離れた位置に設ける。
2 感知器は，壁またははりから0.6 m以上離れた位置に設ける。
3 感知器の下端は，取り付け面の下方0.3 m以内の位置に設ける。
4 天井が低い居室または狭い居室にあっては，入口付近に設ける。

問題6 煙感知器（光電式分離型を除く）の設置について，誤っているものは次のうちどれか。
1 傾斜路に設ける場合は，垂直距離15 m（3種の場合は10 m）につき1個以上とする。
2 エレベーター昇降路に設ける場合は，最上部に1個以上設ける。
3 廊下に設ける場合は，原則として歩行距離30 m（3種の場合は20 m）に1個以上設ける。
4 階段に至るまでの歩行距離が15 m以下の廊下の場合は，設けなくてもよい。

問題7 光電式分離型感知器の設置について，誤っているものは次のうちどれか。
1 送光部および受光部は，背後の壁から1 m以内の位置に設ける。
2 光軸は，平行する壁から0.6 m以上離れた位置に設ける。
3 光軸の長さは，感知器の公称監視距離の範囲内となるように設ける。
4 光軸の高さは，天井等の高さの60％以上となる位置に設ける。

問題8 炎感知器の設置について，誤っているものは次のうちどれか。
1 道路型の場合，感知器は道路面からの高さが1.0 m以上1.5 m以下の部分に設けること。
2 屋内型・屋外型の場合，感知器の下端は取り付け面の下方0.3 m以内の位置に設けること。
3 赤外線式の場合，車のヘッドライトが当たる場所には設けないこと。
4 紫外線式の場合，ハロゲン灯や殺菌灯などがある場所には設けないこと。

3 各感知器の設置基準

問題 9 アナログ式感知器の設置に際し，その基準となる感知器の種別との組合せとして，誤っているものは次のうちどれか。

1　光電アナログ式スポット型感知器　　　　光電式スポット型
2　光電アナログ式分離型感知器　　　　　　光電式分離型
3　熱アナログ式スポット型感知器　　　　　差動式スポット型
4　イオン化アナログ式スポット型感知器　　光電式スポット型

実戦問題 解答解説

問題 1 ▶解答 3

感知器の検出部は，5度以上傾斜させないように設けることとされています。

問題 2 ▶解答 2

1 空気管を止める場合は，止め金具（ステップル）の間隔を 35 cm 以内とします。
3 空気管の屈曲部分の半径は 5 mm 以上とします。
4 空気管を接続する場合は，銅スリーブを用いて確実に接続します。

問題 3 ▶解答 2

1 つの感知区域の熱電対部の接続個数は，4 個以上とされています。

問題 4 ▶解答 1

熱電対部には極性があるため，接続する場合は（＋）と（－）のように異なる極性を接続します。

問題 5 ▶解答 3

感知器の下端は，取り付け面の下方 0.6 m 以内の位置に設けることとされています。

問題 6 ▶解答 4

階段に至るまでの歩行距離が 10 m 以下の廊下の場合は，設けなくてもよいとされています。

問題 7 ▶解答 4

光軸の高さは，天井等の高さの 80 ％ 以上となる位置に設けることとされています。

問題 8 ▶解答 2

屋内型・屋外型の場合，取り付け面との距離に関する規定はありません。

3 各感知器の設置基準

問題 9　　　　　　　　　　　　　　　　　　　　　▶解答　3

　熱アナログ式スポット型感知器の設置基準は，定温式スポット型（特種）の設置基準に従います。

4 受信機・発信機などの設置基準

重要度 A

> **学習のポイント**
> 自動火災報知設備の受信機・発信機・地区音響装置の設置基準についてみていきます。

受信機の設置基準

受信機の設置基準は，次のようになっています。

■受信機の設置基準

- 受信機は，防災センター*1，中央管理室，守衛室など常時人がいる場所に設ける
- 受信機は，感知器・中継器・発信機の作動と連動し，それらが作動した警戒区域を表示できるものとする
- 受信機の操作スイッチは，床面からの高さが 0.8 m（いすに座って操作するものは 0.6 m）以上 1.5 m 以下の箇所に設ける
- 次の受信機は，1つの防火対象物に 3 台以上設けない
  P型（GP型）1級受信機（1回線）
  P型（GP型）2級受信機
  P型（GP型）3級受信機
- 1つの防火対象物に 2 台以上の受信機が設けてあるときは，これらの受信機がある場所の相互間で同時に通話できる設備を設ける
- P型（GP型）2級受信機（1回線）は，延べ面積 350 m² 以下の防火対象物に設ける
- P型（GP型）3級受信機は，延べ面積 150 m² 以下の防火対象物に設ける
- 受信機の付近に警戒区域一覧図を備えておく（総合操作盤が設置されている場合を除く）
- アナログ式受信機やアナログ式中継器の場合は，その付近に表示温度等設定一覧図を備えておく
- 主音響装置や副音響装置の音圧・音色は，他の警報音や騒音と明らかに区別して聞き取ることができる
- 特定1階段等防火対象物やカラオケボックス等に設ける受信機は，地区音響装置の再鳴動機能*2をもつ

＊1　防災センター：総合操作盤などの設備により，防火対象物に設置されている消防用

4 受信機・発信機などの設置基準

設備等の防災のための設備を管理する場所

*2 再鳴動機能：地区音響停止スイッチが停止状態にある間に，受信機が火災信号を受信したとき，スイッチが一定時間以内に自動的に鳴動状態になる機能

1つの防火対象物に3台以上設けることができる受信機もあるのですね。

発信機の設置基準

発信機の設置基準は，次のようになっています。

■発信機の設置基準

- 各階ごとに，その階の各部分から1つの発信機までの歩行距離が50 m 以下となるように設ける
- 発信機の押しボタンは，床面から高さ 0.8 m 以上 1.5 m 以下の位置に設ける
- P型1級・P型2級発信機は，それぞれ次の受信機に接続する

P型1級発信機 ➡ ・P型（GP型）1級受信機 / ・R型（GR型）受信機　に接続する

P型2級発信機 ➡ ・P型（GP型）2級受信機　に接続する

※ P型（GP型）2級受信機（1回線），P型（GP型）3級受信機は，発信機を設けなくてもよい

- 発信機の直近の箇所に表示灯を設ける
- 表示灯は，赤色の灯火で，取り付け面と 15 度以上の角度となる方向に沿って 10 m 離れたところから点灯していることが容易に識別できるものとする
- 人の目に触れやすい場所に設ける

※ 消火栓用表示灯の直近に発信機を設けた場合は，自動火災報知設備の表示灯を設けないことができる

たとえば発信機の押しボタンは，床面から高さ 1.6 m の位置に設けてはいけないのですね。

そのとおり。

地区音響装置の設置基準

地区音響装置（非常ベル）の設置基準は，次のようになっています。

■地区音響装置の設置基準

- 1つの防火対象物に2台以上の受信機が設けてあるときは，いずれの受信機からも鳴動させられるものとする
- 各階ごとに，その階の各部分から1つの地区音響装置までの水平距離が25m以下となるように設ける（図1）
- 地区音響装置は原則として一斉鳴動*1とする
- ※ただし，地階を除く階数が5以上で延べ面積が3000 m²を超える防火対象物の場合は次のような区分鳴動*2（図2）とし，一定時間経過した場合または新たな火災信号を受信した場合は自動的に一斉鳴動になるものとする*3
  - ・出火階が2階以上の場合　▶　出火階とその直上階が鳴動
  - ・出火階が1階の場合　▶　出火階とその直上階と地階が鳴動
  - ・出火階が地階の場合　▶　出火階とその直上階とその他の地階が鳴動
- 区分鳴動の場合，階段・エレベーター昇降路等に設置した感知器の作動と連動して地区音響装置を鳴動させない
- 音圧は，取り付けられた音響装置の中心から1m離れた位置で90dB（音声の場合は92dB）以上とする
- 音声警報音を発する非常放送設備を設置したときは，その有効範囲内で地区音響装置を設置しないことができる

*1　自動的に全館の地区音響装置が一斉に鳴動する方式
*2　在館者のパニック防止のため，出火階に応じて地区音響装置を区分して鳴動させる方式
*3　全館に火災発生場所を音声で報知できるものの場合を除く

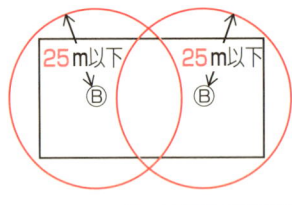

Ⓑ：地区音響装置
■図1　地区音響装置までの水平距離

■図2　出火階と鳴動階

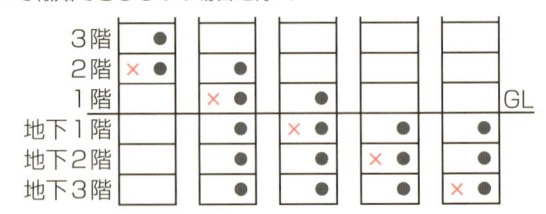

× 出火階　● 鳴動階

特定の区域のみで鳴動するから区分鳴動なのですね。

そうですね。
受信機において地区音響装置を鳴動させる装置を地区音響鳴動装置とい

い，次のような規定があります。
■地区音響鳴動装置に関する規定
●感知器作動警報に関する音声は，女声によるものとする
●火災警報に関する音声は，男声によるものとする

実戦問題

問題1 自動火災報知設備の受信機について，誤っているものは次のうちどれか。

1 受信機の付近には，原則として警戒区域一覧図を備えておくこと。
2 1つの防火対象物につき3台以上設けないこと。
3 受信機の操作スイッチは，床面からの高さが0.8m（いすに座って操作するものにあっては0.6m）以上1.5m以下の箇所に設けること。
4 1つの防火対象物に2台以上の受信機が設けられているときは，これらの受信機のある場所相互間で同時に通話することができる設備を設けること。

問題2 自動火災報知設備で，1つの防火対象物に3台以上設けることができる受信機として，正しいものは次のうちどれか。

1 P型1級受信機（多回線用）
2 P型1級受信機（1回線用）
3 P型2級受信機（多回線用）
4 P型3級受信機

問題3 自動火災報知設備の受信機の設置について，適切でないものは次のうちどれか。

1 P型1級受信機（多回線用）を，延べ面積600 m^{2}の防火対象物に設けた。
2 P型1級受信機（1回線用）を，延べ面積300 m^{2}の防火対象物に設けた。
3 P型2級受信機（1回線用）を，延べ面積300 m^{2}の防火対象物に設けた。
4 P型3級受信機を，延べ面積200 m^{2}の防火対象物に設けた。

問題4 発信機の設置について，正しいものは次のうちどれか。

1 発信機の直近の箇所に表示灯を設け，表示灯は黄色の灯火とすること。
2 P型2級受信機（1回線のもの）およびP型3級受信機には，発信機を接続しなくてもよい。
3 各階ごとに，その階の各部分から1の発信機までの歩行距離が40 m以下となるように設けること。
4 床面からの高さが0.6 m以上1.5 m以下の箇所に設けること。

4 受信機・発信機などの設置基準

問題 5 発信機の設置について，正しいものは次のうちどれか。

1. P型2級発信機をR型受信機に接続した。
2. 子どもによるいたずらを防ぐため，床面からの高さが1.8mの箇所に設けた。
3. 人の目に触れやすい場所に設けると，いたずらされるおそれがあるため，人の目に触れにくい場所に設けた。
4. 消火栓用表示灯の直近に発信機を設けたため，自動火災報知設備の表示灯の設置を省略した。

問題 6 自動火災報知設備の地区音響装置について，正しいものは次のうちどれか。

1. 区分鳴動の場合は，階段，エレベーター昇降路等に設置した感知器の作動と連動して地区音響装置を鳴動させること。
2. 区分鳴動の場合で，一定の時間が経過した場合または新たな火災信号を受信した場合には，自動的に一斉鳴動になるように措置されていること。
3. 自動火災報知設備の地区音響装置が鳴動した場合，放送設備において非常放送中であっても，その鳴動を継続させるものであること。
4. 火災警報に関する音声は女声によるものとし，感知器作動警報に関する音声は男声によるものとすること。

問題 7 自動火災報知設備の地区音響装置について，正しいものは次のうちどれか。

1. 各階ごとに，その階の各部分から1の地区音響装置までの歩行距離が25m以下となるように設けること。
2. 1の防火対象物に2以上の受信機が設けられているときは，いずれの受信機からも鳴動させることができるものであること。
3. 音声により警報を発するものの音圧は，取り付けられた音響装置の中心から1m離れた位置で90dB以上であること。
4. 音声により警報を発するもの以外のものの音圧は，取り付けられた音響装置の中心から1m離れた位置で92dB以上であること。

問題 8 区分鳴動について，正しいものは次のうちどれか。

1. 区分鳴動が適用されるのは，階数が5以上で延べ面積が3000 m²を超える

防火対象物の場合である。
2 出火階が地階1階の場合は，すべての地階を区分鳴動させる。
3 出火階が1階の場合は，2階，1階とすべての地階を区分鳴動させる。
4 出火階が2階の場合は，3階，2階と1階を区分鳴動させる。

4 受信機・発信機などの設置基準

―――― **実戦問題 解答解説** ――――

問題1 ▶解答 2

P型（GP型）1級（1回線用），P型（GP型）2級，P型（GP型）3級の場合には，1つの防火対象物につき3台以上設けないこととされています。

問題2 ▶解答 1

1つの防火対象物に，P型1級受信機（1回線用）を3台以上設けることができませんが，P型1級受信機（多回線用）であれば3台以上設けることができます。

問題3 ▶解答 4

P型3級受信機は，延べ面積 150 m²以下の防火対象物に設けることとされています。

問題4 ▶解答 2

1　表示灯は赤色の灯火とされています。
3　各階ごとに，その階の各部分から1の発信機までの歩行距離が 50 m 以下となるように設けることとされています。なお，「1の～」とは，法令文特有の表現で，「1つの～」というような意味です。
4　床面からの高さが 0.8 m 以上 1.5 m 以下の箇所に設けることとされています。

問題5 ▶解答 4

1　R型受信機に接続する発信機は，P型1級発信機とされています。
2　床面からの高さが 0.8 m 以上 1.5 m 以下の箇所に設けることとされています。
3　発信機は，人の目に触れやすい場所に設置します。

問題6 ▶解答 2

1　区分鳴動の場合は，階段，エレベーター昇降路等に設置した感知器の作動と連動して地区音響装置を鳴動させないこととされています。
3　非常放送中は，地区音響装置の鳴動を停止させます。
4　感知器作動警報に関する音声は女声によるもの，火災警報に関する音声は男声によるものとされています。

問題 7

▶解答 2

1 各階ごとに，その階の各部分から1の地区音響装置までの水平距離が25 m以下となるように設けることとされています。
3 記述中の「90 dB以上」は，正しくは「92 dB以上」です。
4 記述中の「92 dB以上」は，正しくは「90 dB以上」です。

問題 8

▶解答 3

1 記述中の「階数が5以上」は，正しくは「地階を除く階数が5以上」です。
2 出火階が地階1階の場合は，1階とすべての地階を区分鳴動させます。
4 出火階が2階の場合は，3階，2階を区分鳴動させます。

5 電源・配線の設置基準

重要度 B

学習のポイント
自動火災報知設備の電源・配線の設置基準などについてみていきます。

電源の設置基準

常用電源・**非常電源**の設置基準は，それぞれ次のようになっています。

■常用電源の設置基準
- 蓄電池または交流低圧屋内幹線から他の配線を分岐させずにとる
- 電源の開閉器には，自動火災報知設備用のものである旨を表示する

■非常電源の設置基準
- 原則として，自動火災報知設備の非常電源には**蓄電池設備**または**非常電源専用受電設備**＊を用いる
- ※延べ面積 1000 m² 以上の特定防火対象物の場合は，蓄電池設備のみを用いる
- 蓄電池設備は**直交変換装置**をもたないものとする
- 蓄電池設備の容量は，2回線を **10 分間**有効に作動させ，同時にその他の回線を 10 分間監視状態にできる容量以上とする
- 蓄電池設備は，常用電源が停電したときに自動的に非常電源に切り替わり，常用電源が復旧したときに自動的に常用電源に切り替わるものとする
- 予備電源の容量が非常電源の容量を超える場合は，**非常電源**が**省略**できる
- 配線は，**600 V 2 種ビニル絶縁電線**（HIV）またはこれと同等以上の耐熱性をもつ電線を用いる

＊電力会社から受電する電源を非常電源とみなして運用するもの

配線の設置基準

配線の設置基準は，次のようになっています。

■配線の設置基準
- 感知器の信号回路の配線は，**送り配線**＊1 とする（図1）
- 回路の末端に**発信機**，**押しボタン**（回路試験器）または**終端抵抗**（終端器）を設ける
- 感知器回路の配線で**共通線**＊2 を設ける場合，共通線は1本につき **7 警戒区域以下**とする＊3（図4）

201

- 火災により1つの階のスピーカーまたはスピーカーの配線が**短絡・断線**した場合でも，他の階への火災の報知に支障がないように設ける
- 感知器，発信機または中継器の回路と自動火災報知設備以外の設備の回路とが同じ配線を共用する回路方式（火災信号の伝達に影響を及ぼさないものを除く）を用いない
- 自動火災報知設備の配線に用いる電線とその他の電線は，同じ**管，ダクト，線ぴ**またはプルボックスなどの中に設けない（**60 V 以下**の弱電流回路に用いる電線は除く）

* 1　1個1個の感知器または発信機を順送りでひとつなぎに配線していくもの。配線のどこか1ヶ所でも断線が生じれば，終端抵抗に電流が流れなくなり断線が検出できる
* 2　1本の電線で複数の電線の役割を果たすもの
* 3　R型・GR型受信機に接続される固有の信号をもつ感知器または中継器が接続される感知器回路の場合を除く

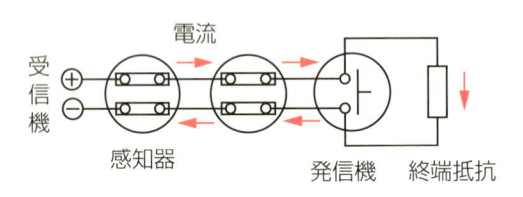

回路のどこかで断線があれば，終端抵抗に電流が流れなくなり，断線が確認できる

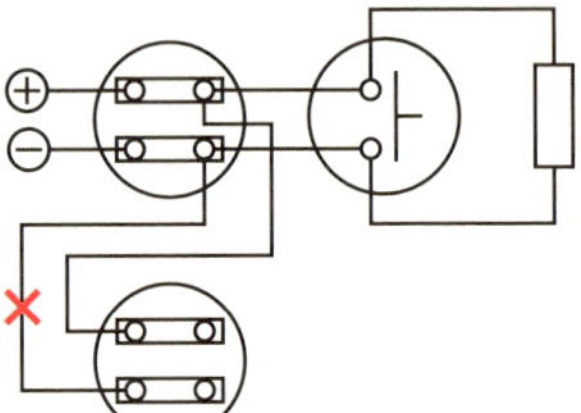

×印で断線があっても，終端抵抗に流れるため断線が確認できない

■図1　送り配線の例

■図2　送り配線ではない例

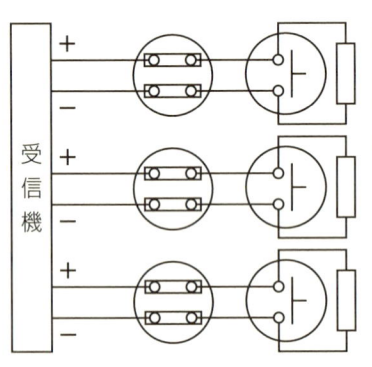

配線は，1警戒区域につき2本必要のため，計6本が必要となる

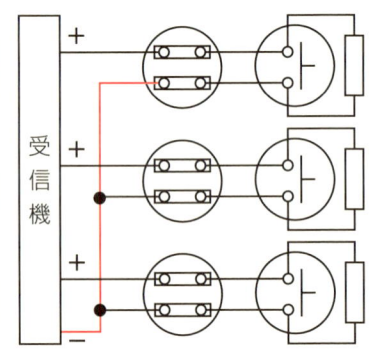

警戒区域数が7以下のため共通線を1本設けることができ，配線を計4本にできる

―― 共通線　　―― 表示線*

■図3　共通線を設けない場合

■図4　共通線を設けた場合

5 電源・配線の設置基準

＊表示線：警戒区域ごとの火災信号線。2本ずつの配線のうち共通線ではないほうの線

配線には耐火配線・耐熱配線・一般配線があります。

■耐火配線に関する基準

●次の回路は耐火配線とする（図5）
・非常電源から受信機までの回路
・中継器の非常電源回路
●耐火配線工事は，次のいずれかの方法で行う
・600V 2種ビニル絶縁電線（HIV）またはこれと同等以上の耐熱性をもつ電線（表1）を用い，金属管等に電線を収め，これを耐火構造の主要構造部に埋設する
・MIケーブル＊または基準に適合する耐火電線を用い，露出配線とする

＊無機絶縁ケーブル。無機絶縁物で導線と保護管を絶縁したもの

■耐熱配線に関する基準

●次の回路は耐熱配線とする（図5）
・受信機から地区音響装置までの回路
・受信機から消防用設備等の操作回路までの回路
・受信機からアナログ式感知器までの回路＊1
●耐熱配線工事は，次のいずれかの方法で行う
・600V 2種ビニル絶縁電線（HIV）またはこれと同等以上の耐熱性をもつ電線を用い，金属管等に電線を収める（**埋設は不要**）
・MIケーブルまたは基準に適合する耐火電線＊2を用い，露出配線とする

＊1 中継器を経由する場合もある
＊2 耐熱電線でもよい

耐火配線・耐熱配線としなければならない回路は，次のようになっています。

```
                ┌─────────┐ ━ ━ ┌──────────────┐
   ┌─常用電源──┤         ├ ━ ━ │地区音響装置  │
   │          │         │     ├──────────────┤
   │          │受       │ ━ ━ │表示灯   *1   │
   │          │         │     ├──────────────┤
   │          │信       │─────│発信機        │
   ├─非常電源─┤         │     ├──────────────┤
   │    *2    │機       │ ━ ━ │消防用設備等の操作回路│
   │          │         │ ━ ━ ├──────────────┤
   │          │         │     │アナログ式感知器│
   │          └────┬────┘─────├──────────────┤
   │    *2        *2              │感知器        │
   │               │     ━ ━ ┌──────────────┐
   │          ┌─────────┐ ━ ━ │アナログ式感知器│
   └──────────┤中継器   ├─────├──────────────┤
              └─────────┘     │感知器        │
```

　　　━━━ 耐火配線　━ ━ 耐熱配線　─── 一般配線

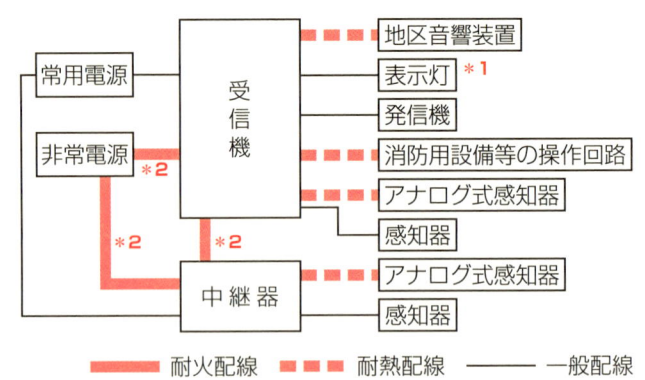

■図5　耐火配線・耐熱配線としなければならない回路

＊1　発信機を他の消防用設備等の起動装置と兼用する場合，発信機上部表示灯の回路は非常電源付きの耐熱配線とする

＊2　中継器の非常電源回路（受信機または中継器が予備電源を内蔵している場合，一般配線でよい）

■表1　HIVと同等以上の耐熱性をもつ主な電線

- CDケーブル
- EPゴム絶縁電線
- アルミ被ケーブル
- クロロプレン外装ケーブル
- シリコンゴム絶縁電線
- ポリエチレン絶縁電線
- 架橋ポリエチレン絶縁電線
- 鉛被ケーブル
- 架橋ポリエチレン絶縁ビニルシースケーブル

600Vビニル絶縁電線（IV）は，HIVと比べて耐熱性が劣ります。

電線の接続

電線の接続に関する基準には，次のようなものがあります。

■電線の接続に関する基準

- 電線を接続する場合，接続部で電線の電気抵抗を増加させないようにする
- 電線の引張り強さを20％以上減少させない
- スリーブなどの接続管などを用いて接続する場合の他は，接続部は必ずろう付け＊する
- 絶縁電線では，絶縁物と同等以上の絶縁効力のあるもので接続部を十分被覆する
- 金属管内では，電線に接続点を設けない

＊金属を接合する方法。はんだ付けなど

実戦問題

問題1 自動火災報知設備の蓄電池設備による非常電源について，誤っているものは次のうちどれか。

1. 常用電源が停電から復旧したときは，自動的に非常電源から常用電源に切り替えられるものであること。
2. 非常電源の容量が予備電源の容量を超える場合は，予備電源を省略することができる。
3. 他の消防用設備等と共用するときは，その設備等の電気回路の開閉器によって遮断されないこと。
4. 蓄電池の容量は，自動火災報知設備を10分間有効に作動させることができる容量以上であること。

問題2 受信機から地区音響装置までの配線工事について，正しいものは次のうちどれか。

1. 600V 2種ビニル絶縁電線を用い，金属管工事を行った。
2. 600V 2種ビニル絶縁電線を用い，露出配線とした。
3. 600V ビニル絶縁電線を用い，金属管工事を行った。
4. 架橋ポリエチレン絶縁ビニルシースケーブルを用い，露出配線とした。

問題3 配線工事に関する記述として，誤っているものは次のうちどれか。

1. 受信機から消防用設備等の操作回路までの回路について，HIV電線を金属管に収め，埋設をせずに工事した。
2. 中継器が予備電源を内蔵していたため，中継器の非常電源回路について，IV電線を用いて一般配線工事をした。
3. 受信機から地区音響装置までの回路について，IV電線を金属管に収め，耐火構造の主要構造部の深さ22mmのところに埋設した。
4. 非常電源から受信機までの非常電源回路について，MIケーブルの端末と接続点を除く部分を居室に面した壁に露出配線した。

問題4 自動火災報知設備の配線について，誤っているものは次のうちどれか。

1. 感知器の信号回路を，送り配線にした。
2. 感知器回路の配線について共通線を設けるとき，共通線は1本につき7警戒区域以下とした。

3 他の設備の弱電流回路の電圧が 70 V 以下であったため、自動火災報知設備の配線と同じ管に収めて施工した。
4 発信機を他の消防用設備等の起動装置と兼用する必要があるため、発信機上部表示灯の回路を、非常電源付きの耐熱配線とした。

問題 5　自動火災報知設備の屋内配線工事を金属管で行う場合の基準について、誤っているものは次のうちどれか。

1 金属管を曲げる場合、管の内側曲げ半径は管内径の 6 倍以上とする。
2 ワイヤラス張りまたはメタルラス張りの壁等を貫通する場合は、電気的に十分絶縁すること。
3 金属管の厚さは、コンクリートに埋め込む場合、1.2 mm 以上とする。
4 金属管内で電線を接続する場合、スリーブを用いて接続し、周囲を絶縁テープで巻く。

問題 6　自動火災報知設備の配線で、耐熱配線としなければならない範囲として、正しいものは次のうちどれか。

1 常用電源から受信機までの間
2 受信機から地区音響装置までの間
3 受信機から感知器までの間
4 受信機から発信機までの間

問題 7　電線の接続について、誤っているものは次のうちどれか。

1 接続部で電線の電気抵抗を増加させないようにすること。
2 電線の引張り強さを 20 % 以上減少させないこと。
3 絶縁電線では、絶縁物と同等以上の絶縁効力のあるもので接続部を十分被覆すること。
4 ワイヤーコネクターで接続する場合は、必ずろう付けすること。

問題 8　耐火・耐熱保護配線の範囲に用いることが認められているものは、次のうちどれか。

1 屋外用ビニル絶縁電線
2 引込用ビニル絶縁電線
3 アルミ被ケーブル
4 600 V ポリエチレン絶縁ポリエチレンシースケーブル

実戦問題 解答解説

問題 1 ▶解答 2

予備電源の容量が非常電源の容量を超える場合は，非常電源が省略できます。

問題 2 ▶解答 1

受信機から地区音響装置までの配線は，600 V 2 種ビニル絶縁電線またはこれと同等以上の耐熱性をもつ電線を用いて金属管工事をするか，MI ケーブルなどを用いて露出配線とします。

問題 3 ▶解答 3

1 受信機から消防用設備等の操作回路までの回路は，耐熱配線とします。
2 中継器が予備電源を内蔵している場合，中継器の非常電源回路は一般配線でよいとされています。
3 受信機から地区音響装置までの回路は，耐熱配線とします。
4 非常電源から受信機までの非常電源回路は，耐火配線とします。

問題 4 ▶解答 3

原則として，自動火災報知設備の配線に用いる電線とその他の電線は，同じ管，ダクト，線ぴまたはプルボックスなどの中に設けませんが，60 V 以下の弱電流回路に用いる電線は除きます。

問題 5 ▶解答 4

金属管内では，電線に接続点を設けません。

問題 6 ▶解答 2

耐火配線・耐熱配線としなければならない回路（204 ページ）を参照してください。

問題 7 ▶解答 4

ワイヤーコネクターを用いて接続する場合，ろう付けする必要はありません。

問題 8　　　　　　　　　　　　　　　　　　　　　▶解答　3

HIVと同等以上の耐熱性をもつ主な電線（204ページ）を参照してください。

6 回路抵抗と絶縁抵抗

重要度 B

> **学習のポイント**
> 回路抵抗と絶縁抵抗についてみていきます。

回路抵抗

回路抵抗に関する基準は，次のようになっています。

■回路抵抗に関する基準

- P型（GP型）受信機の感知器回路の電路の抵抗（回路抵抗）は 50 Ω以下とする

絶縁抵抗

絶縁抵抗に関する基準は，次のようになっています。

■絶縁抵抗に関する基準① 配線関係

電源回路と大地との間および電源回路の配線相互の間の絶縁抵抗

→ 電源回路の対地電圧が 150 V 以下の場合 → 0.1 MΩ以上

→ 電源回路の対地電圧が 150 V を超え 300 V 以下の場合 → 0.2 MΩ以上

→ 電源回路の対地電圧が 300 V を超える場合 → 0.4 MΩ以上

感知器回路および付属装置回路と大地との間ならびにそれぞれの回路の配線相互の間の絶縁抵抗 → 1つの警戒区域ごとに 0.1 MΩ以上

※値はいずれも直流 250 V の絶縁抵抗計で計った値

■絶縁抵抗に関する基準② 感知器など

感知器の端子の間および充電部と金属製外箱との間の絶縁抵抗 → 50 MΩ以上

発信機の端子の間，充電部と金属製外箱との間および充電部と押しボタンスイッチの頭部との間の絶縁抵抗 → 20 MΩ以上

第5章 構造・機能等（電気に関する部分）

209

受信機の充電部と金属製外箱との間および電源変圧器の線路相互の間の絶縁抵抗　→　5 MΩ以上

※値はいずれも直流 500 V の絶縁抵抗計で計った値

接地抵抗

大地に埋められた接地電極と電気機器を接地線で結ぶことを**接地工事**といいます。接地工事にはＡ種・Ｂ種・Ｃ種・Ｄ種の4種類があり，接地抵抗に関する基準は，次のようになっています。

■接地抵抗に関する基準

種類	接地抵抗値	接地線の太さ	対象
Ａ種	10 Ω以下	2.6 mm 以上	600 V を超える高圧の機器の金属製外箱など
Ｃ種	10 Ω以下*	1.6 mm 以上	300 V～600 V の低圧の機器の金属製外箱など
Ｄ種	100 Ω以下*	1.6 mm 以上	300 V 以下の低圧の機器の金属製外箱など

＊低圧電路で地絡が生じた場合に 0.5 秒以内に自動的に電路を遮断する装置を設けるときは 500 Ω以下

Ｄ種接地工事での接地抵抗値は，100 Ω以下とするのですね。

そのとおり。接地工事の目的は，漏電による機器の損傷防止や人畜の感電防止などです。

6 回路抵抗と絶縁抵抗

実戦問題

問題1 自動火災報知設備の回路抵抗および絶縁抵抗について，正しいものは次のうちどれか。

1. P型受信機の感知器回路の電路の抵抗は，20 Ω以下であること。
2. 感知器の充電部と金属製外箱との間の絶縁抵抗は，直流 500 V の絶縁抵抗計で測定した値が 50 M Ω以上であること。
3. 発信機の充電部と金属製外箱との間の絶縁抵抗は，直流 250 V の絶縁抵抗計で測定した値が 20 M Ω以上であること。
4. 受信機の充電部と金属製外箱との間の絶縁抵抗は，直流 500 V の絶縁抵抗計で測定した値が 20 M Ω以上であること。

問題2 自動火災報知設備の配線の絶縁抵抗について，誤っているものは次のうちどれか。

1. 直流 250 V の絶縁抵抗計で測定する。
2. 電源回路の対地電圧が 120 V の場合，電源回路の配線相互の間の絶縁抵抗は 0.1 M Ω以上あればよい。
3. 電源回路の対地電圧が 170 V の場合，電源回路と大地との間の絶縁抵抗は 0.2 M Ω以上あればよい。
4. 感知器回路と大地との間の絶縁抵抗は，1警戒区域ごとに 0.5 M Ω以上であること。

問題3 次の表は，ある会社の4つの工場において，電源回路の対地電圧ごとに絶縁抵抗を直流 250 V の絶縁抵抗計で測定した結果をまとめたものである。これらの工場のうち，絶縁不良を起こしていると考えられるものはどれか。

		対地電圧 100 V	対地電圧 200 V	対地電圧 400 V
1	第1工場	0.1 M Ω	0.4 M Ω	0.4 M Ω
2	第2工場	0.2 M Ω	0.4 M Ω	0.5 M Ω
3	第3工場	0.3 M Ω	0.2 M Ω	0.3 M Ω
4	第4工場	0.3 M Ω	0.3 M Ω	0.4 M Ω

問題4 接地工事について，誤っているものは次のうちどれか。

1. 接地工事の目的には，漏電による機器の損傷防止がある。
2. 接地工事の目的には，人畜の感電防止がある。

3 C種接地工事における接地抵抗値は，10 Ω以下とする。
4 D種接地工事における接地抵抗値は，10 Ω以下とする。

6 回路抵抗と絶縁抵抗

―― 実戦問題 解答解説 ――

問題 1
▶解答 2

1 記述中の「20 Ω以下」は，正しくは「50 Ω以下」です。
3 記述中の「250 V」は，正しくは「500 V」です。
4 記述中の「20 M Ω以上」は，正しくは「5 M Ω以上」です。

問題 2
▶解答 4

感知器回路と大地との間の絶縁抵抗は，1警戒区域ごとに0.1 M Ω以上であることとされています。

問題 3
▶解答 3

絶縁抵抗に関する基準①（209ページ）を参照してください。対地電圧が100 Vの場合に0.1 M Ω以上，対地電圧が200 Vの場合に0.2 M Ω以上という基準は，4工場ともクリアしています。しかし，対地電圧が400 Vの場合は0.4 M Ω以上という基準を，第3工場はクリアしていません。

問題 4
▶解答 4

D種接地工事における接地抵抗値は，100 Ω以下とされています。

7 ガス漏れ火災警報設備など 重要度A

> **学習のポイント**
> ガス漏れ火災警報設備などの設置基準についてみていきます。

警戒区域

警戒区域とは，ガス漏れの発生した区域を他の区域と区別できる最小単位の区域をいいます。警戒区域の設定については次のようになっています。

■警戒区域の設定

面積	原則	●1つの警戒区域の面積は 600 m²以下とする
	例外	●警戒区域内の**ガス漏れ表示灯**を通路中央から容易に見通せる場合は，1000 m²以下とすることができる
階	原則	●2つ以上の階に**わたらない**ものとする
	例外	●2つの階にわたっても面積が 500 m²以下の場合は，1つの警戒区域にできる
貫通部		**貫通部**＊に設ける検知器の警戒区域は，他の検知区域の警戒区域と区別する

＊燃料用ガスを供給する導管がその防火対象物の外壁を貫通する場所

検知器の検知方式

検知器（ガス漏れ検知器）の検知方式には，**半導体**式・**接触燃焼**式・**気体熱伝導度**式があります。

■検知器の検知方式

半導体式	接触燃焼式	気体熱伝導度式
ヒーター／電極／半導体	検出素子／補償素子	検出素子／補償素子／半導体
●**半導体**の材質は**酸化スズ**など ●半導体にガスが吸着すると，半導体の電気抵抗値が**減少**することを利用してガス漏れを検知する	●検出素子・補償素子に**白金線**を使用 ●白金線の表面にガスが**接触**すると**燃焼**を起こし，白金線の電気抵抗値が**増加**することを利用してガス漏れを検知する	●検出素子・補償素子に**白金線**を使用。白金線には半導体が塗布され，半導体の材質は**酸化スズ**など ●空気とガスの**熱伝導度**の違いを利用してガス漏れを検知。接触燃焼式とは逆に変化する

7 ガス漏れ火災警報設備など

検知器の設置基準

検知器の設置基準は，検知対象ガスが空気より軽いか重いかによって異なります。空気に対する比重が1未満のガスを軽ガス，1を超えるガスを重ガスといいます。

■検知器の設置基準① 軽ガスの場合

- 検知器の下端が，天井面等の下方 0.3 m 以内 の位置にくるように設ける
- 燃焼器＊または貫通部から水平距離で 8 m 以内 の位置に設ける
- 燃焼器または貫通部から最も近い吸気口の付近に設ける
- 天井面等が 0.6 m 以上 突出したはり等により区画されている場合は，はり等より燃焼器側または貫通部側に設ける

＊ガス燃焼機器。ガスコンロなど

■検知器の設置基準② 重ガスの場合

- 検知器の上端が，床面の上方 0.3 m 以内 の位置にくるように設ける
- 燃焼器または貫通部から水平距離で 4 m 以内 の位置に設ける

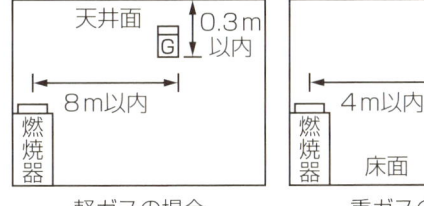

軽ガスの場合：天井面から 0.3 m 以内、燃焼器から 8 m 以内
重ガスの場合：床面から 0.3 m 以内、燃焼器から 4 m 以内
G：検知器

検知器を設けてはならない場所には，次のようなものがあります。

■検知器を設けてはならない場所

- 出入口の付近で外部の気流が頻繁に流通する場所
- 換気口の空気の吹き出し口から 1.5 m 以内 の場所
- 燃焼器の廃ガスに触れやすい場所
- その他ガス漏れの発生を有効に検知できない場所

受信機の設置基準

受信機の設置基準は，次のようになっています。

■受信機の設置基準

- 受信機は，防災センター等に設ける
- 受信機の操作スイッチは，床面からの高さが 0.8 m（いすに座って操作するものは 0.6 m）以上 1.5 m 以下 の箇所に設ける

第5章 構造・機能等（電気に関する部分）

215

- 検知器または中継器の作動と連動して検知器の作動した警戒区域を表示できる
- 1つの防火対象物に2台以上の受信機が設けてあるときは，これらの受信機がある場所の相互間で同時に通話できる設備を設ける
- 主音響装置の音圧・音色は，他の警報音や騒音と明らかに区別して聞き取ることができる

警報装置の設置基準

警報装置には，音声警報装置・ガス漏れ表示灯・検知区域警報装置があり，それぞれの設置基準は次のようになっています。

■音声警報装置の設置基準

- スピーカーは各階ごとに，その階の各部分から1つのスピーカーまでの水平距離が25m以下となるように設ける
- 1つの防火対象物に2台以上の受信機が設けてあるときは，これらの受信機があるいずれの場所からも作動させられる
- 非常警報設備としての放送設備を設置したときは，その有効範囲内で音声警報装置を設置しないことができる

■ガス漏れ表示灯の設置基準

- 検知器を設ける室が通路に面している場合は，その通路に面する部分の出入口付近に設ける
- 前方3m離れた地点で点灯しているのが明確に識別できるように設ける
- 1つの警戒区域が1つの室からなる場合は，ガス漏れ表示灯を設置しないことができる

■検知区域警報装置の設置基準

- 検知区域警報装置から1m離れた位置で音圧が70dB以上となるものとする
- 次の場合・場所には，検知区域警報装置を設けないことができる
  - 警報機能をもつ検知器を設置する場合
  - 機械室その他常時人がいない場所
  - 貫通部

電源・配線などの設置基準

ガス漏れ火災警報設備の電源・配線，絶縁抵抗などの設置基準は，自動火災報知設備の場合に基本的に準じますが，特有の部分に触れておきます。

■電源・配線などの設置基準

- 絶縁抵抗については209ページの「絶縁抵抗に関する基準① 配線関係」に準じ

るが，値は**直流** 500 V の絶縁抵抗計で計った値とする
● 検知器または中継器の回路とガス漏れ火災警報設備以外の設備の回路とが同じ配線を共用する回路方式（ガス漏れ信号の伝達に影響を及ぼさないものを除く）を用いない

消防機関へ通報する火災報知設備の設置基準

※消防機関へ通報する火災報知設備の設置基準は 107 ページ参照

実戦問題

問題1 ガス漏れ火災警報設備の警戒区域について，誤っているものは次のうちどれか。

1. 1の警戒区域の面積は，600 m²以下とすること。
2. 警戒区域内のガス漏れ表示灯を通路中央から容易に見通すことができる場合は，警戒区域の面積を 1000 m²以下とすることができる。
3. 防火対象物の2以上の階にわたらないこと。ただし，1の警戒区域の面積が 600 m²以下の場合は，防火対象物の2の階にわたることができる。
4. 貫通部に設ける検知器に係る警戒区域は，他の検知区域に係る警戒区域と区別すること。

問題2 ガス漏れ火災警報設備の検知器の検知方式に関する次の記述の□□□に当てはまる語句の組合せとして，正しいものはどれか。

検知器の検知方式には，□A□式，接触燃焼式，気体熱伝導度式の3種類があり，このうち接触燃焼式，気体熱伝導度式は，□B□を用いたものである。また，□A□式は，□A□の表面にガスが吸着すると電気伝導度が□C□するという性質を利用したものである。

	A	B	C
1	熱電対	酸化スズ	増加
2	半導体	白金線	増加
3	熱電対	酸化スズ	減少
4	半導体	白金線	減少

問題3 ガス漏れ火災警報設備の検知器の設置について，正しいものは次のうちどれか。ただし，検知対象ガスの空気に対する比重が1未満の場合とする。

1. 貫通部から水平距離で4 m以内の位置に設ける。
2. 検知器の下端は，天井面等の下方 0.6 m以内の位置に設ける。
3. 天井面等が 0.6 m以上突出したはり等によって区画されている場合は，当該はり等より燃焼器側または貫通部側に設ける。
4. 換気口の空気の吹き出し口から 1.5 m以内の場所に設ける。

問題4 ガス漏れ火災警報設備の検知器を設けてはならない場所として，誤っているものは次のうちどれか。

1. 出入口の付近で外部の気流が頻繁に流通する場所

2 換気口の空気の吹出し口から1.5m以内の場所
3 ガス燃焼機器の廃ガスに触れやすい場所
4 ガス燃焼機器から水平距離で8m以内の場所

問題5 ガス漏れ火災警報設備の受信機について，誤っているものは次のうちどれか。

1 検知器または中継器の作動と連動して検知器の作動した警戒区域を表示することができること。
2 貫通部に設ける検知器に係る警戒区域は，他の検知器に係る警戒区域と区別して表示することができること。
3 1の防火対象物に2以上の受信機を設けるときは，これらの受信機のある場所相互の間で同時に通話することができる設備を設けること。
4 操作スイッチは，床面からの高さが0.8m（いすに座って操作するものにあっては0.5m）以上1.6m以下の箇所に設けること。

問題6 ガス漏れ火災警報設備の警報装置について，誤っているものは次のうちどれか。

1 1の警戒区域が1の室からなる場合は，ガス漏れ表示灯を設けないことができる。
2 ガス漏れ表示灯は，前方5m離れた地点で点灯していることを明確に識別することができるように設けること。
3 法定の非常放送設備を設置したときは，その有効範囲内の部分について音声警報装置を設置しないことができる。
4 音声警報装置のスピーカーは，各階ごとに，その階の各部分から1のスピーカーまでの水平距離が25m以下となるように設けること。

問題7 ガス漏れ火災警報設備の検知区域警報装置を設けなければならない場所として，正しいものは次のうちいくつあるか。

A 警報機能のない検知器が設置されてある場所
B 機械室
C 常時人がいる場所
D ガス導管の外壁貫通部

1 1つ　2 2つ　3 3つ　4 4つ

問題8 ガス漏れ火災警報設備の検知区域警報装置の設置基準に関する次の記述の□□□に当てはまる数値の組合せとして，正しいものはどれか。

検知区域警報装置は，当該検知区域警報装置から　A　m 離れた位置で音圧が　B　dB 以上となるものであること。

	A	B
1	0.5	60
2	0.5	70
3	1	60
4	1	70

7 ガス漏れ火災警報設備など

―――― 実戦問題 解答解説 ――――

問題 1
▶解答 3

3 記述中の「600 m²以下」は，正しくは「500 m²以下」です。

問題 2
▶解答 2

A には「半導体」が，B には「白金線」が，C には「増加」が当てはまります。

問題 3
▶解答 3

1 記述中の「4 m以内」は，正しくは「8 m以内」です。
2 記述中の「0.6 m以内」は，正しくは「0.3 m以内」です。
4 換気口の空気の吹き出し口から1.5 m以内の場所には，設けてはならないとされています。

問題 4
▶解答 4

「ガス燃焼機器から水平距離で8 m以内」というのは，軽ガスの場合の検知器の設置位置に関する基準です。

問題 5
▶解答 4

操作スイッチは，床面からの高さが0.8 m（いすに座って操作するものにあっては0.6 m）以上1.5 m以下の箇所に設けることとされています。

問題 6
▶解答 2

ガス漏れ表示灯は，前方3 m離れた地点で点灯していることを明確に識別することができるように設けることとされています。

問題 7
▶解答 2

警報機能のある検知器を設置する場合や，機械室その他常時人がいない場所，貫通部は，設置を省略できますが，これらに当てはまらない A，C には設置しなければなりません。

問題 8
▶解答 4

A には「1」が，B には「70」が当てはまります。

8 試験・点検

重要度 **A**

> **学習のポイント**
> 各設備の試験・点検についてみていきます。

感知器の試験・点検

スポット型熱感知器の試験（機能試験）では，**作動**試験を行います。

■スポット型熱感知器の作動試験

- **加熱試験器**[*1]という試験器[*2]を用いて感知器を加熱し，作動するまでの時間（**作動時間**）が適正かどうかを確認する試験。加熱試験ともいう
- 感知器の作動時間が表1に示す時間以内かどうかで合否を判定する

*1　白金カイロ式・赤外線電球式などがある
*2　感知器などの機能が正常であるかを試験するための器具

加熱試験器を使って，感知器が正常に作動するかどうかを試験するのですね。

■表1　スポット型熱感知器の作動時間

	特種	1種	2種	3種
●差動式スポット型 ●補償式スポット型	―	**30秒**	**30秒**	―
●定温式スポット型	40秒	60秒	120秒	―
●熱アナログ式スポット型	40秒	―	―	―

※定温式スポット型，熱アナログ式スポット型は，公称作動温度や火災表示に係る設定表示温度と周囲温度との差が50℃を超えるときは作動時間を2倍の値にできる

スポット型煙感知器の試験では，**作動**試験を行います。

■スポット型煙感知器の作動試験

- **加煙試験器**[*]という試験器を用いて感知器を加煙し，作動するまでの時間（作動時間）が適正かどうかを確認する試験。加煙試験ともいう
- 感知器の作動時間が表2に示す時間以内かどうかで合否を判定する

*　発煙体は専用の渦巻き線香

8 試験・点検

■表2 スポット型煙感知器の作動時間

	1種	2種	3種
●イオン化式スポット型 ●光電式スポット型 ●イオン化アナログ式スポット型 ●光電アナログ式スポット型	30秒	60秒	90秒

※蓄積型感知器は，表に示す時間に公称蓄積時間および5秒を加えた時間以内とできる

光電式分離型感知器の試験では，**作動**試験を行います。

■光電式分離型感知器の作動試験
- **減光フィルター***という試験器を用いて，挿入してから感知器が作動するまでの時間（作動時間）が適正かどうかを確認する
- 感知器の作動時間が表3に示す時間以内かどうかで合否を判定する

＊光軸を遮り，所定の減光率を作り出すフィルター

■表3 光電式分離型感知器の作動時間

	1種	2種	3種
●光電式分離型 ●光電アナログ式分離型	30秒	30秒	―

減光フィルターが煙の役目をするのですね。

差動式分布型感知器（空気管式）の試験では，次の4種類の試験を行います。

■差動式分布型感知器（空気管式）① 作動試験
- 感知器の作動空気圧*に相当する空気を**テストポンプ（5 cc用）**により試験孔に注入し，感知器が作動するまでの時間（作動時間）が適正かどうかを確認する試験。火災作動試験，ポンプ試験ともいう
- 手順は次のとおり
    STEP1 感知器の作動空気圧に相当する空気をテストポンプに注入する
    STEP2 テストポンプを試験孔に接続する

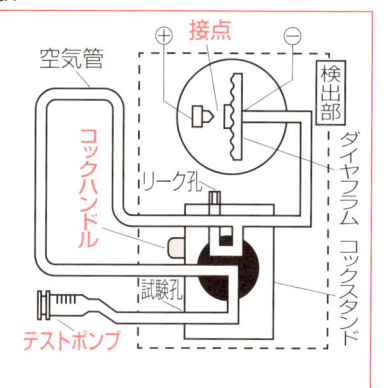

STEP3 　コックハンドルを作動試験の位置に合わせる
STEP4 　テストポンプの空気を注入し，接点が閉じるまでの時間を測定する
STEP5 　その時間が所定の範囲内かどうかを確認する

＊感知器を作動させるための空気圧
※テストポンプ：空気を注入するための試験器

■差動式分布型感知器（空気管式）② 作動継続試験

● 作動試験で感知器が作動してから接点が開くまでの時間（作動が継続する時間）を測定し，感知器の作動継続が正常かどうかを確認する試験
※接点が開くのは，リーク孔から空気が少しずつ漏れ出るため

■差動式分布型感知器（空気管式）③ 流通試験

● 空気管に空気を注入して，空気管の漏れや詰まりなどの有無と，空気管の長さを確認する試験。空気管試験ともいう
● 手順は次のとおり
　STEP1 　マノメーター＊を空気管の一端に接続する
　STEP2 　空気が入ったテストポンプを試験孔に接続する
　STEP3 　コックハンドルを流通試験の位置に合わせる
　STEP4 　テストポンプの空気を注入し，マノメーターの水位を約100mmまで上昇させ，水位を停止させる
　STEP5 　コックハンドルにより送気口を開いて空気を抜き，マノメーターの水位が1/2まで下がる時間（流通時間）を測定する
　STEP6 　流通時間が，空気管の長さに応じた図1の値の範囲内かどうかを確認する
※マノメーターの水位が上昇しない場合は，空気管の詰まりや切断が考えられる
※マノメーターの水位が停止せずに下降する場合は，空気管に漏れがあるため，接続部分の緩みや穴の有無などを点検する

＊水の入ったU字型の管
※空気管の漏れ・詰まり・つぶれは，遅報の原因になる
※空気管が切断した場合，感知器は不作動となり，受信機は正常な状態を維持する

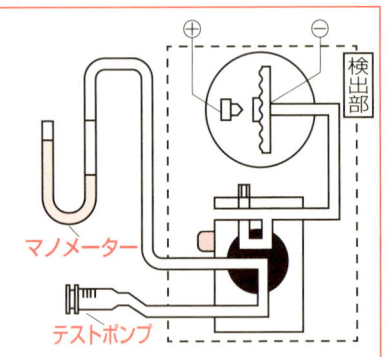

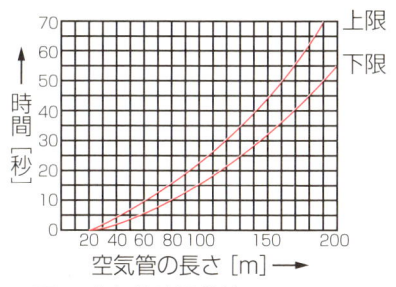

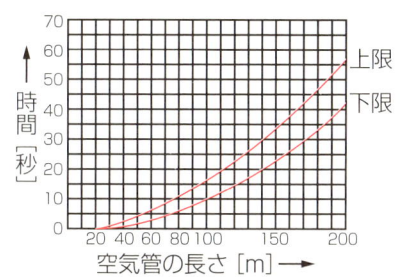

8 試験・点検

空気管の内径が1.4mmの場合   空気管の内径が1.5mmの場合

時間[秒] / 空気管の長さ[m] 上限 下限

■図1 空気管流通曲線

■差動式分布型感知器（空気管式）④ 接点水高試験

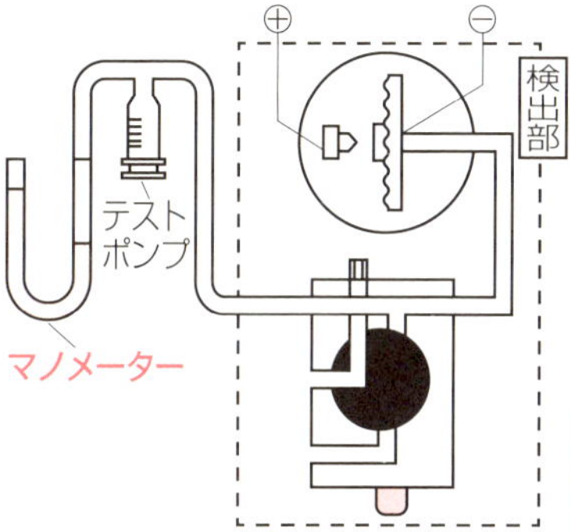

- 検出部の接点の間隔が適正かどうかを確認する試験。ダイヤフラム試験ともいう
- テストポンプでダイヤフラムまで空気を少しずつ注入し，接点が閉じるときのマノメーターの水位の高さ（接点水高値）を測定し，これが所定の範囲内かどうかを確認する

※接点水高値が高い（接点間隔が広い）場合，接点を閉じるのに大きな圧力をかける必要があるため，感度が悪く，遅報の原因になる

※接点水高値が低い（接点間隔が狭い）場合，接点を閉じるのに小さな圧力をかけるだけで済むため，感度が良すぎて非火災報の原因になる

（図：検出部、テストポンプ、マノメーター）

接点水高試験では，接点の間隔を接点水高値で表しているのですね。

そのとおり。作動試験，流通試験，接点水高試験のそれぞれの図をみて，試験の名称がいえるようにしておきましょう。

差動式分布型感知器（熱電対式）の試験では，作動試験と回路合成抵抗試験を行います。

■差動式分布型感知器（熱電対式）① 作動試験

- 検出部にメーターリレー試験器を接続し，検出部に少しずつ電圧を加え，感知器が作動したときの電圧値（作動電圧値）を測定し，これが所定の範囲内かどうかを確認する

第5章 構造・機能等（電気に関する部分）

225

■ 差動式分布型感知器（熱電対式）② 回路合成抵抗試験

● 検出部に**メーターリレー試験器**を接続し，回路の**合成抵抗値**を測定し，これが所定の値以下かどうかを確認する

※ 回路合成抵抗値が所定の値より大きい場合，有効に作動しないことがある

なお，差動式分布型感知器（熱半導体式）の試験でも，作動試験と回路合成抵抗試験を行います。

感知器の試験器の校正

感知器の試験器の校正時期は次のようになっています。校正とは，試験器が示す値と真の値の関係を求め，目盛りの補正などを行うことです。

■ 感知器の試験器の校正時期

試験器の種類	校正時期
● 加熱試験器　　● 加煙試験器 ● 炎感知器用作動試験器	10 年
● 減光フィルター　　● メーターリレー試験器	5 年
● 煙感知器用感度試験器	3 年

受信機の試験・点検

受信機の試験（機能試験）では，**火災表示**試験・**回路導通**試験・**予備電源**試験・**同時作動**試験を行います。

■ 受信機① 火災表示試験

● **火災表示**（火災灯・地区表示装置・主音響装置・地区音響装置）の作動が正常かどうかを確認する試験。回線ごとに試験する

● 手順は次のとおり

STEP1　**火災表示試験**スイッチを「試験」側に倒す＊1

STEP2　**回線選択**スイッチを「1」に合わせる

STEP3　選択した回線（警戒区域）で火災灯・地区表示灯が点灯し，主・地区音響装置が鳴動するのを確認し，選択した回線番号と地区表示灯の番号が一致しているかを確認する

STEP4　**火災復旧**スイッチ＊2により火災表示を止める（元の状態に復旧する）

STEP5　復旧するまで火災表示が保持される（**自己保持**機能）のを確認する

STEP6　回線選択スイッチを操作し，他の回線についても同様の試験を行う

STEP7　火災表示試験スイッチを「定位」側に倒す（元に戻す）

＊1　消火栓連動スイッチがある場合は，先に操作して連動を停止しておく

8 試験・点検

＊2 受信機が作動状態になっている場合に，これを元の状態に復旧させるためのスイッチ

※火災表示試験スイッチは火災試験スイッチともいい，火災復旧スイッチは復旧スイッチともいう。火災表示試験は受信機の機能試験であるため，感知器の機能は確認できない

■受信機② 同時作動試験

- 複数の回線から同時に火災信号を受信しても，火災表示が正常に作動するかを確認する試験
- 手順は**火災表示試験**とほぼ同じだが，1回線ごとに復旧させず，回線選択スイッチを連続して回し，任意の**5回線**＊を同時に作動させ，復旧するまで火災表示が保持されるのを確認する

＊予備電源使用時は2回線

■受信機③ 回路導通試験

- 感知器回路の断線の有無を確認する試験
- ※回路導通試験装置をもつ受信機に限って行う
- 手順は次のとおり

　STEP1　**導通試験**スイッチを「試験」側に倒す
　STEP2　**回線選択**スイッチを操作し，試験対象の回線を選択する
　STEP3　選択した回線ごとに，試験用計器の指示値（電圧計が表示）が適正か，または導通表示灯が点灯するかを確認する
　STEP4　導通試験スイッチを「定位」側に倒す

※回線選択スイッチの「T」の位置は，回路導通試験で，導通の確認に用いる電圧計が正常に指示することを確認するためのもの

※感知器の接点に接触不良がある場合，回路導通試験を行うと導通表示をするが，終端器の接続端子に接触不良がある場合，回路導通試験を行っても導通表示をしない

回線選択スイッチ

■受信機④ 予備電源試験

- 常用電源（主電源）を遮断し，自動的に予備電源に切り替わり，常用電源が復旧すると自動的に常用電源に切り替わることを確認する
- **予備電源試験**スイッチ＊を「試験」側にして，電圧計の指示値が適正かを確認する

＊予備電源スイッチともいう。跳ね返り式のスイッチ

ガス漏れ火災警報設備の場合も，①〜④とほぼ同様の試験を行いますが，火災表示試験がガス漏れ表示試験，火災表示試験スイッチがガス漏

第5章 構造・機能等（電気に関する部分）

れ表示試験スイッチ，火災灯がガス漏れ灯というように名称は変わります。

配線の試験・点検

配線の試験では，**共通線**試験を行います。

■共通線試験

- 受信機の個々の共通線について，共通線を外し，受信機の**回路導通**試験によって，試験用計器などで断線となる警戒区域数を確認する試験
- 共通線が共用している警戒区域の数が，**7 以下**であるのを確認する

検知器の試験・点検

検知器の試験では，**検知器作動**試験を行います。

■検知器作動試験

- 検知器に**加ガス試験器**を用いて試験ガスを加え，受信機がガス漏れ表示するまでの時間を測定し，次に掲げる基準値以内かを確認する

検知器の**作動確認灯**により検知器のガス漏れ作動を確認するもの	➡	作動確認灯の点灯からガス漏れ灯が点灯するまでの時間	➡	60秒
中継器の**確認灯**または検知区域警報装置の作動により検知器のガス漏れ作動を確認するもの	➡	検知区域警報装置の作動または中継器の作動確認灯の点灯からガス漏れ灯が点灯するまでの時間	➡	60秒
上記以外のもの	➡	ガス漏れ表示するまでの時間	➡	80秒

※加ガス試験器の校正周期は3年

8 試験・点検

実戦問題

問題1 感知器の機能試験に関する記述として，誤っているものは次のうちどれか。

1 差動式分布型感知器（空気管式）の流通試験では，上昇水位の1/2まで下がる時間を測定する。
2 差動式分布型感知器（空気管式）の作動試験は，空気管を加熱して行う。
3 差動式分布型感知器（空気管式）の作動継続試験では，作動試験で感知器が作動してから接点が開くまでの時間を測定する。
4 差動式分布型感知器（熱電対式）の作動試験は，メーターリレー試験器を用いて行う。

問題2 スポット型熱感知器の加熱試験を行う場合の作動時間について，正しいものは次のうちどれか。

1 差動式スポット型（1種）の場合，40秒以内に作動すること。
2 差動式スポット型（2種）の場合，60秒以内に作動すること。
3 定温式スポット型（1種）の場合，60秒以内に作動すること。
4 定温式スポット型（2種）の場合，30秒以内に作動すること。

問題3 周囲温度10℃において，公称作動温度65℃の定温式スポット型感知器の加熱試験（作動試験）を行う場合の作動時間について，正しいものは次のうちいくつあるか。

A 特種の場合，80秒以内に作動すること。
B 1種の場合，120秒以内に作動すること。
C 2種の場合，280秒以内に作動すること。
D 種別に関係なく，120秒以内に作動すること。

1 1つ　　2 2つ　　3 3つ　　4 4つ

問題4 感知器とその機能試験の組合せとして，誤っているものは次のうちどれか。

	感知器	機能試験
1	差動式スポット型感知器	作動試験
2	差動式分布型感知器（空気管式）	接点水高試験
3	定温式感知線型感知器	回路合成抵抗試験
4	イオン化式スポット型感知器	流通試験

問題5 差動式分布型感知器（空気管式）の機能試験に関する記述として，誤っているものは次のうちどれか。

1 作動試験では，感知器の作動空気圧に相当する空気量を注入し，その時点から接点が閉じるまでの時間を測定し，その時間が検出部に示されている範囲内であるかどうかを確認する。
2 作動継続試験では，感知器が作動してから接点が開くまでの時間を測定し，その時間が検出部に示されている範囲内であるかどうかを確認する。
3 流通試験では，空気管に空気を注入し，空気管の漏れ，つぶれ，つまりなどの有無の他，空気管の長さを確認する。
4 接点水高試験では，空気を徐々に注入して接点が閉じたときの水位を測定し，その水位からリーク抵抗の良否を確認する。

問題6 差動式分布型感知器（空気管式）の作動時間が検出部に示されているものより遅い場合の原因として，誤っているものは次のうちどれか。

1 接点水高値が規定値より低い。
2 リーク抵抗が規定値より低い。
3 ダイヤフラムに漏れがある。
4 空気管につぶれがある。

問題7 差動式分布型感知器（空気管式）の流通試験で，マノメーターの水位が上昇したが停止せず，徐々に下降した。この原因として，誤っているものは次のうちどれか。

1 空気管相互の接続部に施したはんだ付けに不良部がある。
2 空気管に穴が開いている。
3 空気管に詰まりがある。
4 空気管と空気管の接続部に緩みがある。

問題8 差動式分布型感知器（空気管式）の流通試験を行った結果が良好でなかった。この場合の措置として，適切なものは次のうちどれか。

1 空気管に穴を開けることにより，作動時間を調整する。
2 空気管を交換する。
3 検出部の接点の接触面を研磨する。
4 検出部の接点の間隔を調整する。

8 試験・点検

問題9 差動式分布型感知器（空気管式）の接点水高試験について，誤っているものは次のうちどれか。
1 接点水高とは，接点間隔を水高で表したものをいう。
2 接点水高を測定するには，マノメーターを用いる。
3 接点水高が規定値よりも高いと，接点間隔が狭く，遅報の原因になる。
4 接点水高が規定値よりも低いと，非火災報の原因になる。

問題10 差動式分布型感知器（熱電対式）の機能が正常であることを確認する試験は，次のうちどれか。
1 加熱試験
2 同時作動試験
3 接点水高試験
4 回路合成抵抗試験

問題11 P型1級受信機（多回線用）の機能試験について，誤っているものは次のうちどれか。
1 回路導通試験では，感知器回路の断線の有無が確認できる。
2 火災表示試験では，感知器の接点の状況が確認できる。
3 火災表示試験では，主音響装置や地区音響装置の鳴動が正常であるかが確認できる。
4 予備電源による同時作動試験では，2回線を同時に作動させて試験を行う。

問題12 自動火災報知設備の受信機にある導通試験スイッチで，回路導通試験を行っても導通表示をしないものは，次のうちどれか。
1 終端器の接続端子に接触不良がある場合
2 差動式分布型感知器（空気管式）の空気管に切断がある場合
3 感知器の接点に接触不良がある場合
4 感知器に用いられている半導体が破損している場合

第5章 構造・機能等（電気に関する部分）

231

実戦問題 解答解説

問題 1 ▶解答 2

差動式分布型感知器（空気管式）の作動試験は，テストポンプを用いて空気を空気管に注入して行います。

問題 2 ▶解答 3

1　記述中の「40 秒以内」は，正しくは「30 秒以内」です。
2　記述中の「60 秒以内」は，正しくは「30 秒以内」です。
4　記述中の「30 秒以内」は，正しくは「120 秒以内」です。

問題 3 ▶解答 2

定温式スポット型は，公称作動温度と周囲温度の差が 50 ℃を超えるときは作動時間を 2 倍の値にできるため，特種では 80 秒以内，1 種では 120 秒以内，2 種では 240 秒以内となります。

問題 4 ▶解答 4

流通試験は，差動式分布型感知器（空気管式）について行う機能試験です。

問題 5 ▶解答 4

接点水高試験は，検出部の接点間隔の良否を確認する試験です。

問題 6 ▶解答 1

接点水高値が規定値より低いと，作動時間が早くなります。

問題 7 ▶解答 3

マノメーターの水位が停止せずに下降する場合は，空気管に漏れがあるため，接続部分の緩みや穴の有無などを点検します。

問題 8 ▶解答 2

流通試験の結果が良好でない場合，空気管に漏れや詰まりなどのおそれがあるため，空気管を交換します。

問題 9 ▶解答 3

接点水高が規定値よりも高いと，接点間隔が広く，遅報の原因になります。

8 試験・点検

問題 10 ▶解答 4

　差動式分布型感知器（熱電対式）の機能試験には，作動試験と回路合成抵抗試験があります。

問題 11 ▶解答 2

　受信機の火災表示試験は，受信機における試験であるため，感知器の接点の状況までは確認できません。

問題 12 ▶解答 1

　感知器の接点の不良や半導体の破損などがあっても，回路の末端にある終端器を試験電流が通るので導通表示をします。しかし，終端器の接続端子に接触不良があると，試験電流が流れないので導通表示をしません。

第6章

鑑別等

第6章では，実技試験のうち，消防用設備等に関する鑑別等を扱います。

1 感知器
2 受信機・発信機など
3 ガス漏れ火災警報設備など
4 工具・部品
5 試験器・測定器

1 感知器

重要度 **A**

学習のポイント
感知器の写真とその名称や作動原理などについてみていきます。

鑑別等試験では，機器などの写真やイラスト，図が示され，その名称や作動原理などが問われます。順に確認していきましょう。

感知器

名称	差動式スポット型感知器
原理	空気の膨張を利用して作動する

名称	差動式スポット型感知器
原理	サーミスタの電気抵抗の変化を利用して作動する

名称	定温式スポット型感知器
原理	バイメタルの反転を利用して作動する

名称	定温式スポット型感知器
原理	金属の熱膨張率の差を利用して作動する

名称	定温式スポット型感知器（防爆型）
原理	金属の熱膨張率の差を利用して作動する
※	可燃性ガスが滞留する場所に設置する

名称	光電式スポット型感知器
原理	煙による光電素子の受光量の変化を利用して作動する
※	虫の侵入防止のために網が設けてある

236

1 感知器

※☢マークの表示がある	
名称　イオン化式スポット型感知器 原理　煙によるイオン電流の変化を利用して作動する	名称　光電式分離型感知器 原理　煙が光軸を遮ることによる受光量の変化を利用して作動する
名称　差動式分布型感知器（空気管式）の検出部 原理　空気の膨張を利用して作動する	名称　差動式分布型感知器（空気管式）の空気管
名称　差動式分布型感知器（熱電対式）の検出部 原理　熱電対による熱起電力を利用して作動する	名称　差動式分布型感知器（熱電対式）の熱電対

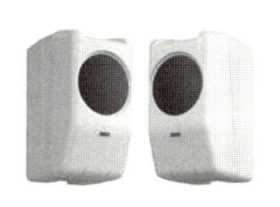

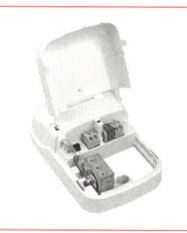

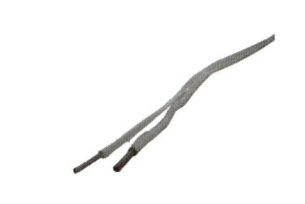

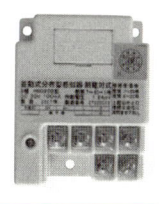

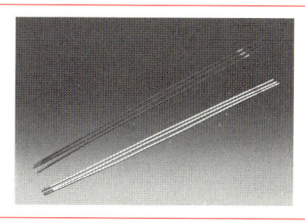

第6章　鑑別等

237

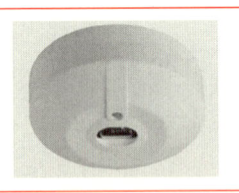

名称	紫外線式スポット型感知器
原理	炎から放射される紫外線の変化を利用して作動する

名称	赤外線式スポット型感知器
原理	炎から放射される赤外線の変化を利用して作動する

※自在取付台を用いると，感知器を任意の方向に向けることができる

1 感知器

実戦問題

問題1 次に示す感知器について，次の各設問に答えなさい。

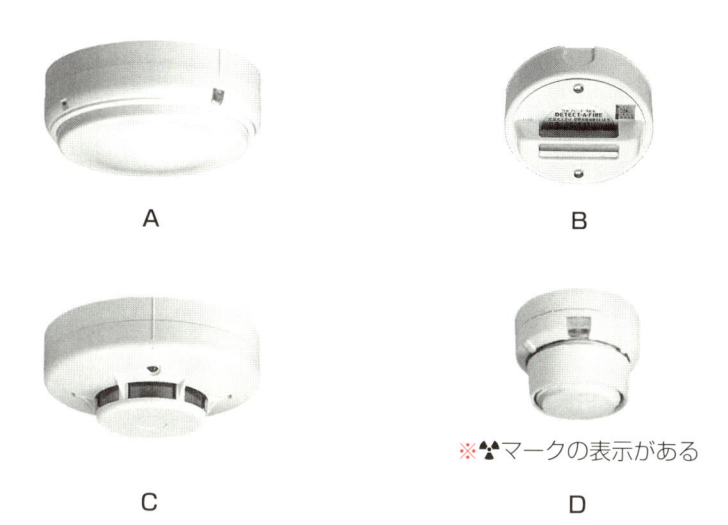

A

B

C

D ※☢マークの表示がある

設問1 それぞれの感知器の名称と作動原理を答えなさい。
設問2 Cの感知器には網が設けられているが，その役割を答えなさい。

設問1	A	名称	作動原理
	B	名称	作動原理
	C	名称	作動原理
	D	名称	作動原理
設問2			

問題2 次の写真は，公称作動温度が75℃の感知器である。これに関して次の各設問に答えなさい。

設問1 この感知器は，下端が取り付け面の下方何m以内の位置に設けることとされているか。

設問2 この感知器は，正常時における最高周囲温度が何℃以下の場所に設けることとされているか。

第6章 鑑別等

239

設問1		設問2	

問題3 次の写真は，自動火災報知設備のある感知器の一部である。これに関して次の各設問に答えなさい。

設問1　この部品を用いる感知器の名称と作動原理を答えなさい。

設問2　矢印で示す部分の名称を答えなさい。

設問1	名称
	作動原理
設問2	

問題4 次の図は，ある種類の感知器の構造を示したものである。これに関して次の各設問に答えなさい。

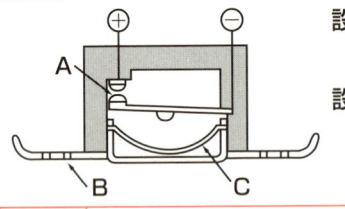

設問1　この感知器の名称と作動原理を答えなさい。

設問2　矢印A～Cで示す部分の名称をそれぞれ答えなさい。

設問1	名称		作動原理	
設問2	A		B	C

問題5 次の図は，ある種類の感知器の構造を示したものである。これに関して次の各設問に答えなさい。ただし，この感知器は定温式の性能を有しないものとする。

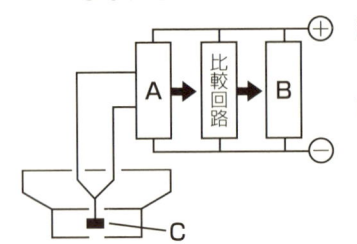

設問1　この感知器の名称と作動原理を答えなさい。

設問2　図中のA～Cの部分の名称をそれぞれ答えなさい。

設問1	名称		作動原理	
設問2	A		B	C

1 感知器

問題6 次の図は，ある種類の感知器の構造を示したものである。これに関して次の各設問に答えなさい。

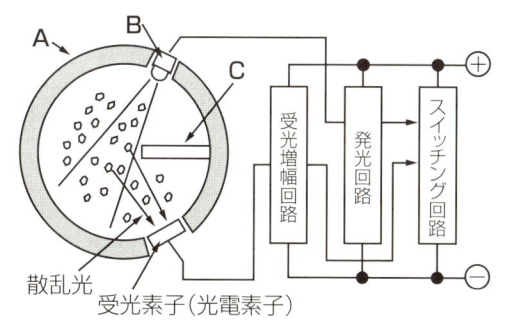

設問1　この感知器の名称を答えなさい。
設問2　この感知器の作動原理を答えなさい。
設問3　矢印A～Cで示す部分の名称を答えなさい。

設問1			
設問2			
設問3	A	B	C

問題7 次の図は，ある体育館の天井面に光電式分離型感知器が設置されている図である。感知器の光軸の高さと天井の高さ，種別の次の組合せのうち，正しいものには〇，誤っているものには×をつけなさい。

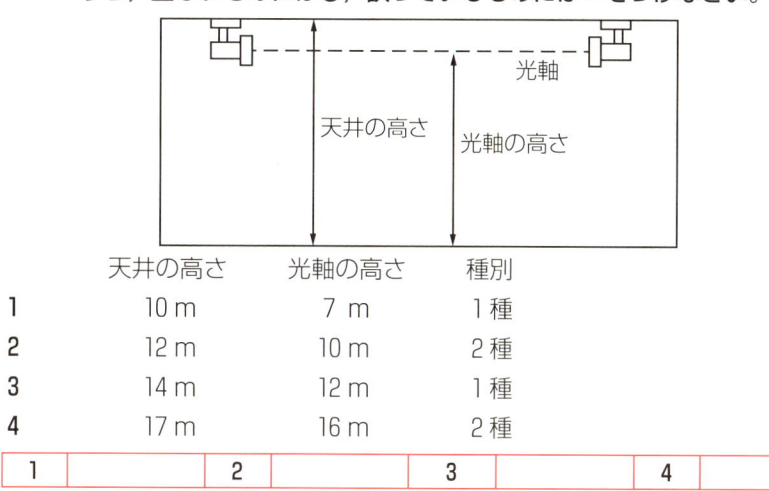

	天井の高さ	光軸の高さ	種別
1	10 m	7 m	1種
2	12 m	10 m	2種
3	14 m	12 m	1種
4	17 m	16 m	2種

1		2		3		4	

241

問題8 次の感知器の配線のうち，適切でないものを2つ選び，記号で答えなさい。

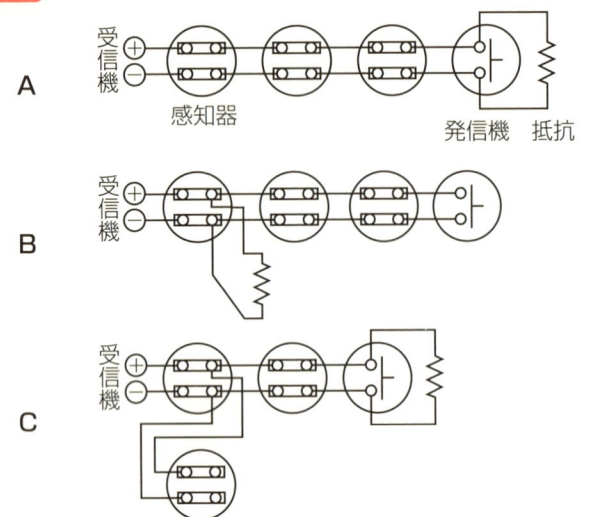

A: 受信機 ⊕⊖ ─感知器─感知器─感知器─発信機─抵抗

B: 受信機 ⊕⊖ ─感知器─感知器─感知器─発信機（抵抗が途中に接続）

C: 受信機 ⊕⊖ ─感知器─感知器─発信機─抵抗（感知器が分岐接続）

問題9 次の図のA～Eの部分のうち，耐火または耐熱配線としなければならないものの組合せとして，適切なものは次のうちどれか。ただし，中継器は予備電源を内蔵せず，また発信機を他の消防用設備等の起動装置と兼用しないものとする。

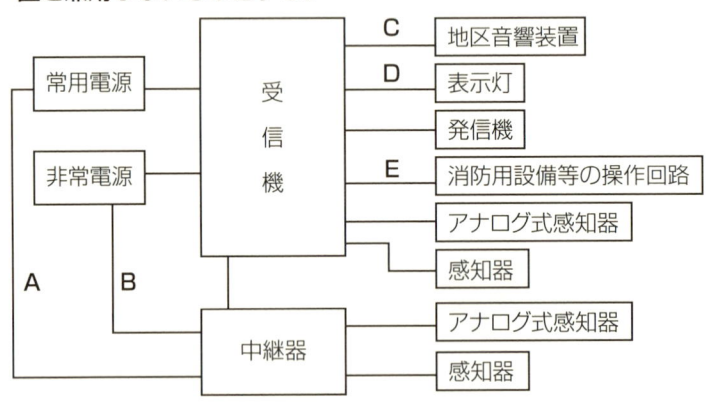

- A: 常用電源 — 受信機
- B: 非常電源 — 受信機（中継器経由）
- C: 受信機 — 地区音響装置
- D: 受信機 — 表示灯／発信機
- E: 受信機 — 消防用設備等の操作回路
- 受信機 — アナログ式感知器／感知器
- 中継器 — アナログ式感知器／感知器

	耐火配線としなければならないもの	耐熱配線としなければならないもの
1	C	A，E
2	C	B，D
3	B	C，E
4	B	C，D，E

実戦問題 解答解説

問題 1

解答

設問1	A	名称	差動式スポット型感知器	作動原理	空気の膨張を利用して作動する
	B	名称	定温式スポット型感知器	作動原理	金属の熱膨張率の差を利用して作動する
	C	名称	光電式スポット型感知器	作動原理	煙による光電素子の受光量の変化を利用して作動する
	D	名称	イオン化式スポット型感知器	作動原理	煙によるイオン電流の変化を利用して作動する
設問2	虫の侵入を防止する				

問題 2

解答

設問1	0.3 m	設問2	55 ℃

解説

設問1

写真は，定温式スポット型感知器です。この感知器の場合，下端が取り付け面の下方 0.3 m 以内の位置に設けることとされています。

設問2

定温式スポット型感知器は，正常時における最高周囲温度が，公称作動温度より 20 ℃以上低い場所に設けることとされています。

問題 3

解答

設問1	名称	差動式分布型感知器（空気管式）
	作動原理	空気の膨張を利用して作動する
設問2	コックスタンド	

問題 4

解答

設問1	名称	定温式スポット型感知器	作動原理	バイメタルの反転を利用して作動する
設問2	A 接点	B 受熱板		C 円形バイメタル

解説

第4章で学習しています。

問題 5

解答

設問1	名称	差動式スポット型感知器	作動原理	温度検知素子を利用して作動する
設問2	A 温度上昇検知回路	B スイッチング回路		C 温度検知素子

解説

第4章で学習しています。

問題 6

解答

設問1	光電式スポット型感知器		
設問2	煙による散乱光を受光素子が感知して作動する		
設問3	A 暗箱	B 発光素子	C 遮光板

問題 7

- 2種の場合，天井の高さが15m未満の場所に設けることとされているため，4は×
- 光軸の高さが天井等の高さの80％以上となるように設けることとされているため，1は×，2は○，3は○

解答

1	×	2	○	3	○	4	×

1 感知器

問題 8

解答　B，C

解説

第5章で学習しています。

B　回路の末端に抵抗が接続されていないため，適切ではありません。

C　送り配線になっていないため，適切ではありません。

問題 9

解答　3

解説

第5章で学習しています。中継器が予備電源を内蔵しないため，Bの部分は耐火配線としなければなりません。発信機を他の消防用設備等の起動装置と兼用しないため，Dの部分は一般配線でよいとされます。

2 受信機・発信機など

重要度 A

学習のポイント
受信機や発信機などの写真とその名称や用途などについてみていきます。

受信機

名称　P型1級受信機 用途　**火災発生**を消防機関などに**報知**する ※地区表示灯の数が5を超える	名称　P型2級受信機 用途　**火災発生**を消防機関などに**報知**する ※地区表示灯の数が5以下
名称　G型受信機 用途　**ガス漏れ発生**を消防機関などに**報知**する	名称　GR型受信機 用途　**ガス漏れ発生**を消防機関などに**報知**する ※右下部にプリンタがある

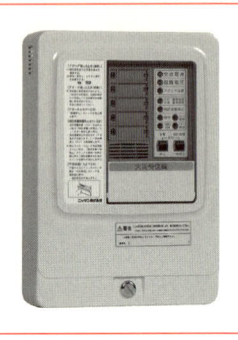

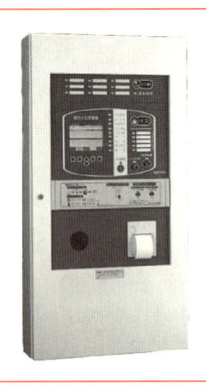

2 受信機・発信機など

名称　GP型3級受信機 用途　ガス漏れ発生を消防機関などに報知する	名称　副受信機 用途　受信機の設置場所以外で火災の位置表示や警報を行う

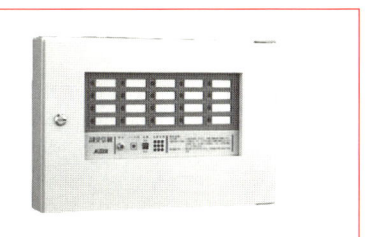

発信機など

※電話ジャックと確認灯がある 名称　P型1級発信機 用途　火災信号を受信機に手動により発信する	※電話ジャックと確認灯がない 名称　P型2級発信機 ※外観は1級とほぼ同じ
名称　表示灯 用途　発信機のある場所を表示する	名称　地区音響装置 用途　火災発生の報知

第6章 鑑別等

247

名称　**機器収容箱** 用途　**発信機，表示灯，地区音響装置** 　　　を収納する ※総合盤ともいう	名称　**中継器** 用途　**感知器**と**受信機**の間の**中継**
名称　**終端器（終端抵抗）** 用途　感知器配線の終端に接続し，回路導通試験などに用いる	名称　**密閉型蓄電池** 用途　**予備電源**として用いる
名称　**配線用遮断器** 用途　**過電流**が流れたときに回路を自動的に**遮断**する ※ブレーカーともいう	名称　**送受話器** 用途　発信機や受信機の**電話ジャック**に接続して**通話**する

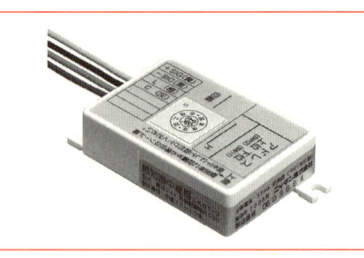

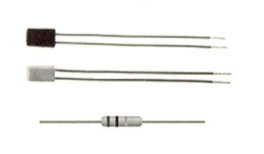

2 受信機・発信機など

実戦問題

問題1 次の写真は，自動火災報知設備の機器である。これに関して次の各設問に答えなさい。

設問1　この機器の名称を答えなさい。
設問2　この機器について行う試験で，任意の5回線を同時に火災作動状態にするものを何というか。

設問1		設問2	

問題2 次の写真は，自動火災報知設備の部品である。これに関して次の各設問に答えなさい。

設問1　この部品の名称を答えなさい。
設問2　この部品をP型受信機に用いる場合に必要とされる容量に関する次の記述の[　　]に当てはまる数値を答えなさい。

予備電源の容量は，監視状態を[　A　]分間継続した後，2回線分の火災表示の作動と，接続されたすべての地区音響装置を同時に鳴動させられる消費電流を[　B　]分間継続して流せる容量以上とする。

設問1			
設問2	A	B	

問題3 P型1級受信機（10回線）が設置された建物で，そのうち7回線を使用しており，現在，No.4の回線が工事のため断線している。この状態について，次の各設問に答えなさい。

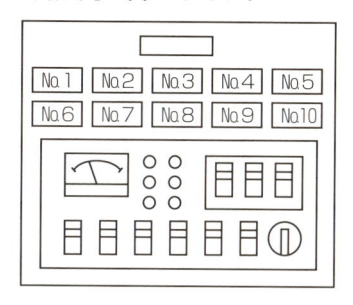

249

設問1　この状態で火災表示試験を行った場合，その結果として適切なものは次のうちどれか。記号で答えなさい。

A　No.4の地区表示灯が点灯しない。
B　No.5〜No.10の地区表示灯が点灯しない。
C　No.4の他，未使用のNo.8，No.9，No.10の地区表示灯が点灯しない。
D　No.1〜No.10の地区表示灯が点灯する。

設問2　No.4の回線が断線しているのを判別するための試験の名称を答えなさい。

設問1	設問2

問題4　次の写真は，P型1級発信機であるが，P型1級発信機とP型2級発信機の構造上の違いを2つ答えなさい。

2 受信機・発信機など

実戦問題 解答解説

問題 1

解答

| 設問1 | P型1級受信機 | 設問2 | 同時作動試験 |

解説

設問1
　地区表示灯の数が5を超えることから，P型1級受信機と判断します。

設問2
　受信機について行う試験で，任意の5回線を同時に火災作動状態にするものを，同時作動試験といいます。

問題 2

解答

| 設問1 | 密閉型蓄電池 | | |
| 設問2 | A　60 | B | 10 |

問題 3

解答

| 設問1 | D | 設問2 | 回路導通試験 |

解説

設問1
　火災表示試験は，受信機の火災表示の作動を確認するものであり，実際に回路に電流を流すわけではないため，全ての地区表示灯が点灯します。

設問2
　感知器回路の断線の有無を確認するのは，回路導通試験です。

問題 4

解答

P型1級発信機は確認灯をもつが，P型2級発信機は確認灯をもたない。
P型1級発信機は電話ジャックをもつが，P型2級発信機は電話ジャックをもたない。

3 ガス漏れ火災警報設備など 重要度 B

> **学習のポイント**
> ガス漏れ火災警報設備などの写真とその名称や用途などについてみていきます。

ガス漏れ火災警報設備

名称 ガス漏れ検知器
用途 ガス漏れの検知
※写真は天井取付式，都市ガス用のもの（都市ガスは空気より軽い）

名称 ガス漏れ検知器
用途 ガス漏れの検知
※写真は壁掛式，LPガス用のもの（LPガスは空気より重い）

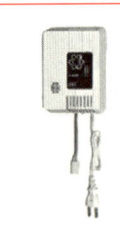

名称 ガス漏れ検知器
用途 ガス漏れの検知
※写真は壁掛式，都市ガス用のもの

名称 ガス漏れ検知器
※写真は壁掛式，LPガス用のもの。外観は都市ガス用とほぼ同じ

名称 ガス漏れ中継器
用途 検知器と受信機の間の中継
※写真は表示灯付きのもの

名称 ガス漏れ表示灯
用途 ガス漏れ発生の警報

3　ガス漏れ火災警報設備など

消防機関へ通報する火災報知設備

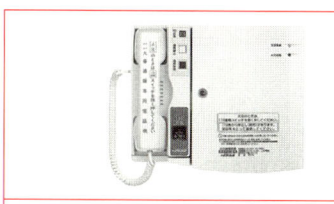

名称　火災通報装置 用途　ボタンを押すと自動的に119番 　　　（消防機関）に火災を通報する	名称　火災通報装置 用途　ボタンを押すと自動的に119番 　　　（消防機関）に火災を通報する ※写真右は，火災通報専用電話機

第6章　鑑別等

253

実戦問題

問題1 次の写真は、ガス漏れ火災警報設備の機器である。それぞれの機器の名称を答えなさい。

A

B

A		B	

問題2 次に示す装置について、次の各設問に答えなさい。

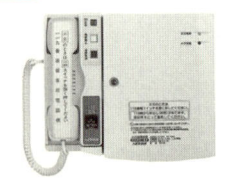

設問1　この装置の名称を答えなさい。
設問2　この装置は、消防機関から歩行距離が何m以下である場所にある防火対象物であれば設置しないことができるとされているか。

設問1		設問2	

3 ガス漏れ火災警報設備など

実戦問題 解答解説

問題 1

解答

| A | ガス漏れ検知器 | B | ガス漏れ中継器 |

問題 2

解答

| 設問 1 | 火災通報装置 | 設問 2 | 500 m 以下 |

解説

　火災通報装置は，消防機関から歩行距離が 500 m 以下である場所にある防火対象物であれば設置しないことができるとされています。

4 工具・部品

重要度 **A**

学習のポイント
工事で用いる工具や部品の写真とその名称や用途などについてみていきます。

工具

名称　ペンチ 用途　電線の切断や芯線の曲げなど	名称　ラジオペンチ 用途　電線の切断や芯線の細かな曲げなど
名称　ニッパー 用途　電線の切断や被覆剥き	名称　ワイヤーストリッパー 用途　電線の被覆剥き
名称　圧着ペンチ 用途　端子やリングスリーブと電線を圧着接続する	名称　ボルトクリッパー 用途　太い電線の切断 ※ボルトカッターともいう

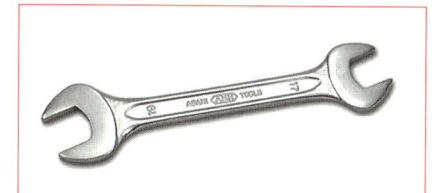

4 工具・部品

名称　スパナ 用途　ボルトやナットの締め付け	名称　モンキースパナ 用途　ボルトやナットの締め付け ※モンキーレンチともいう
名称　パイプベンダー 用途　金属管を曲げる	名称　パイプカッター 用途　金属管などの切断
名称　パイプレンチ 用途　丸いパイプを回転させる	名称　パイプバイス 用途　金属管を切断したりねじを切る際に，管を固定する
名称　ねじ切り器 用途　金属管にねじを切る	名称　ドライバー 用途　ビスなどを回す

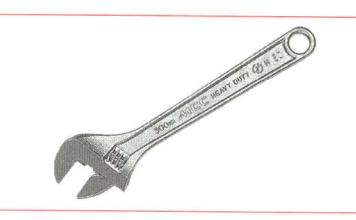

第6章　鑑別等

257

名称　ホールソー 用途　アウトレットボックスなどに穴を開ける	名称　リーマ 用途　金属管の内面取り
名称　クリックボール 用途　リーマを取り付け，金属管内側の面取りなどに用いる	

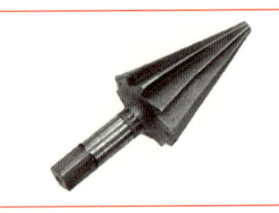

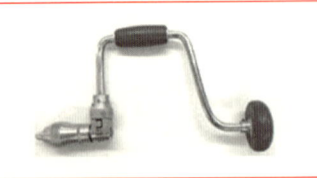

部品

名称　サドル 用途　金属管（電線管）を天井や壁などに固定する ※天井や壁などを造営材という	名称　ブッシング 用途　金属管の端に取り付け，電線を保護する
名称　カップリング 用途　金属管どうしを接続する	名称　ノーマルベンド 用途　金属管の曲がり部分に用いる

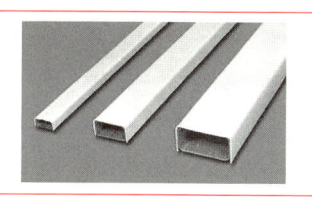

4 工具・部品

名称　モール 用途　配線などを保護する ※線ぴともいう	名称　アウトレットボックス 用途　配線の分岐・接続などに用いる
名称　銅管端子 用途　空気管と検出部を接続する	名称　圧着端子 用途　電線と接続する
名称　スリーブ 用途　空気管どうしを接続する ※接続管ともいう。筒状の部品	名称　リングスリーブ 用途　電線の圧着接続
名称　ステップル 用途　空気管を天井や壁などに固定する	名称　ステッカー 用途　空気管を天井や壁などに固定する

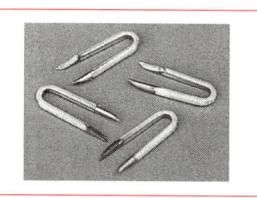

第6章　鑑別等

259

名称	クリップ
用途	空気管を天井や壁などに固定する

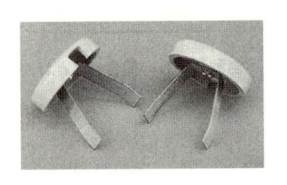

名称	貫通キャップ
用途	空気管が貫通した箇所をふさぐ

4 工具・部品

実戦問題

問題1 次に示す工具について，名称と用途を答えなさい。

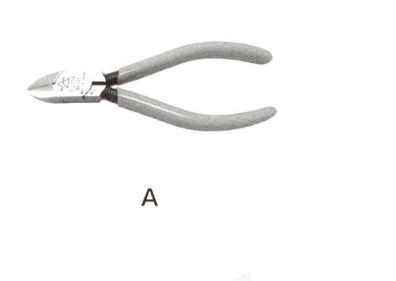

A

B

C

D

	名称	用途
A		
B		
C		
D		

問題2 次に示す部品のそれぞれの名称として，適切なものを次の語群から選び，記号で答えなさい。

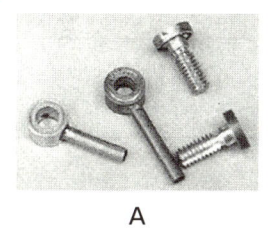

A

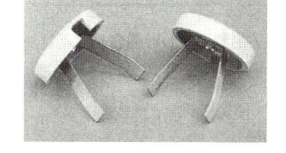

B

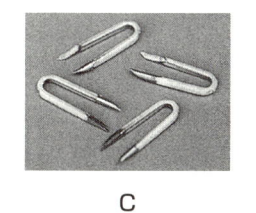

C

D

261

【語群】
ア．ブッシング　　　　イ．サドル　　　　　ウ．銅管端子
エ．リングスリーブ　　オ．ステップル　　　カ．ステッカー
キ．貫通キャップ　　　ク．モール　　　　　ケ．カップリング

A		B		C		D	

問題3 次の図は，差動式分布型感知器（空気管式）の空気管の接続部分を示したものである。矢印 A，B で示す部分の名称を答えなさい。

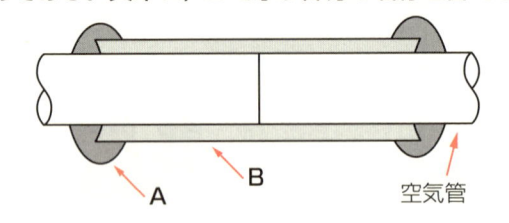

A		B	

262

4 工具・部品

実戦問題 解答解説

問題 1

解答

	名称	用途
A	ニッパー	電線の切断や被覆剥きに用いる
B	ワイヤーストリッパー	電線の被覆剥きに用いる
C	圧着ペンチ	端子やリングスリーブと電線を圧着接続する
D	パイプカッター	金属管などの切断に用いる

問題 2

解答

| A | ウ | B | キ | C | オ | D | イ |

問題 3

解答

| A | はんだ | B | スリーブ |

解説

　空気管を接続する場合は，スリーブを用いてはんだ付けを施し，確実に接続します。

5 試験器・測定器

重要度 B

学習のポイント
試験器や測定器の写真とその名称や用途などについてみていきます。

試験器

名称　加熱試験器
用途　スポット型熱感知器の作動試験に用いる

名称　加煙試験器
用途　スポット型煙感知器の作動試験に用いる

名称　加熱試験器の火口
用途　加熱を行う
※白金カイロ火口ともいう

名称　減光フィルター
用途　光電式分離型感知器の作動試験に用いる

名称　煙感知器用感度試験器
用途　スポット型煙感知器の感度試験に用いる

名称　炎感知器用作動試験器
用途　炎感知器の作動試験に用いる

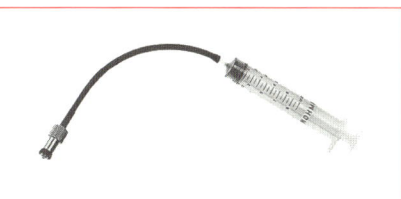

5 試験器・測定器

名称　テストポンプ 用途　差動式分布型感知器（空気管式）の流通試験や接点水高試験などに用いる	名称　マノメーター 用途　差動式分布型感知器（空気管式）の流通試験や接点水高試験に用いる
名称　メーターリレー試験器 用途　差動式分布型感知器（熱電対式）の作動試験や回路合成抵抗試験に用いる	名称　差動スポット試験器 用途　電気室や変電室など点検が困難な場所に設けた差動式スポット型感知器の作動試験に用いる
名称　外部試験器 用途　共同住宅で室内に入ることなく遠隔試験機能付き感知器を試験する	名称　加ガス試験器 用途　ガス漏れ検知器の作動試験に用いる

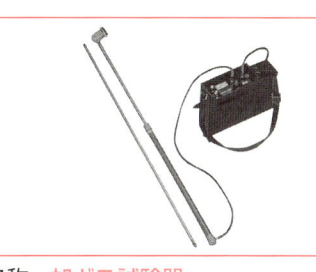

第6章　鑑別等

測定器

名称　**回路計** 用途　電圧・電流・抵抗などを測定する ※**テスタ**ともいう。写真はアナログ式のもの	名称　**回路計** 用途　電圧・電流・抵抗などを測定する ※**テスタ**ともいう。写真はデジタル式のもの
名称　**絶縁抵抗計** 用途　配線の**絶縁抵抗**の測定に用いる ※**メガー**ともいう。写真はアナログ式のもの	名称　**絶縁抵抗計** 用途　配線の**絶縁抵抗**の測定に用いる ※**メガー**ともいう。写真はデジタル式のもの
名称　**接地抵抗計** 用途　**接地抵抗**の測定に用いる ※**アーステスタ**ともいう	名称　**クランプメーター** 用途　**電流**の測定に用いる

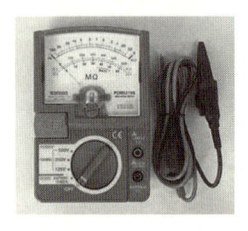

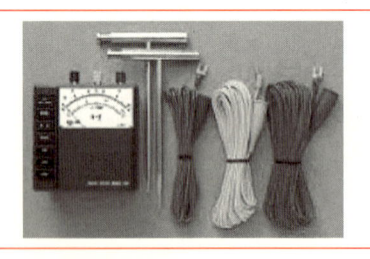

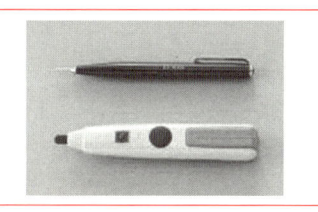

5 試験器・測定器

名称	**検電器**
用途	物体が電気を帯びているかどうかを調べる

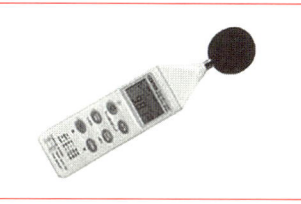

名称	**騒音計**
用途	音響装置の音圧の測定に用いる
※ **A 特性**で測定する	

267

実戦問題

問題1 次に示す機器について、次の各設問に答えなさい。

設問1　この機器の名称を答えなさい。
設問2　この機器を使用する感知器の名称を答えなさい。

設問1	設問2

問題2 次に示す機器について、次の各設問に答えなさい。

設問1　この機器の名称を答えなさい。
設問2　この機器を使用する感知器の名称を答えなさい。

設問1	設問2

問題3 次の写真は、差動式分布型感知器（熱電対式）の検出部である。これに関して次の各設問に答えなさい。

設問1　1つの検出部に接続する熱電対部の数は、何個以下としなければならないか。
設問2　差動式分布型感知器（熱電対式）の作動試験や回路合成抵抗試験に用いられる試験器の名称を答えなさい。

設問1	設問2

5 試験器・測定器

問題4 次に示す試験器は，何の試験に用いられるか。適切なものを下記の語群から選び，記号で答えなさい。

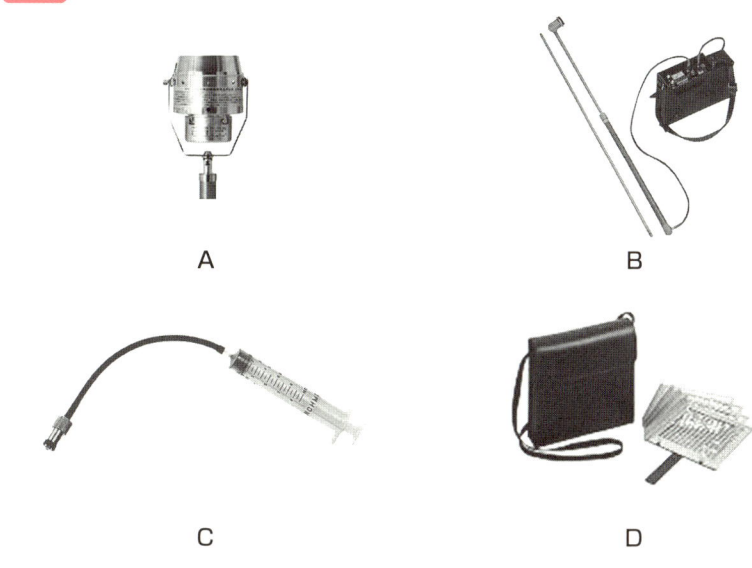

A

B

C

D

【語群】
ア．光電式分離型感知器　　イ．差動式分布型感知器（空気管式）
ウ．差動式スポット型感知器　エ．差動式分布型感知器（熱電対式）
オ．ガス漏れ検知器

A	B	C	D

問題5 次に示す測定器について，次の各設問に答えなさい。

設問1　この測定器を用いるとき，音響装置の中心から何 m 離れた位置で測定しなければならないとされているか。

設問2　この測定器で地区音響装置の音圧を測定するときに合わせるレンジは，A 特性，C 特性，F 特性のうちどれか。

設問3　検知区域警報装置の音圧は，この測定器で測定した値が何 dB 以上でなければならないとされているか。

設問1	設問2	設問3

269

問題 6 次に示す測定器について，名称と用途を答えなさい。

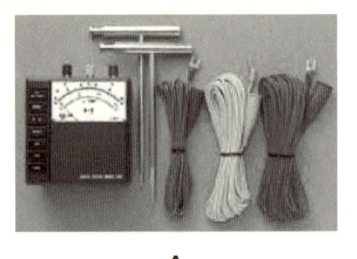

A

B

C

D

	名称	用途
A		
B		
C		
D		

問題 7 次の図は，差動式分布型感知器（空気管式）の試験の接続図である。これに関して次の各設問に答えなさい。

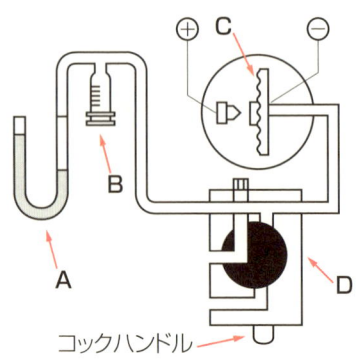

コックハンドル

設問1　この試験の名称と目的を答えなさい。
設問2　矢印 A〜D で示す部分の名称をそれぞれ答えなさい。

5 試験器・測定器

設問3　矢印 B で示す器具は，何 cc 用のものが用いられるか。

設問1	名称	
	目的	
設問2	A	B
	C	D
設問3		

実戦問題 解答解説

問題 1
解答

| 設問1 | 加煙試験器 | 設問2 | イオン化式スポット型感知器, 光電式スポット型感知器 |

問題 2
解答

| 設問1 | 差動スポット試験器 | 設問2 | 差動式スポット型感知器 |

問題 3
解答

| 設問1 | 20個以下 | 設問2 | メーターリレー試験器 |

解説

1つの検出部に接続する熱電対部の数は，20個以下とすることとされています。

問題 4
解答

| A | ウ | B | オ | C | イ | D | ア |

解説

Aは加熱試験器，Bは加ガス試験器，Cはテストポンプ，Dは減光フィルターです。

問題 5
解答

| 設問1 | 1 m | 設問2 | A特性 | 設問3 | 70 dB以上 |

解説

問題で示された測定器は，騒音計です。音響装置の中心からは1 m離れた位置で測定し，地区音響装置の音圧はA特性で測定し，検知区域警報装置の音圧は70 dB以上でなければならないとされています。

5 試験器・測定器

問題 6

解答

	名称	用途
A	接地抵抗計（アーステスタ）	接地抵抗の測定に用いる
B	絶縁抵抗計（メガー）	配線の絶縁抵抗の測定に用いる
C	クランプメーター	電流の測定に用いる
D	回路計（テスタ）	電圧・電流・抵抗などを測定する

問題 7

解答

設問 1	**名称** 接点水高試験（ダイヤフラム試験）	
	目的 検出部の接点の間隔が適正かどうかを確認する	
設問 2	A　マノメーター	B　テストポンプ
	C　ダイヤフラム	D　コックスタンド
設問 3	5 cc 用	

解説

第 5 章で学習しています。

第**7**章

製図

第7章では，実技試験のうち，消防用設備等に関する製図を扱います。

1 製図の基礎
2 平面図
3 系統図

1 製図の基礎

重要度 **B**

> **学習のポイント**
> 製図で用いられる図記号などについてみていきます。

防火対象物における感知器などの機器や配線などの設置状況を，平面的に図示したものを**平面図**（設備平面図）といい，断面的に図示したものを**系統図**（設備系統図）といいます。
製図の試験では，大きく次のような問題が出題されます。

- 平面図や系統図を完成させる問題
- 平面図や系統図の誤りを指摘し，訂正する問題

何か難しい試験のように思えるのですが……。

製図といっても，白紙の状態から図面を書き上げるわけではなく，示された図面に感知器などの機器や配線の図記号などを書き入れていくという場合がほとんどです。

製図で用いられる図記号

まずは，平面図や系統図の製図で用いられる図記号をみていきましょう。

■感知器の図記号

名称	図記号	備考
定温式スポット型感知器	◠	● 必要に応じて種別を傍記する 　（1種は1，2種は2，特種は0を傍記） ● 型によって次のように記す 　⊟ **防水型**　⊟ **耐酸型** 　⊟ **耐アルカリ型** ● 防爆型はEXを傍記する 　◠EX **防爆型**（例）
差動式スポット型感知器	⊖	● 必要に応じて種別を傍記する ● 次の型は次のように記す 　⊖ 埋込み型

276

1 製図の基礎

名称	図記号	備考
補償式スポット型感知器 熱複合式スポット型感知器	⌒	●必要に応じて種別を傍記する
熱煙複合式スポット型感知器	Ⓢ	●必要に応じて種別を傍記する
煙感知器	S	●必要に応じて種別を傍記する ●次の型・場合は次のように記す 　S 埋込み型　　S 煙複合式スポット型（露出型） 　S 点検ボックス付き　S 煙複合式スポット型（埋込み型） ●光電式分離型感知器は次のように記す 　S → 送光部 → S 受光部
炎感知器	△	●必要に応じて種別を傍記する
差動式分布型感知器 （空気管式）	──	●次の場合・箇所は次のように記す 　……… 小屋裏や天井裏へ張る場合 　─●─ 貫通箇所
差動式分布型感知器 （熱電対式）	─■─	●次の場合は次のように記す 　══ 小屋裏や天井裏へ張る場合
差動式分布型感知器 （熱半導体式）	⊙⊙	
差動式分布型感知器の検出部	⊠	●必要に応じて種別を傍記する

■受信機・発信機などの図記号

名称	図記号	備考
受信機	⌧	
副受信機	▭	
機器収容箱	▭	
P型発信機	Ⓟ	●次のものは次のように記す 　Ⓟ 屋外用 ●防爆型はEXを傍記する
警報ベル （地区音響装置）	Ⓑ	●次のものは次のように記す 　Ⓑ 屋外用 ●防爆型はEXを傍記する
表示灯	◐	
中継器	▭	

第7章 製図

277

名称	図記号	備考
回路試験器	⊙	
移報器	R	
差動スポット試験器	T	●必要に応じて個数を傍記する
終端抵抗（終端器）	Ω	例 ⌣Ω ⨯Ω Ⓟ Ω

■ガス漏れ火災警報設備に関する図記号

名称	図記号	備考
検知器	G	●次のものは次のように記す G_B ブザー付き
中継器	▭	●次のものは次のように記す L ガス漏れ表示灯付き
受信機	◁▷	
音声警報装置	▽	
ガス漏れ表示灯	◐	
検知区域警報装置	BZ	

■配線関係の図記号

名称	図記号	備考
配線	──	●配線の本数は次のように表す ─//─ 2本 ─///─ 3本 ─////─ 4本
立上り	⬀	●配線が上の階へ立ち上げてある
引下げ	⬂	●配線が下の階へ引き下げてある
素通し	⬍	●配線が階を素通りしている

1 製図の基礎

■警戒区域に関する図記号

名称	図記号	備考
警戒区域線*	——－－——	●自動火災報知設備の警戒区域の境界線 ●配線の図記号より太くする
	——－－－——	●ガス漏れ火災警報設備の警戒区域の境界線 ●配線の図記号より太くする
警戒区域番号	(No.)	●自動火災報知設備の警戒区域の番号 ●◯の中に番号を記入する 例 ① ② ③ ●必要に応じて次のように上部に警戒場所，下部に警戒区域番号を記入する 例 階段/5
	△(No.)	●ガス漏れ火災警報設備の警戒区域の番号 ●△の中に番号を記入する 例 △1 △2 △3

＊警戒区域境界線ともいう
※警戒区域番号は，一般的に下の階から上の階へ順に①②③…と振っていき，階段などのたて穴区画の警戒区域は平面階の後に振る

これらの図記号が，製図の試験問題を解く上で基礎となりますので，しっかりおさえておきましょう。

2 平面図

重要度 **A**

> **学習のポイント**
> 平面図の問題の解き方についてみていきます。

平面図の問題は，大きく次のような手順で解答します。

■平面図の問題を解く手順
①**警戒区域**を設定する
②**感知器**の種別を選び，個数を求め，設置する
③**受信機・発信機・地区音響装置**を設置する
④**配線**を行う

※ガス漏れ火災警報設備の場合も基本的に手順は同様

では，実際に例題を解きながら説明していきましょう。

例題 次図は，消防法施行令別表第1の15項に該当する地上5階建ての防火対象物の2階平面図である。この建物に自動火災報知設備を設置する場合，次の条件に基づき，凡例記号を用いて設備平面図を完成させなさい。

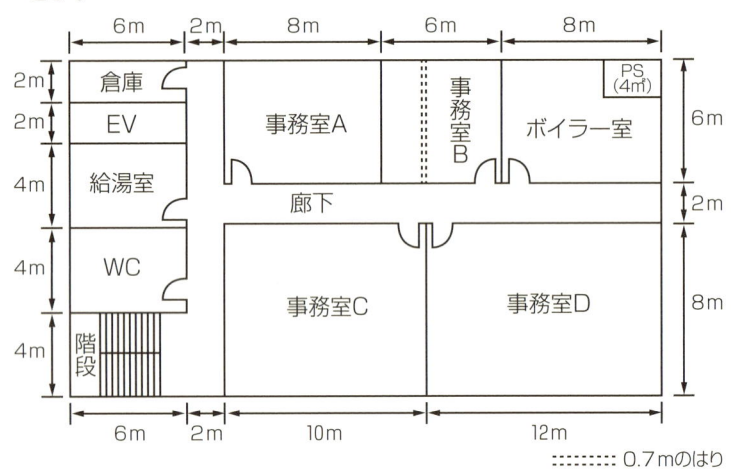

```
        6m   2m    8m     6m     8m
     ┌──────┬──┬─────┬────┬──────┐
 2m  │ 倉庫 │  │     │ 事 │  PS  │
     ├──────┤EV│事務室A│務室│(4㎡) │ 6m
 2m  │      │  │     │ B  │ボイラー室│
     │給湯室├──┤     │    │      │
 4m  │      │  │     │    │      │
     │      │  │  廊下 │    │      │ 2m
     ├──────┤  ├─────┴────┴──────┤
 4m  │  WC  │  │                 │
     │      │  │  事務室C │ 事務室D │ 8m
 4m  │ 階段 │  │         │        │
     └──────┴──┴─────────┴────────┘
        6m   2m     10m       12m
                          ⋯⋯ 0.7mのはり
```

2 平面図

条件

1. 主要構造部は耐火構造であり，この階は無窓階には該当しない。天井面の高さは3.5mである。
2. 感知器の設置個数は，消防法令基準上必要最小限とする。
3. 受信機はP型1級を用い，1階に設置されている。
4. 警戒区域番号の記入は不要とする。
5. 階段区画とEV区画，PS区画への感知器の設置および上下階への配線の記入は不要とする。
6. 機器収容箱は，発信機，地区音響装置，表示灯を内蔵している。

凡例

記号	名称	備考
⌒	差動式スポット型感知器	2種
⊕	定温式スポット型感知器	1種，防水型
⌒	定温式スポット型感知器	1種
S	光電式スポット型感知器	2種
☐	機器収容箱	
—//—	配線	2本
—///—	配線	4本
Ω	終端抵抗器	
—・—	警戒区域線	
⌒⦵	配線立上り引下げ	

手順① 警戒区域を設定する

さて，例題を手順に従って解いていきます。

警戒区域を設定するというのは，警戒区域線を引くということですか？

そのとおり。

● **たて穴区画**は各階の居室や廊下等とは別の警戒区域とするという基準から，階段部分とEV部分，PS部分を**警戒区域線**で囲う

● 2階の床面積 480 m²，階段の面積 24 m²，EV部分 12 m²，PS部分 4 m² より，たて穴区画を除く面積は 440 m² となり，1つの警戒区域の面積は **600 m²以下**とするという基準から，たて穴区画を除く部分を1つの警戒区域とする

▶図8（287ページ）

これまでの章で学んだ基準を使って設定するのですね。

図面ではエレベーターを EV，トイレを WC というように記されることがあるため，次にまとめておきます。

■図面で用いられる略号

EV，ELV	：エレベーター（エレベーターシャフト）	PS	：パイプシャフト（パイプスペース）
ST	：階段	EPS	：電気配線シャフト
WC	：トイレ	DS	：ダクトスペース

手順② 感知器の種別を選び，個数を求め，設置する

では，設置する感知器の種別を選びましょう。原則として差動式スポット型感知器（2種）とし，特殊な室（区画）にはそれに適応する感知器とします。

- 給湯室は，水蒸気が多量に滞留する場所のため，定温式スポット型感知器（1種防水型）とする
- ボイラー室は，著しく高温となる場所のため，定温式スポット型感知器（1種）とする
- 廊下は，令別表第1の15項の場合，煙感知器の設置義務があるため，光電式スポット型感知器（2種）とする
- トイレは，感知器を設置しなくてもよい場所のため，設置しない
- 上記以外の室は，差動式スポット型感知器（2種）とする

▶図8

一般的にどの室にどの感知器が設けられるかについて，次にまとめています。

■各室に一般的に設けられる感知器の種別

- 機械室，電気室，変電室，事務室，会議室，応接室，休憩室，喫煙室，管理室，管理人室，守衛室，医務室，更衣室，展示室，資料室，印刷室，ロッカー室，レストラン，食堂，喫茶室，店舗，倉庫，書庫，物置き，駐車場など
  ➡ 差動式スポット型感知器（2種）

- 湯沸室，給湯室，厨房，台所，調理室，脱衣室，洗濯室，洗面所，ポンプ室，消火ポンプ室など
  ➡ 定温式スポット型感知器（1種防水型）

- バッテリー室（蓄電池室）など
  ➡ 定温式スポット型感知器（耐酸型）

2 平面図

- ●ボイラー室*¹など → 定温式スポット型感知器（1種 ⌒）
- ●オイルタンク室，油庫など → 定温式スポット型感知器（1種 ⌒EX 防爆型）
- ●押入れ*²など → 定温式スポット型感知器（特種 ⌒₀）
- ●煙感知器の設置義務がある場所（175 ページ）：階段，EV など
- ●電算機室，通信機室，電話機械室，ロビー，ホールなど
  → 煙感知器（2種）S
- ●感知器を設置しなくてもよい場所（174 ページ）：トイレ，浴室，シャワー室など → 設けない

*1　水蒸気が発生するときは，定温式スポット型感知器（1種防水型）とする
*2　壁面・天井面が不燃材料のときは，感知器を設けない

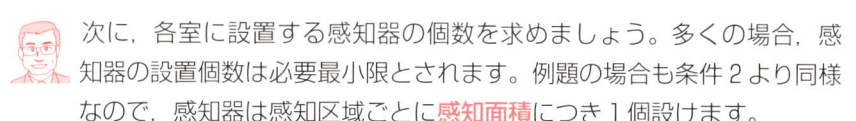

次に，各室に設置する感知器の個数を求めましょう。多くの場合，感知器の設置個数は必要最小限とされます。例題の場合も条件2より同様なので，感知器は感知区域ごとに**感知面積**につき1個設けます。
以下，**感知面積**（168 ページ）で出てきた表1，2と感知器の設置個数の公式を使って個数を求めます。まず，条件1より主要構造部は**耐火構造**で，天井面の高さが**4 m 未満**であることを確認しておきます。

- ●**倉庫**の場合，床面積 12 m²で，差動式スポット型感知器（2種）のため，感知面積は 70 m²であり，12/70 ≒ 0.2 より設置個数は**1**個と求まる
  同様に**事務室 A**，**給湯室**，**ボイラー室**は1個と求まる
- ●**事務室 C** の場合，床面積 80 m²で，差動式スポット型感知器（2種）のため，感知面積は 70 m²であり，80/70 ≒ 1.1 より設置個数は**2**個と求まる
  同様に**事務室 D** は2個と求まる
- ●**事務室 B** の場合，0.7 m のはりで区切られた部分は別の感知区域となるため，はりを挟んで**1**個ずつ設ける
- ●**廊下**の場合，最長の歩行距離が 32 m で 30 m を超えるため，**2**個設ける

▶図8

感知器の種別と個数が決定すれば，設置する区画にほぼ**均等**に配置します。

手順③ 受信機・発信機・地区音響装置を設置する

受信機・発信機・地区音響装置は，第5章で触れた設置基準に従って設けます。

受信機	●防災センター，中央管理室，守衛室，管理人室など常時人がいる場所に設ける ※条件で，他の階に設けてあるとされていれば，与えられた図面に記入する必要はない
発信機	●その階の各部分からの**歩行**距離が**50 m 以下**となるように設ける
地区音響装置	●その階の各部分からの**水平**距離が**25 m 以下**となるように設ける

※発信機・地区音響装置は，**機器収容箱**に収容することが多く，その場合は発信機と地区音響装置の両方の設置基準を満たす場所に，機器収容箱を設ける

例題の場合は，次のようになります。

- **受信機**は，条件3より1階に設けられているため，与えられた図面に記入する必要はない
- **発信機**・**地区音響装置**は，条件6より機器収容箱に内蔵してあるため，図8のような位置に機器収容箱を設ける

手順④ 配線を行う

図1のような配線を図記号を用いて表すと，図2のようになります。

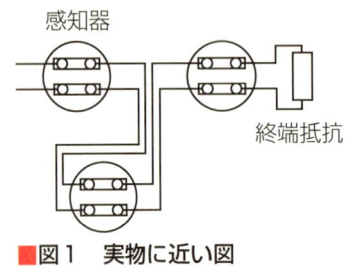

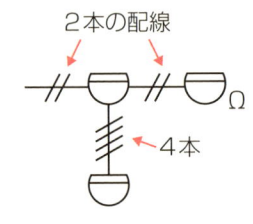

配線が**2本**の箇所は —//—，**4本**の箇所は —///— で表すのですね。

■図1 実物に近い図　　■図2 図記号で表した図

2 平面図

配線の基本的な方法を次にまとめます。

■配線の基本的な方法

- ●感知器回路の配線は，送り配線とする（ひとつなぎに配線する）
- ●配線は，基本的に─//─で行い，往復する箇所は─///─とする
- ●配線は，基本的に機器収容箱などから出発し，1警戒区域内にある感知器などをつなぎ，1つの回路を作る

配線の始点と終点は次のようになります。

■配線の始点

図面上に受信機がない場合　➡　機器収容箱を始点とする

図面上に受信機がある場合　➡　受信機を始点とする

■配線の終点

受信機がP型1級の場合
- ➡ 回路の末端の感知器か発信機を終点とする場合　➡　その感知器か発信機に終端抵抗を接続する（図3）
- ➡ 機器収容箱を終点とする場合　➡　機器収容箱内の発信機に終端抵抗を接続する（図4）

受信機がP型2級の場合
- ➡ 回路の末端に発信機か押しボタン（回路試験器）を接続する（図5）
- ➡ 機器収容箱を終点とする場合　➡　機器収容箱内の発信機を回路の末端とする（図6）

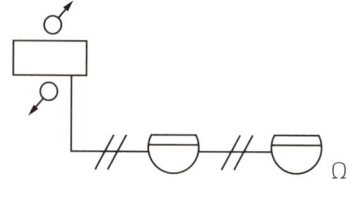

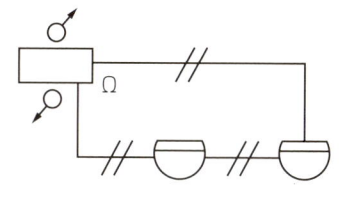

■図3　　　　■図4

■図5　　　　　　　　　■図6

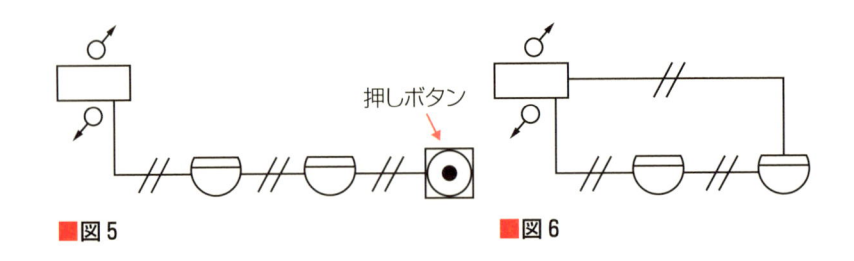

P型1級の場合には，回路の末端に終端抵抗を設けるのですね。

はい。警戒区域が複数ある場合は，回路も複数になります。また，たて穴区画は，他の部分と別の警戒区域となるため，回路も他の部分と別に設けます（図7）。

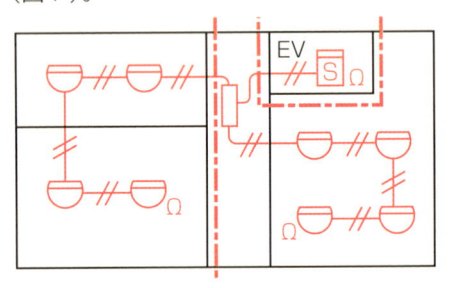

■図7　1つの階に警戒区域が複数ある場合

以上のことを踏まえると，例題の平面図は次のように完成させることができます。なお，配線や終端抵抗の位置などは別の方法もあるため，この種の問題は解答が1つとは限りません。感知器の種別・個数や位置の他，配線とその本数，終端抵抗の位置の適正さが得点のポイントとなります。

2 平面図

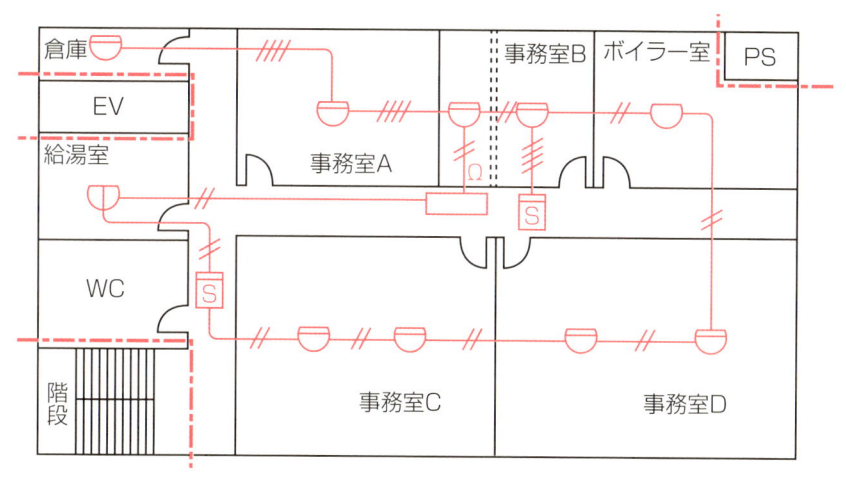

■図8 解答図（例）

> 例題で平面図の問題の基本的な解き方を扱いました。差動式分布型や光電式分離型を設置するケースの他，図面の誤りを訂正する問題なども，基本的には同様の要領で解くことができます。実戦問題でいくつかのケースに触れて，実戦力を養いましょう。

287

実戦問題

問題1 次図は，消防法施行令別表第1の15項に該当する地上3階建ての建物の2階平面図である。この防火対象物に自動火災報知設備を設置する場合，次の条件に基づき，凡例記号を用いて設備平面図を完成させなさい。

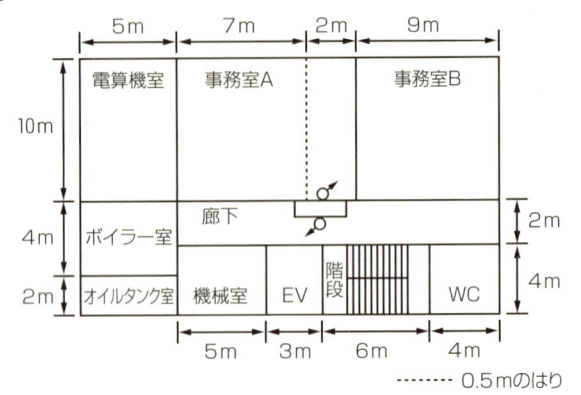

```
        5m      7m    2m    9m
      ┌─────┬───────┬──┬─────────┐
      │電算機室│事務室A │  │ 事務室B  │
  10m │     │       │  │         │
      │     │       │ ↓│         │
      │     ├───────┤  ├────┬────┤ 2m
   4m │     │  廊下  │  │    │    │
      │ボイラー室│      │  │    │    │ 4m
   2m ├─────┼───┬───┼──┤    │    │
      │オイルタンク室│機械室│EV │階段│    │ WC │
      └─────┴───┴───┴──┴────┴────┘
           5m    3m   6m     4m
                      ┈┈┈ 0.5mのはり
```

条件

1. 主要構造部は耐火構造で，この階は無窓階に該当しない。
2. 天井面の高さは3.7mとする。
3. 階段とエレベーターシャフトは別の階で警戒している。
4. 受信機は，別の階に設置されており，上下階への配線本数等の記入は不要とする。
5. 感知器の設置個数は，消防法令基準上必要最小限とする。
6. 煙感知器は，これを設けなければならない場所にのみ設置すること。
7. 機器収容箱には，発信機，地区音響装置，表示灯を収容すること。
8. 警戒区域番号の記入は不要とする。

凡例

記号	名称	備考
▭	機器収容箱	
⌒	差動式スポット型感知器	2種
⌒	定温式スポット型感知器	1種
⌑	定温式スポット型感知器	1種，防水型
⌑EX	定温式スポット型感知器	1種，防爆型
Ⓢ	光電式スポット型感知器	2種
Ⓟ	発信機	P型1級
◐	表示灯	
Ⓑ	地区音響装置	
▬▬・▬▬	警戒区域線	
─//─	配線	2本
─///─	配線	4本
Ω	終端抵抗器	
⌒⌒	配線立上り引下げ	

2 平面図

問題2 次図は，消防法施行令別表第1の14項に該当する平家建ての倉庫の平面図である。この防火対象物について，光電式分離型感知器を用いて自動火災報知設備を設計しなさい。

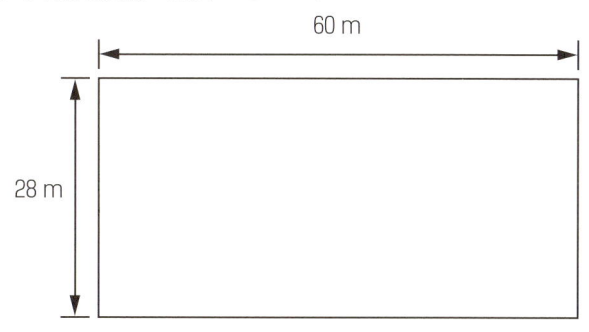

```
          60 m
    ┌─────────────┐
    │             │
28 m│             │
    │             │
    └─────────────┘
```

条件
1. 作図は，凡例記号を用いて行うこと。
2. 主要構造部は耐火構造以外の構造で，天井面の高さは10 mとする。
3. この倉庫は，主要な出入口から内部を見通せないものとする。
4. 光電式分離型感知器は，公称監視距離が5～30 mのものとする。
5. 感知器の設置個数は，消防法令基準上必要最小限とする。
6. 警戒区域線および警戒区域番号を記入すること。
7. 感知器相互の間は光軸を用いて記入し，感知器と建物の壁面との距離を記入すること。
8. 配線および結線の記入は不要とする。

凡例

記号	名称	備考
S▶	光電式分離型感知器	送光部 2種
▶S	光電式分離型感知器	受光部 2種
----	光軸	
■━■	警戒区域線	
(No.)	警戒区域番号	

問題3 次図は，消防法施行令別表第1の12項イに該当する平家建ての工場の平面図である。この防火対象物に自動火災報知設備を設置する場合，次の条件に基づき，凡例記号を用いて設備平面図を完成させなさい。

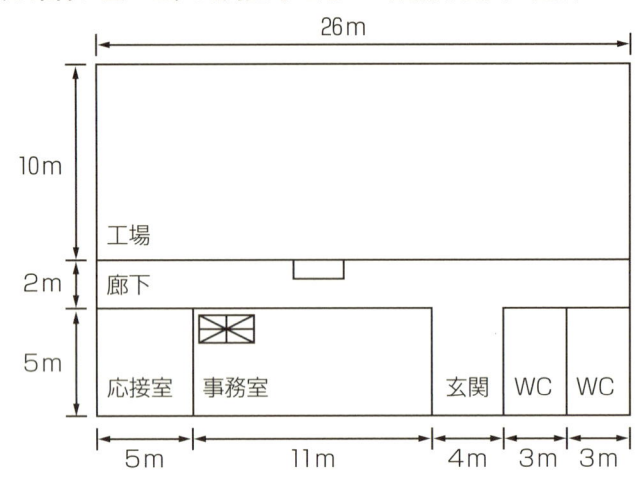

条件

1. 主要構造部は耐火構造であり，無窓階には該当しない。
2. 天井面の高さは工場部分が10m，工場以外の部分が4.4mとする。
3. 警戒区域は，工場部分と工場以外の部分を別の警戒区域とし，消防法令基準上必要最小限とする。
4. 工場部分には，差動式分布型感知器（空気管式）を，工場以外の部分には，スポット型感知器を設置すること。
5. 感知器の設置個数は，消防法令基準上必要最小限とする。
6. 機器収容箱は，発信機，地区音響装置，表示灯，差動式分布型感知器（空気管式）の検出部を内蔵している。
7. 受信機から機器収容箱までの配線本数の記入は不要とする。

凡例

記号	名称	備考
✕	受信機	P型1級
▢	機器収容箱	
⌒	差動式スポット型感知器	2種
⌒	定温式スポット型感知器	1種，防水型
✕	差動式分布型感知器検出部	空気管式2種
──	空気管	
─●─	空気管の貫通箇所	
S	光電式スポット型感知器	2種
─//─	配線	2本
─///─	配線	4本
Ω	終端抵抗器	
━━━	警戒区域線	
(No)	警戒区域番号	

290

2 平面図

問題4 次の図の防火対象物に自動火災報知設備を設置する場合，警戒区域は最小でいくつ設定する必要があるか。ただし，光電式分離型感知器は設置しないものとし，主要な出入口から内部を見通せない構造とする。

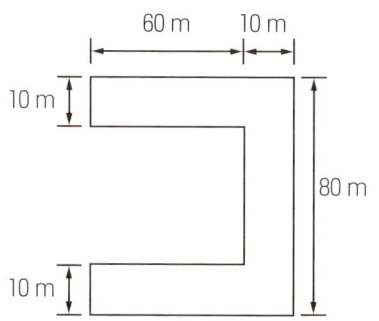

問題5 次図は，消防法施行令別表第1の16項イに該当する地上4階・地下1階建ての建物に，次の条件に基づいて自動火災報知設備を設置した地下1階平面図である。この図で不適当な箇所を指摘し，凡例記号を用いて平面図を訂正しなさい。

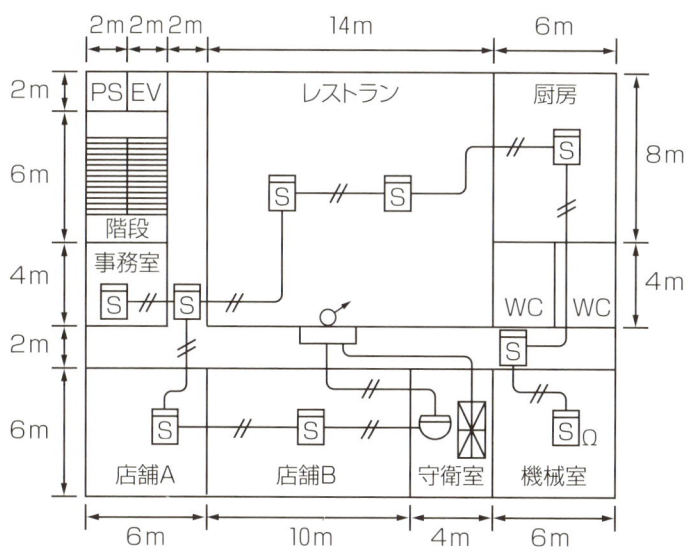

条件

1. 主要構造部は耐火構造である。
2. 天井面の高さはレストラン部分が4.3m，その他の部分が3.8mである。
3. 階段，エレベーターシャフト，PSは別の階で警戒している。
4. 感知器の設置個数は，消防法令基準上必要最小限とする。
5. 受信機から機器収容箱までの配線本数の記入は不要とする。
6. 煙感知器は，これを設けなければならない場所にのみ設置すること。
7. 機器収容箱は，発信機，地区音響装置，表示灯を内蔵している。

凡例

記号	名称	備考
⋈	受信機	P型1級
▭	機器収容箱	
⌒	差動式スポット型感知器	2種
⌒	定温式スポット型感知器	1種，防水型
Ⓢ	光電式スポット型感知器	2種
—//—	配線	2本
—///—	配線	4本
Ω	終端抵抗器	
■-■-■	警戒区域線	
⚲	配線立上り	

問題6 次図は，消防法施行令別表第1の4項に該当する地上3階・地下1階建ての防火対象物の地下1階平面図である。次の条件に基づき，凡例記号のみを用いて，次の各設問に答えなさい。

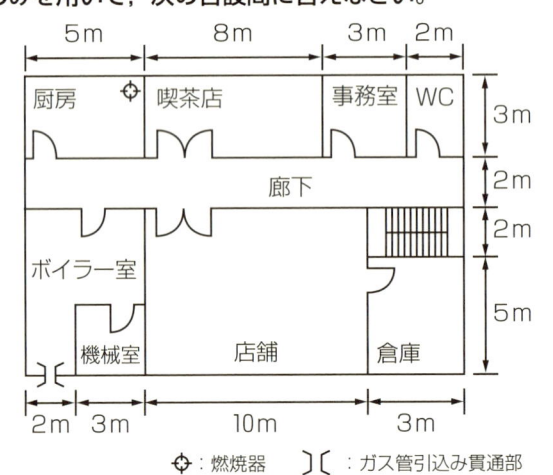

◇：燃焼器　　〕〔：ガス管引込み貫通部

2 平面図

条件

1. 供給されているガスは，空気より軽い都市ガスとする。
2. 受信機は，別の階に設置されている。
3. ガス漏れ検知器およびガス漏れ表示灯を除くガス漏れ火災警報設備の記号の記入は不要とする。
4. 警戒区域に関する表示は不要とする。

凡例

記号	名称	備考
Ⓖ	検知器	軽ガス
◐	ガス漏れ表示灯	

設問1 検知器の記号を図中に記入しなさい。

設問2 ガス漏れ表示灯の記号を図中に記入しなさい。

実戦問題 解答解説

問題1

手順① 警戒区域を設定する
- 条件3より，解答図（次ページ）のように階段部分とEV部分を警戒区域線で囲う
- 2階の床面積のうち階段・EVを除いた部分は332 m^{2}となり，600 m^{2}以下のため，この部分を1つの警戒区域とする

手順② 感知器の種別を選び，個数を求め，設置する
- **廊下**は，令別表第1の15項の場合，煙感知器の設置義務があるため，光電式スポット型感知器（2種）とし，歩行距離が18 mで30 m未満のため，1個設ける
- **ボイラー室**は，定温式スポット型感知器（1種）とし，床面積20m^{2}のため，条件1，2より感知面積は60 m^{2}であり，20/60 ≒ 0.3より1個設ける（個数は以下も同様に求める）
- **オイルタンク室**は，定温式スポット型感知器（1種防爆型）とし，1個設ける
- **電算機室**は，光電式スポット型感知器（2種）とし，1個設ける
- **機械室**は，差動式スポット型感知器（2種）とし，1個設ける
- **事務室B**は，差動式スポット型感知器（2種）とし，2個設ける
- **事務室A**は，差動式スポット型感知器（2種）とし，0.5 mのはりで区切られた部分は別の感知区域となり，床面積70m^{2}の部分に2個，20 m^{2}の部分に1個設ける
- **トイレ**は，感知器を設置しなくてもよい場所のため，設けない

手順③ 受信機・発信機・地区音響装置を設置する
- 条件7より，解答図のように，機器収容箱に発信機，地区音響装置，表示灯を記入する
- 条件4より，受信機は2階に記入する必要がない

手順④ 配線を行う
- 解答図のように各機器を接続する

以上より，解答図は次のようになります．

2 平面図

■解答図（例）

問題 2

- この倉庫は，条件 3 より主要な出入口から内部を見通せないため，1 つの警戒区域の面積は 600 m² 以下とし，60 × 28 ＝ 1680m² より警戒区域を 3 つとする
- 条件 4 より，公称監視距離が 5 〜 30 m の光電式分離型感知器のため，次の解答図のように警戒区域を設定する
- 光電式分離型感知器は，警戒区域ごとに 1 組以上設ける
- 光軸は壁から 0.6 m 以上 7 m 以下，光軸間は 14 m 以下となるように設ける

以上より，解答図は次のようになります。

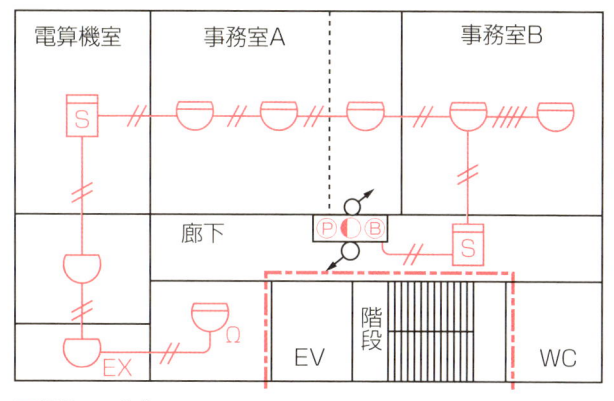

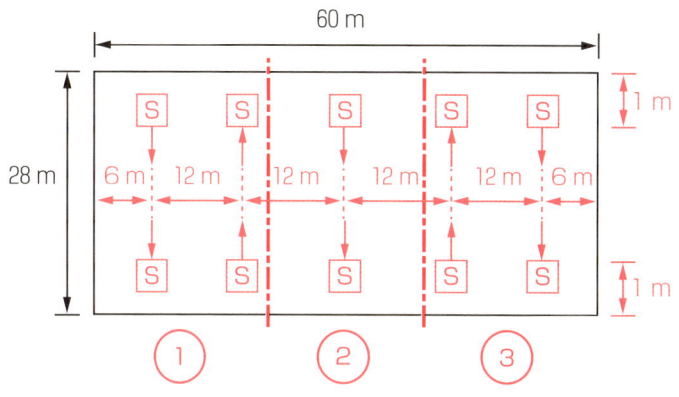

■解答図（例）

問題3

手順①　警戒区域を設定する
- 条件3より、工場部分と工場以外の部分を別の警戒区域とするため、解答図のように警戒区域線を引く（工場部分も工場以外の部分も床面積 600 m² 以下なので、これ以上警戒区域線を引く必要はない）

手順②　感知器の種別を選び、個数を求め、設置する
- **工場**部分は、条件4より差動式分布型感知器（空気管式）を設ける。1辺省略を用い、解答図のように設ける。1つの検出部に接続する空気管の長さが 100 m 以下であることを確認する
- **廊下**は、工場の場合、煙感知器の設置義務があるため、光電式スポット型感知器（2種）とし、最長の歩行距離が 24 m で 30 m 未満のため、1個設ける
- **事務室、応接室**は、条件4より差動式スポット型感知器（2種）を設ける
- 設置個数は、事務室の場合、床面積 55 m² のため、条件1、2より感知面積は 35 m² であり、55/35 ≒ 1.6 より2個で、同様に、応接室の場合は1個
- **トイレ**は、感知器を設置しなくてもよい場所のため、設けない

手順③　受信機・発信機・地区音響装置を設置する
- 既に設置してある

手順④　配線を行う
- 解答図のように各機器を接続する

以上より、解答図は次のようになります。

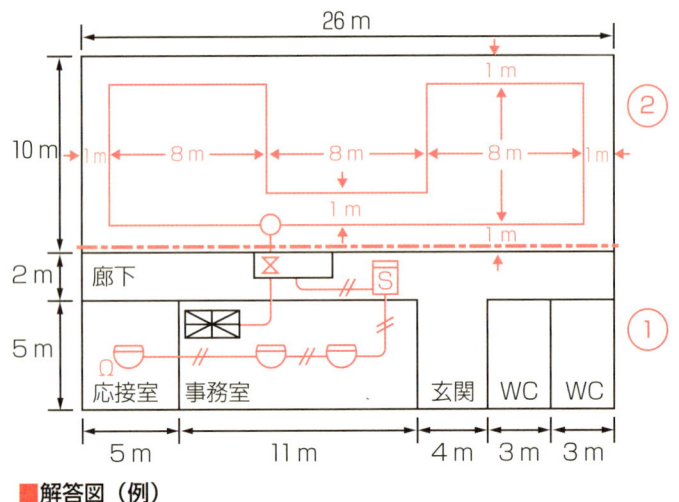

■解答図（例）

2 平面図

問題 4 警戒区域の設定に関する問題です。

▶解答 4

- 主要な出入口から内部を見通せない構造のため，1つの警戒区域の面積は 600 m²以下とする必要があるので，全体の面積が 2000 m²より，警戒区域は最小で 4 つ設定する必要がある
- 1 つの警戒区域の 1 辺の長さは 50 m 以下とする必要がある

以上より，右図のように警戒区域を設定する必要があります。

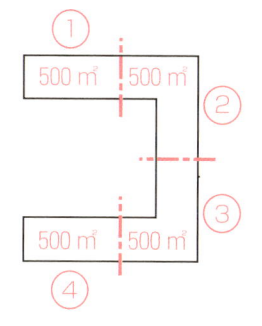

問題 5 平面図を完成させる問題と同じように，手順①～④を踏んでいき，不適当な箇所を見つけます。

手順① 警戒区域を設定する
- 条件 3 より，訂正した平面図（次ページ）のように階段部分と EV・PS 部分を警戒区域線で囲う
- 地下 1 階の床面積のうち階段と EV・PS を除いた部分は 488 m²となり，600 m²以下のため，この部分を 1 つの警戒区域とする

手順② 感知器の種別を選び，個数を求め，設置する
- 特定防火対象物の地階・無窓階・11 階以上の階の場合，原則として各室に**煙感知器**を設け，水蒸気が多量に滞留するなど特殊な室の場合は，それに適応する感知器とする
- **事務室**は，床面積 16 m²のため，条件 2 より感知面積は 150 m²であり，16/150 ≒ 0.1 より 1 個設ける
- 同様に**店舗 A，店舗 B，守衛室，機械室**は 1 個，**レストラン**は 3 個設ける
- **厨房**は，正常時に煙が滞留する場所のため，定温式スポット型感知器（1 種防水型）とし，床面積 48 m²のため，条件 1，2 より感知面積は 60 m²であり，48/60 = 0.8 より 1 個設ける
- **廊下**は，令別表第 1 の 16 項イの場合，煙感知器の設置義務があるため，光電式スポット型感知器（2 種）とし，最長の歩行距離が 34 m で 30 m を超えるため，2 個設ける
- **トイレ**は，感知器を設置しなくてもよい場所のため，設けない

手順③ 受信機・発信機・地区音響装置を設置する
- 既に設置してある

手順④ 配線を行う
●次の訂正した平面図のように各機器を接続する

　以上より，不適当な箇所は次のようになり，これらを訂正すると次図のようになります。

■**不適当な箇所**

- ●警戒区域線がない
- ●レストランの光電式スポット型感知器（2種）の設置個数が足りない
- ●厨房に設置される感知器の種別が不適当
- ●守衛室に設置される感知器の種別が不適当
- ●事務室から廊下への配線本数が不適当

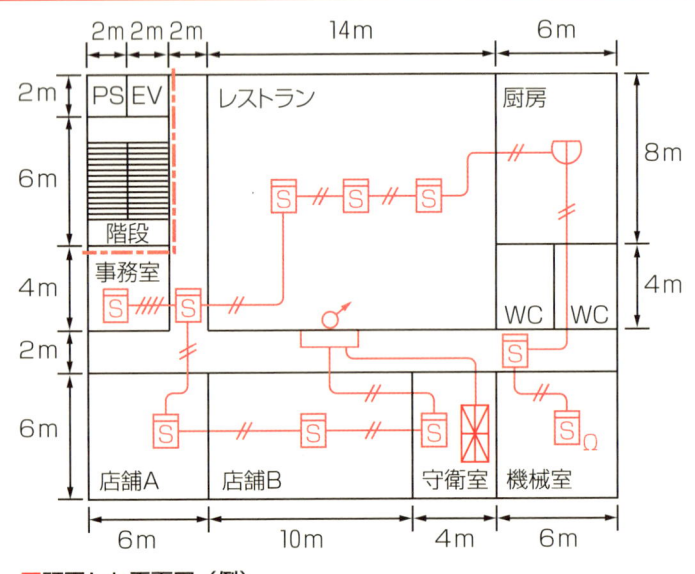

■訂正した平面図（例）

問題 6 ガス漏れ火災警報設備の場合も，基本的には自動火災報知設備の場合と同様に，設置基準に従って機器などを設置していきます。

設問1
- ●軽ガスの場合のため，検知器は燃焼器または貫通部から水平距離で 8m 以内の位置に設ける
- ●出入口の付近で外部の気流が頻繁に流通する場所など，検知器を設けてはならない場所には設けないよう注意する

2 平面図

設問2
● ガス漏れ表示灯は，検知器を設ける室が通路に面している場合，その通路に面する部分の出入口付近に設ける

以上より，設問1と設問2の解答は次図のようになります。

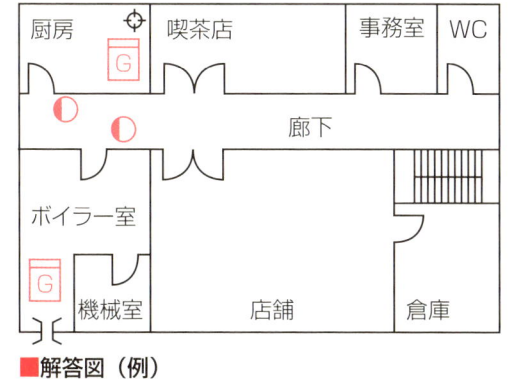

■解答図（例）

3 系統図

重要度 **A**

> **学習のポイント**
> 系統図とその問題の解き方についてみていきます。

系統図とは

平面図は，建物を上から見た図ですね。一方，**系統図**は，建物を横から見ることで，受信機と各階にある感知器などの機器との接続状況がわかるようにしたものです。系統図の作成方法は次のようになります（図1参照）。

■系統図の作成方法
- 警戒区域ごとに感知器の**種別**と**個数**を記入する
- 機器収容箱に近い感知器から順に並べる
- 感知器は，同じ種別のものを一括して記入し，個数を右下に記入する
- 配線の本数は，機器収容箱と接続する部分を記入する（感知器間の配線の本数は省略することがある）
- 終端抵抗は，記入を省略することがある
- 平面図で感知器間の配線が分岐していても，系統図では直列に結ぶ

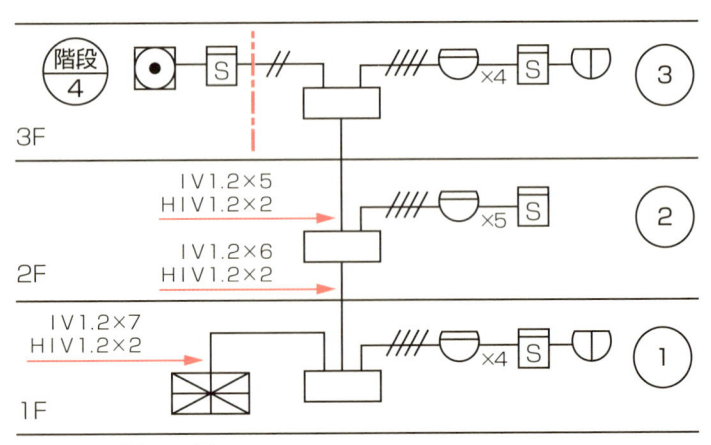

■図1　系統図の例

※ IV1.2 × 5 は，直径 1.2 mm の IV 線が 5 本という意味。IV1.2 × 5 (19) となっている場合，カッコ内は電線管の太さ（mm）を表す

3 系統図

たとえば，この建物の2階には差動式スポット型感知器が5個と煙感知器が1個あるとわかりますね。

そうですね。系統図で，受信機から機器収容箱への線や，機器収容箱から機器収容箱への線を幹線といいます。

図1でいうと，矢印で示された線ですね。

はい。

電線の種類と配線本数

幹線には，表示線や共通線，表示灯線などの電線が通っていて，系統図の問題では，これらの電線の配線本数が問われることがあります。電線の種類と配線本数は次のようになります。

■表1　電線の種類と配線本数

種類	略称	説明	配線本数 P型1級受信機	配線本数 P型2級受信機
表示線	L線	受信機と感知器・発信機をつなぐ。IV線	警戒区域ごとに1本	警戒区域ごとに1本
共通線	C線	受信機と感知器・発信機をつなぐ。IV線	7警戒区域ごとに1本	1本
表示灯線	PL線	受信機と表示灯をつなぐ。IV線*1	2本	2本
応答線	A線	受信機と発信機をつなぐ。IV線	1本	―
電話線	T線	受信機と発信機をつなぐ。IV線	1本	―
ベル共通線	BC線	受信機と地区音響装置をつなぐ。HIV線	1本	1本
ベル階別線	BF線	受信機と地区音響装置をつなぐ。HIV線	階ごとに1本増加*2	1本

*1　発信機が消火栓と連動する場合は，表示灯線はHIV線とする
*2　一斉鳴動の場合，ベル線は2本
※ベル共通線とベル階別線を合わせて**ベル線**（B線）という

では，実際に例題を解きながら説明していきましょう。

第7章　製図

301

例題 次の設備系統図のA〜Hに当てはまる配線本数を記入し、図を完成させなさい。

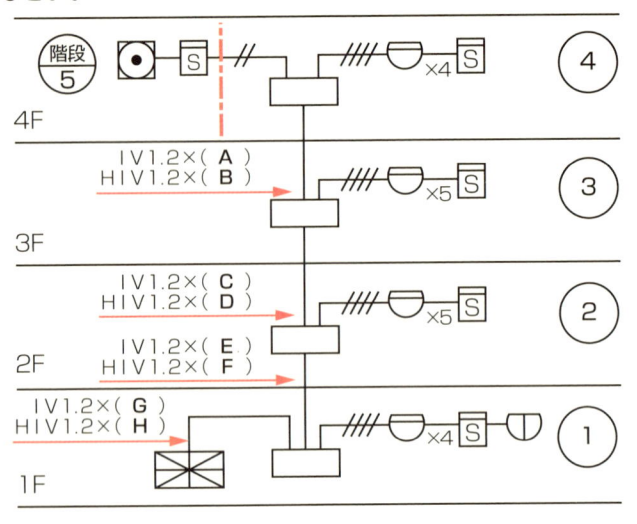

```
         ┌──┐
         │階段│ ⊙─[S]─//─   ///─▽─[S]    ④
         │ 5 │         ┌─┐      ×4
         └──┘         └─┘
    4F
              IV1.2×( A )
              HIV1.2×( B )      ///─▽─[S]    ③
                        ┌─┐      ×5
                        └─┘
    3F
              IV1.2×( C )
              HIV1.2×( D )      ///─▽─[S]    ②
                        ┌─┐      ×5
                        └─┘
    2F        IV1.2×( E )
              HIV1.2×( F )
              IV1.2×( G )
              HIV1.2×( H )      ///─▽─[S]─▽  ①
                       ┌─┐      ×4
                 ⊠    └─┘
    1F
```

凡例

記号	名称	備考
⊠	受信機	P型2級
▽	差動式スポット型感知器	2種
▼	定温式スポット型感知器	1種、防水型
[S]	光電式スポット型感知器	2種
⊙	回路試験器	
□	機器収容箱	P型2級発信機、地区音響装置、表示灯を内蔵

例題解説

前ページの表1を参照しながら、例題の配線本数を確認していきましょう。受信機が**P型2級**のため、表1より次のようになります。

- ●表示線   警戒区域ごとに1本   ●電話線   0本
- ●共通線   1本   ●ベル共通線 1本
- ●表示灯線 2本   ●ベル階別線 1本
- ●応答線   0本

※配線の種類はベル線のみHIV線、他はIV線

これを図に表すと、次のようになります。C線やL線は各警戒区域の感知器や発信機につながっています。

302

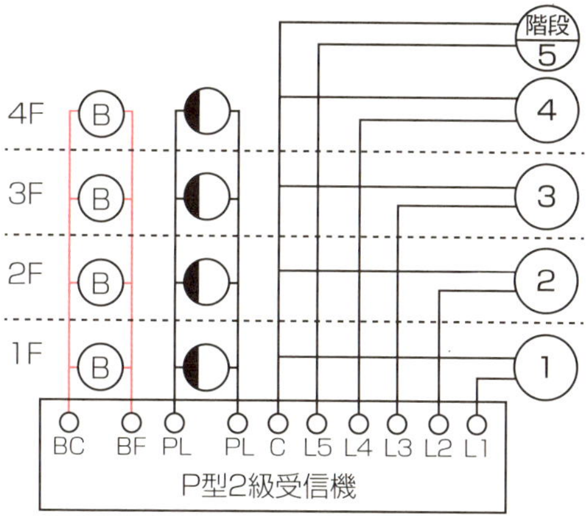
階段
5
4
3
2
1
4F
3F
2F
1F
B
BC
BF
PL
PL
C
L5
L4
L3
L2
L1
P型2級受信機

L線は，各警戒区域へ1本ずつ必要なので，1階部分で5本，2階部分で4本と，階が上がるにつれて本数が減っていくのですね。

そうですね。これを表にすると次のようになります。

階	電線	BC	BF	PL	C	L	合計
4	IV			2	1	2	5
	HIV	1	1				2
3	IV			2	1	3	6
	HIV	1	1				2
2	IV			2	1	4	7
	HIV	1	1				2
1	IV			2	1	5	8
	HIV	1	1				2

よって，例題の解答は次のようになります。

解答

A	B	C	D	E	F	G	H
5	2	6	2	7	2	8	2

第7章 製図

実戦問題

問題1 次の設備系統図の A〜N に当てはまる配線本数を記入し，図を完成させなさい。ただし，延べ面積は 2800 m² とし，発信機は消火栓ポンプと連動するものとする。

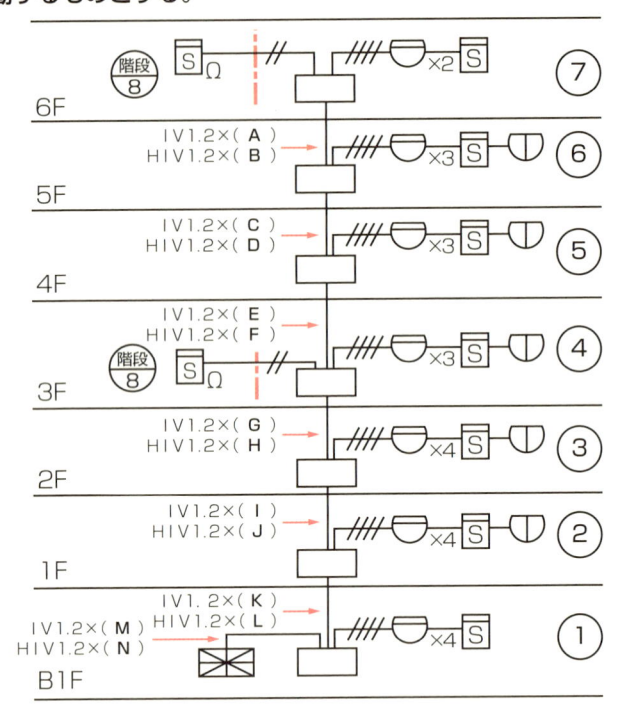

```
         ┌階段┐                      
         │ 8  │ S Ω  ─//─ ┌─┐ ─///─ ⌒×2 S ┐      ⑦
         └────┘           │ │                    
6F ─────────────────────────────────────────
              IV1.2×( A )  ┌─┐ ─///─ ⌒×3 S ─┐   ⑥
              HIV1.2×( B ) │ │                    
5F ─────────────────────────────────────────
              IV1.2×( C )  ┌─┐ ─///─ ⌒×3 S ─┐   ⑤
              HIV1.2×( D ) │ │                    
4F ─────────────────────────────────────────
              IV1.2×( E )  ┌─┐ ─///─ ⌒×3 S ─┐   ④
              HIV1.2×( F ) │ │                    
         ┌階段┐                      
         │ 8  │ S Ω                  
         └────┘                      
3F ─────────────────────────────────────────
              IV1.2×( G )  ┌─┐ ─///─ ⌒×4 S ─┐   ③
              HIV1.2×( H ) │ │                    
2F ─────────────────────────────────────────
              IV1.2×( I )  ┌─┐ ─///─ ⌒×4 S ─┐   ②
              HIV1.2×( J ) │ │                    
1F ─────────────────────────────────────────
              IV1.2×( K )
  IV1.2×( M ) HIV1.2×( L ) ┌─┐ ─///─ ⌒×4 S ─┐   ①
  HIV1.2×( N ) ─────▶ ⊠ ──│ │                    
B1F ────────────────────────────────────────
```

凡例

記号	名称	備考
⊠	受信機	P型1級
⌒	差動式スポット型感知器	2種
⌀	定温式スポット型感知器	1種，防水型
S	光電式スポット型感知器	2種
Ω	終端抵抗器	
□	機器収容箱	P型1級発信機，地区音響装置，表示灯を内蔵

3 系統図

問題2 次の設備系統図のA〜Hに当てはまる配線本数を記入し、図を完成させなさい。ただし、地区音響装置は区分鳴動方式とし、発信機は消火栓ポンプと連動するものとする。

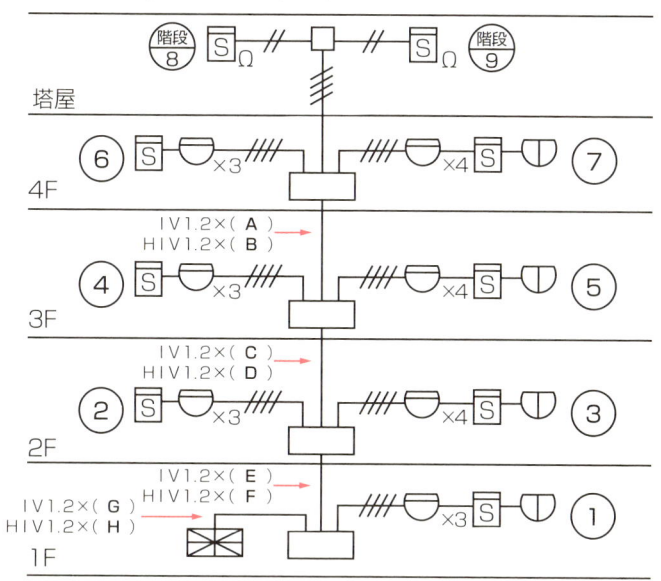

凡例

記号	名称	備考
✕	受信機	P型1級
⌓	差動式スポット型感知器	2種
⊕	定温式スポット型感知器	1種，防水型
Ⓢ	光電式スポット型感知器	2種
Ω	終端抵抗器	
☐	機器収容箱	P型1級発信機，地区音響装置，表示灯を内蔵

実戦問題 解答解説

問題 1

受信機がP型1級のため，配線本数は301ページの表1より次のようになります。

- ●表示線　　警戒区域ごとに1本
- ●共通線　　7警戒区域ごとに1本
- ●表示灯線　2本
- ●応答線　　1本
- ●電話線　　　　1本
- ●ベル共通線　　1本
- ●ベル階別線　　1本

問題のただし書きなどから，次のようになります。

- ●延べ面積が3000 m²を超えない防火対象物のため，地区音響装置は一斉鳴動方式であり，ベル線は2本で，HIV線とする
- ●発信機が消火栓ポンプと連動するため，表示灯線はHIV線とする
- ●警戒区域数が8のため，共通線は2本となる（共通線は配線本数を最小限にするため，上階にある警戒区域から順に7つずつとるとよい）
- ●ベル線と表示灯線の他はIV線とする

これを図に表すと，次のようになります。

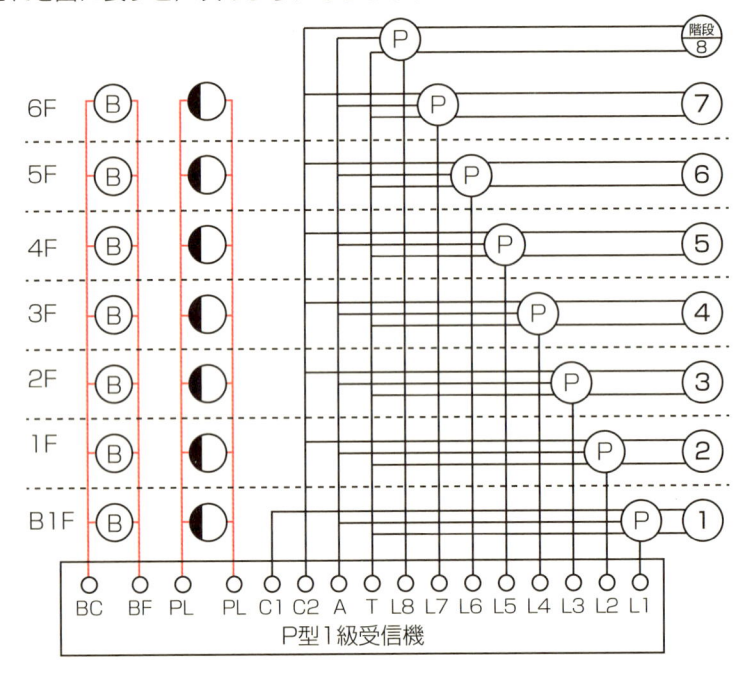

3 系統図

これを表にすると次のようになります。

階	電線	BC	BF	PL	C	A	T	L	合計
6	IV				1	1	1	2	5
	HIV	1	1	2					4
5	IV				1	1	1	3	6
	HIV	1	1	2					4
4	IV				1	1	1	4	7
	HIV	1	1	2					4
3	IV				1	1	1	5	8
	HIV	1	1	2					4
2	IV				1	1	1	6	9
	HIV	1	1	2					4
1	IV				1	1	1	7	10
	HIV	1	1	2					4
B1	IV				2	1	1	8	12
	HIV	1	1	2					4

解答

A	B	C	D	E	F	G	H	I	J	K	L	M	N
5	4	6	4	7	4	8	4	9	4	10	4	12	4

問題 2

受信機がP型1級のため，配線本数は301ページの表1より次のようになります。

- ●表示線　　警戒区域ごとに1本
- ●共通線　　7警戒区域ごとに1本
- ●表示灯線　2本
- ●応答線　　1本
- ●電話線　　1本
- ●ベル共通線　1本
- ●ベル階別線　階ごとに1本増加

問題のただし書きなどから，次のようになります。

- ●地区音響装置が区分鳴動方式のため，ベル階別線は階ごとに必要となる。ベル線はHIV線とする
- ●発信機が消火栓ポンプと連動するため，表示灯線はHIV線とする
- ●警戒区域数が9のため，共通線は2本となる（共通線は配線本数を最小限にするため，上階にある警戒区域から順に7つずつとるとよい）
- ●ベル線と表示灯線の他はIV線とする

これを図に表すと，次のようになります。

第7章 製図

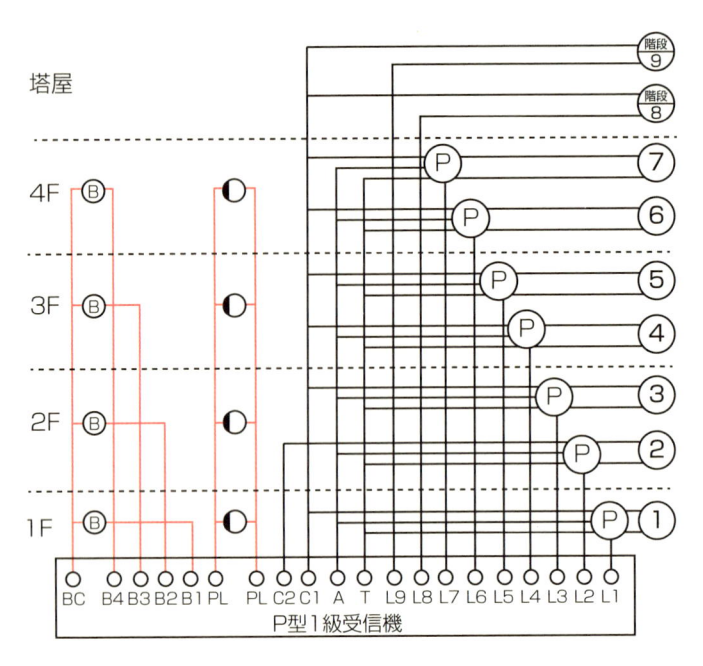

これを表にすると次のようになります。

階	電線	BC	BF	PL	C	A	T	L	合計
4	IV				1	1	1	4	7
	HIV	1	1	2					4
3	IV				1	1	1	6	9
	HIV	1	2	2					5
2	IV				2	1	1	8	12
	HIV	1	3	2					6
1	IV				2	1	1	9	13
	HIV	1	4	2					7

解答

A	B	C	D	E	F	G	H
7	4	9	5	12	6	13	7

■付録 自動火災報知設備の設置基準表

防火対象物（令別表第1）			一般	地階・無窓階	地階・無窓階・3階以上	地階・2階以上	11階以上の階	通信機器室	道路用途部分	指定可燃物	特定1階段等防火対象物
1項	イ	劇場，映画館，演芸場，観覧場	延面積 300 m²以上	床面積 100 m²以上	床面積が300 m²以上	駐車場用途部分の床面積が200 m²以上	11階以上の階	床面積が500 m²以上	屋上部分の床面積が600 m²以上，その他の部分の床面積が400 m²以上	危政令別表第4で定める数量の500倍以上貯蔵または取り扱うもの	全部
	ロ	公会堂，集会場									
2項	イ	キャバレー，カフェ，ナイトクラブ等									
	ロ	遊技場，ダンスホール									
	ハ	性風俗関連特殊営業店舗等									
	ニ	カラオケボックス，個室型店舗等	全部								
3項	イ	待合，料理店等	300	100							
	ロ	飲食店									
4項		百貨店，マーケット等，展示場									
5項	イ	旅館，ホテル，宿泊所等	全部								
	ロ	寄宿舎，下宿，共同住宅	500								
6項	イ	病院，診療所，助産所	全部*1								
	ロ	老人短期入所施設，養護老人ホーム等									
	ハ	老人デイサービスセンター，保育所等									
	ニ	幼稚園，特別支援学校	300								
7項		小・中・高・大学等	500								
8項		図書館，博物館，美術館等									
9項	イ	蒸気・熱気浴場等	200								
	ロ	イ以外の公衆浴場	500								
10項		車両の停車場，船舶，航空機の発着場									
11項		神社，寺院，教会等	1000								
12項	イ	工場，作業場	500								
	ロ	映画スタジオ，テレビスタジオ									
13項	イ	自動車車庫，駐車場									
	ロ	飛行機等の格納庫	全部								
14項		倉庫	500								
15項		前各項に該当しない事業場（事務所等）	1000								
16項	イ	特定用途を含む複合用途防火対象物	300	*5							
	ロ	イ以外の複合用途防火対象物	*2								
16の2		地下街	300 *3								
16の3		準地下街	*4								
17項		重要文化財等	全部								

*1 6項イ・ハで，利用者を入居・宿泊させないものは延面積 300 m²以上　*2 各用途部分の設置基準による　*3 2項ニ，5項イ，6項ロ，6項イ・ハ（利用者を入居・宿泊させるもの）の用途部分は全部　*4 延面積 500 m²以上で，特定用途部分の床面積が合計 300 m²以上　*5 2項イ～ハ，3項の用途部分の床面積が合計 100 m²以上
※アミかけ部は特定防火対象物

索 引

数字

1次コイル	44
1次電圧	44
1辺省略	181
2次コイル	44
2次電圧	44
2信号式受信機	133
2辺省略	182
600V2種ビニル絶縁電線	203
600Vビニル絶縁電線	204

A

Ah（アンペアアワー）	46
A線	301

B

BC線	301
BF線	301

C

C（クーロン）	15
C線	301

D

DS	282

E

ELV	282
EPS	282
EV	282

F

F（ファラド）	12

G

GP型3級受信機	247
GP型受信機	159
GR型受信機	159, 246
G型受信機	159, 246
G型受信機の例	160

H

H（ヘンリー）	21
HIV	203
HIVと同等以上の耐熱性をもつ主な電線	204
Hz（ヘルツ）	19

I

IV	204

J

J（ジュール）	14

L

L線	301

M

MIケーブル	203

P

PL線	301
PS	282
P型1級受信機	246
P型1級受信機（1回線）	138
P型1級受信機（多回線）	137
P型1級受信機の例	136
P型1級発信機	247
P型2級受信機	246
P型2級受信機（1回線）	139
P型2級受信機（多回線）	138
P型2級受信機の例	137
P型2級発信機	247
P型3級受信機（1回線）	139
P型受信機	135
P型受信機の機能比較	139
P型とR型の違い	133
P型発信機	147

R

rad（ラジアン）	21
RC回路	23
RLC回路	22
RL回路	23
R型受信機	140

S

S（ジーメンス）	14
ST	282

T

T（テスラ）	16
T型発信機	148
T線	301

U

UVトロン	125

W

W（ワット）	14
Wb（ウェーバ）	16
WC	282

Y

Y結線	25

ギリシャ文字

Δ結線	25
ρ（ロー）	14
Ω（オーム）	10

あ

アース	40
アーステスタ	40, 266
アウトレットボックス	259
圧着端子	259
圧着ペンチ	256
アナログ式感知器の設置基準	186
アナログ式受信機	140
アメリシウム	122
アンペアアワー	46
アンペールの右ねじの法則	16

い

イオン化アナログ式スポット型感知器	122
イオン化式スポット型感知器	121, 237
イオン電流	121
位相	21
位相差	24
一次電池	46
一斉鳴動	194

索引

う
インダクタンス	21
インピーダンス	23
ウェーバ	16

お
応答線	301
オーム	10
オームの法則	10
送り配線	201
押しボタン	202
音響装置	112, 135
音声警報装置	160
音声警報装置の設置基準	216
温接点	114
温度検知素子を利用したもの	114

か
開口部	53
階数による基準	101
回線選択スイッチ	227
外部試験器	265
回路計	40, 266
回路合成抵抗試験	226
回路試験器	202
回路抵抗に関する基準	209
回路導通試験	227
加煙試験器	222, 264
加ガス試験器	265
各感知器に共通する設置基準	173
各室に一般的に設けられる感知器の種別	282
各受信機に共通する構造・機能	134
確認灯	147
火災試験スイッチ	136
火災情報信号	119
火災信号	112
火災通報装置	108, 253
火災灯	136, 137
火災表示試験	226
火災表示試験装置	137
火災表示信号	132
火災表示の保持装置	137
火災復旧スイッチ	136
ガス漏れ火災警報設備	107, 158
ガス漏れ火災警報設備の設置基準	107
ガス漏れ検知器	158, 252
ガス漏れ信号	158
ガス漏れ中継器	252
ガス漏れ灯	159
ガス漏れ表示灯	160, 252
ガス漏れ表示灯の設置基準	216
型式承認	88
型式承認の失効	89
型式適合検定	88
カップリング	258
可動コイル形	38
可動鉄片形	38
加熱試験器	222, 264
加熱試験器の火口	264
関係者	54
関係のある場所	54
幹線	301
感知器	112
感知器の試験器の校正	226
感知器の試験・点検	222
感知器の取り付け面の高さ	176
感知器を設置しなくてもよい場所	174
感知区域	167
感知面積	168
貫通キャップ	260
貫通部	214
感度設定装置	141
管理権原者	63

き
機器収容箱	248
機器点検	78
危険物	54, 71
危険物施設	72
危険物施設の自動火災報知設備	102
危険物の規制に関する規則	52
危険物の規制に関する政令	52
危省令	52
危政令	52
規則	52
既存防火対象物の規制	76
気体熱伝導式	214
起電力	18
キャパシタンス	12
共通線	202, 301
共通線試験	228
キルヒホッフの第1法則	12
キルヒホッフの第2法則	12
金属の熱膨張率の差を利用したもの	117

く
空気管	115
空気管式	115
空気管の取り付け工事	182
空気管流通曲線	225
空気室	113
空気の膨張を利用したもの	113
クーロン	15
クーロンの法則	15
クーロン力	15
駆動装置	37
区分鳴動	194
クランプメーター	266
クリックボール	258
クリップ	260

け
警戒区域	166, 214
警戒区域線	279
警戒区域番号	279
軽ガス	215
傾斜角度に関する規定	173
系統図	276, 300
軽微な整備	92
警報設備	75
警報装置	160
警報装置の設置基準	216
警報遅延型	159
煙感知器	119
煙感知器が設置できない場所	174
煙感知器の設置基準	183
煙感知器の設置義務がある場所	175
煙感知器用感度試験器	264
煙複合式スポット型感知器	122
権原	58
減光フィルター	223, 264
減光率	123
検知器	158

311

検知器作動試験	228	コールラウシュブリッジ法	40	磁束密度	16
検知器の警報方式	159	誤差	39	実効値	19
検知器の検知方式	214	弧度法	21	指定可燃物	101
検知器の試験・点検	228	コンデンサ	12	指定数量	71
検知器の設置基準	215			自動火災報知設備	100, 112
検知器を設けてはならない場所	215	**さ**		自動火災報知設備の省略	101
検知区域	160	サーミスタ	114	自動火災報知設備の設置基準	100
検知区域警報装置	160	再鳴動機能	192	自動火災報知設備の設置義務がある主な製造所等	102
検知区域警報装置の設置基準	216	作動継続試験	224	重ガス	215
建築確認	62	作動時間	222	周期	19
建築主事	62	差動式スポット型感知器	113, 236	舟車	52
検定制度	88	差動式スポット型感知器の設置基準	180	終端器	137, 248
検定対象機械器具等	89	差動式分布型感知器	114, 237	終端抵抗	248
検電器	267	差動式分布型感知器（空気管式）	115	周波数	19
		差動式分布型感知器（空気管式）の設置基準	180	収容人員	63
こ		差動式分布型感知器（熱電対式）	115	ジュール	14
コイル	17	差動式分布型感知器（熱電対式）の設置基準	182	ジュール熱	14
コイル巻き	181	差動式分布型感知器（熱半導体式）	116	主音響装置	137
光軸	185	作動試験	222, 223, 225	主音響停止スイッチ	136
工事整備対象設備等	92	差動スポット試験器	265	受信機	132, 159
講習の受講期限	94	サドル	258	受信機の試験・点検	226
公称監視距離	121, 185	三相交流	20	受信機の設置基準	192, 215
公称感知温度範囲	119	三相誘導電動機	20	受信機の部品の構造・機能	134
公称感知濃度範囲	122	散乱光式	120	出力	45
公称作動温度	116			手動起動装置	108
公称定温点	180	**し**		主ベル	137
校正時期	226	ジーメンス	14	瞬時値	19
合成静電容量	13	磁化	15	準地下街	65
合成抵抗	11	磁界	16	消火活動上必要な施設	75
高層建築物	54	紫外線式スポット型感知器	124, 238	消火設備	75
光電アナログ式スポット型感知器	123	紫外線赤外線併用式スポット型感知器	124	消費電力	14
光電アナログ式分離型感知器	123	磁気	15	消防機関	58
光電式スポット型感知器	120, 236	磁極	16	消防機関へ通報する火災報知設備	107
光電式分離型感知器	120, 237	試験器	222	消防機関へ通報する火災報知設備の設置基準	107
光電式分離型感知器の作動時間	223	試験器の校正時期	226	消防署	58
光電式分離型感知器の作動試験	223	自己保持機能	226	消防署長	58
光電式分離型感知器の設置基準	185	指示電気計器	37	消防設備士の義務	94
光電素子	120	磁石	15	消防設備士の独占業務	92
交流	19	磁束	16	消防設備士の免状	93
交流電源灯	136			消防設備点検資格者	78
				消防隊	54
				消防対象物	53
				消防団	58
				消防長	58

索引

消防同意	62	制動装置	37	**ち**			
消防の用に供する設備	75	整流形	38	地下街	65		
消防法	52	政令	52	地区音響装置	137, 247		
消防法施行規則	52	ゼーベック効果	114	地区音響装置の設置基準	193		
消防法施行令	52	赤外線式スポット型感知器		地区音響停止スイッチ	136		
消防本部	58		124, 238	地区音響鳴動装置	194		
消防用水	75	絶縁材料	47	蓄積音声情報	108		
消防用設備等	64, 75	絶縁体	13, 47	蓄積型	119		
消防用設備等の種類	75	絶縁抵抗	40	蓄積時間	133		
消防用設備等の設置	75	絶縁抵抗計	40, 266	蓄積式受信機	133		
消防用設備等の設置・維持命令	79	絶縁抵抗に関する基準	209	蓄電池	46		
消防用設備等の設置の届出	78	接触燃焼式	214	蓄電池設備	155		
消防用設備等の点検	78	接地	40	地区表示灯	136, 137		
常用電源	155	接地工事	210	地区ベル	137		
常用電源の設置基準	201	接地抵抗	40	着工の届出義務	94		
省令	52	接地抵抗計	40, 266	注意表示試験装置	141		
磁力	16	接地抵抗に関する基準	210	中継器	151, 160, 248		
磁力線	16	接点水高試験	225	直偏法	40		
振動片形	38	接点水高値	225	直流	19		
		設備系統図	276	直列接続	11		
		設備作動信号	132	貯蔵所	72		
		設備平面図	276				
す		線間電圧	25	**て**			
スイッチ注意灯	136	船きょ	52	定温式感知器の性能をもつ感知器の設置基準	180		
図記号	276	線電流	25	定温式感知線型感知器	117		
スター結線	25	線ぴ	259	定温式スポット型感知器			
ステッカー	259				116, 236		
ステップル	182, 259	**そ**		抵抗	10		
素通し	278	騒音計	267	抵抗の合成	11		
スパナ	257	総合点検	78	抵抗法	40		
スポット型煙感知器の作動時間	223	送受話器	248	抵抗率	14		
スポット型煙感知器の作動試験	222	相電圧	25	テスタ	40, 266		
スポット型熱感知器の作動時間	222	相電流	25	テストポンプ	223, 265		
スポット型熱感知器の作動試験	222	即時警報型	159	テスラ	16		
スリーブ	259			鉄損	45		
		た		デルタ結線	25		
せ		耐火配線	203	電圧	10		
制御装置	37	耐火配線・耐熱配線としなければならない回路	204	電圧計	35		
正弦波交流	19	耐熱配線	203	電圧則	12		
製図で用いられる図記号	276	ダイヤフラム	113	電位差計法	40		
製造所	72	立上り	278	電荷	15		
製造所等	72	立入り検査	59	電気回路	10		
静電形	38	たて穴区画	166	電気計器	37		
静電容量	12	ダブルブリッジ法	40	電気材料	47		
静電力	15	断線を検出する機能	140	電気抵抗	10		
		単相交流	20	電気抵抗率	14		
		短絡を検出する機能	140				

313

電気伝導体	13, 47
電気伝導率	14
電気容量	12
電気量	15
電源	10, 155
電源の設置基準	201
電磁誘導	17
天井等の高さ	176
電磁力	18
電線の種類と配線本数	301
電線の接続	204
電流	10
電流計	35
電流則	12
電流力計形	38
電力	14
電力量	14
電話ジャック	148
電話線	301
電話連絡装置	137

と

統括防火管理者	64
統括防火管理者の業務	65
統括防火管理者の設置義務がある防火対象物	64
銅管端子	259
同時作動試験	227
導線	14
銅損	45
導体	13, 47
導通試験装置	137
導電材料	47
導電率	14
登録検定機関	88
特殊消防用設備等	66
特定1階段等防火対象物	53
特定防火対象物	53
ドライバー	257
トランス	44
取扱所	72
取り付け位置に関する規定	173
取り付け面	167
取り付け面の高さ	176

な

鉛蓄電池	46

に

二次電池	46
二重巻き	181
ニッパー	256
日本消防検定協会	88
入力	45

ね

ねじ切り器	257
熱アナログ式スポット型感知器	118
熱煙複合式スポット型感知器	123
熱感知器	112
熱感知器の種類	113
熱感知器の設置基準	180
熱起電力を利用したもの	114
熱電形	38
熱電対	38, 114
熱電対式	115
熱電対部の取り付け工事	183
熱半導体式	116
熱複合式スポット型感知器	118
熱膨張率	117
燃焼器	215

の

ノーマルベンド	258
延べ面積	100
延べ面積による基準	100

は

配線の試験・点検	228
配線の設置基準	201
配線用遮断器	248
パイプカッター	257
パイプバイス	257
パイプベンダー	257
パイプレンチ	257
バイメタル	117
バイメタルを利用したもの	116
倍率器	36
爆発下限界	158
爆発上限界	158
爆発範囲	158
発光素子	120
発信機	147
発信機の設置基準	193
バッテリー	46
反限時警報型	159
反作用の法則	18
はんだ付け	182
半導体	47
半導体材料	47
半導体式	214

ひ

ピアノ線	117
引下げ	278
火口	264
非常電源	155
非常電源専用受電設備	201
非常電源の設置基準	201
皮相電力	24
非蓄積型	119
非蓄積式受信機	133
非特定防火対象物	53
避難設備	75
百分率誤差	39
百分率補正	39
表示線	202, 301
表示灯	134, 247
表示灯線	301
標準遅延時間	159
漂遊負荷損	45

ふ

ファラデーの電磁誘導の法則	18
ファラド	12
付加条例	76
複合式	118
複合用途防火対象物	53
副受信機	247
ブッシング	258
不導体	13, 47
ブリッジ回路	12
フレミングの左手の法則	18
フレミングの右手の法則	18
分流器	35

へ

平均値	19
平面図	276
並列接続	11

索 引

ほ

ベル階別線	301
ベル共通線	301
ベル線	301
ヘルツ	19
変圧器	44
変圧器の効率	45
ペンチ	256
ヘンリー	21

ホイートストンブリッジ	12
ホイートストンブリッジ法	40
法	52
防炎規制	71
防炎対象物品	71
防炎防火対象物	71
防火管理	62
防火管理維持台帳	65
防火管理者	62
防火管理者の業務	63
防火管理者の設置義務がある防火対象物	63
防火対象物	52
防火対象物点検資格者	65
防災センター	192
法律	52
ホールソー	258
歩行距離	183
補償式スポット型感知器	118
補正	39
炎感知器	124
炎感知器の設置基準	185
炎感知器用作動試験器	264
炎複合式スポット型感知器	125
ボルトクリッパー	256

ま

巻き線	17
マノメーター	224, 265

み

密閉型蓄電池	248

む

無効電力	24
無窓階	54

め

メーターリレー試験器	265
メガー	40, 266
免状の書換え	93
免状の記載事項	93
免状の携帯義務	94
免状の再交付	93
免状の不交付	93
免状の返納命令	93

も

モール	259
モンキースパナ	257

ゆ

有効電力	24
誘導形	38
誘導起電力	18
誘導電流	17
誘導リアクタンス	20
床面積	100

よ

用途を変更した防火対象物の規制	77
容量リアクタンス	20
予備電源	135, 155
予備電源試験	227
予備電源を設けなくてもよい受信機	135

ら

ラジアン	21
ラジオペンチ	256

り

リアクタンス	20
リーク孔	113
リーク抵抗	115
リーマ	258
力率	24
力率角	24
理想変圧器	45
流通時間	224
流通試験	224
リレー	114
リングスリーブ	259

れ

令	52
冷接点	114
レンツの法則	18

ろ

ろう付け	204
ロー	14

わ

ワイヤーストリッパー	256
ワット	14

315

著者紹介
リニカ研究所
設備系の資格試験の研究のために結成された専門家集団。

- 法改正・正誤などの情報は、当社ウェブサイトで公開しております。
  http://www.kobunsha.org/
- 本書の内容に関して、万一ご不審な点や誤り、記載漏れなどお気付きの点がありましたら、郵送・FAX・Eメールのいずれかの方法で当社編集部宛に、書籍名・お名前・ご住所・お電話番号を明記し、お問い合わせください。なお、お電話によるお問い合わせはお受けしておりません。
  郵送　〒546-0012　大阪市東住吉区中野 2-1-27
  FAX　(06)6702-4732
  Eメール　henshu2@kobunsha.org
- 本書の内容に関して運用した結果の影響については、責任を負いかねる場合がございます。本書の内容に関するお問い合わせは、試験日の10日前必着とさせていただきます。

- 写真提供　三和電気計器株式会社／新コスモス電機株式会社／ニッタン株式会社／日本フェンオール株式会社／能美防災株式会社／パナソニック株式会社／株式会社ヒューセック（日本ドライケミカルグループ）／フジ矢株式会社／ホーチキ株式会社／レッキス工業株式会社／株式会社ロブテックス

対話でわかる　4類消防設備士　テキスト＆問題集

著　　者　　リニカ研究所
印刷・製本　　亜細亜印刷株式会社

発行所　株式会社　弘文社　〒546-0012　大阪市東住吉区中野2丁目1番27号
☎　(06) 6797-7441
ＦＡＸ　(06) 6702-4732
振替口座　00940-2-43630
東住吉郵便局私書箱1号

代表者　岡﨑　靖

落丁・乱丁本はお取り替えいたします。